KB265187

임동석중국사상100

소 학

小學

三

朱熹 編 / 林東錫 譯註

朱熹(1130~1200)

"상아, 물소 뿔, 진주, 옥. 진괴한 이런 물건들은 사람의 이목은 즐겁게 하지만 쓰임에는 적절하지 않다. 그런가 하면 금석이나 초목, 실, 삼베, 오곡, 육재는 쓰임에는 적절하나 이를 사용하면 닳아지고 취하면 고갈된다. 그렇다면 사람의 이목을 즐겁게 하면서 이를 사용하기에도 적절하며, 써도 닳지 아니하고 취하여도 고갈되지 않고, 똑똑한 자나 불초한 자라도 그를 통해 얻는 바가 각기 그 자신의 재능에 따라주고, 어진 사람이나 지혜로운 사람이나 그를 통해 보는 바가 각기 그 자신의 분수에 따라주되 무엇이든지 구하여 얻지 못할 것이 없는 것은 오직 책뿐이로다!"

《소동파전집》(34) 〈이씨산방장서기〉에서 구당(丘堂) 여원구(呂元九) 선생의 글씨

책머리에

내 일찍이 《소학》을 완전히 소화하고 이해하며 이를 실천에 옮겼다면 좀 더 나은 삶을 살았을 것이며 더 일찍 학문에 눈을 떴을지도 모른다고 여긴다. 거백옥蘧伯玉은 쉰 살이 되어 "마흔아홉까지 그릇되게 살았구나"라고 후회하였다고 했다. 내 나이 이미 이순耳順에 들어서서도 버릴 것을 버리지 못하고, 천노遷怒, 이과貳過할 때가 있는 것을 보면 《소학》의 기본 덕목조차 제대로 익히지 못했던 셈이다. 그나마 지금 다시 이 책을 낱낱이 훑어보면서 고개를 끄덕이고 작은 감동도 스며드는 것을 보면 '일찍 하기만 하면 후회해도 늦지 않음'인가 여겨 안위가 된다.

우선 《논어論語》 자장편子張篇에 이러한 일화가 전하고 있다.

자유子游가 말하였다.
"자하子夏의 문인 중에 어린아이들은 쇄소洒埽·응대應對·진퇴進退 등에 당해서는 옳다. 그러나 이는 말末의 일이다. 근본을 가르침이 없으니 어찌 가하겠는가?"
자하가 이 말을 듣고 이렇게 말하였다.
"아! 언유(言游; 자유)가 잘못 알고 있구나! 군자의 도道는 어느 것을 먼저라 하여 전수해 주고, 어느 것을 나중이라 하여 게을리하겠는가? 초목에 비유하면 종류로 나누어 구별해 주어야 하는 것이다. 군자의 도를 어찌 가히 마구할 수 있겠는가? 처음이 있고 마침이 있게 순서를 정한 것은, 오직 그 성인만이 할 수 있는 것이었다!"

(子游曰:「子夏之門人小子, 當洒埽·應對·進退, 則可矣. 抑末也. 本之則無, 如之何?」 子夏聞之, 曰:「噫! 言游過矣! 君子之道, 孰先傳焉? 孰後倦焉? 譬諸草木, 區以別矣. 君子之道, 焉可誣也? 有始有卒者, 其惟聖人乎!」)

여기에서처럼 쇄소洒埽, 灑掃·응대·진퇴가 어찌 작은 일이겠는가? 자하의 문인들은 이미 그 아이들을 가르치면서 이러한 성인이 정한 기본 절도로부터 시작하였으니 그때 뿌린 씨앗이 수천 년을 두고 아동 교육의 절대 필수 과목으로 여겨졌던 것이다.

이러한 어린이 교육이 무너지는 것을 안타깝게 여긴 대유大儒 주희朱熹(송대 이학을 집대성하고 남송 민학파閩學派를 이룸)가 문인 유청지劉淸之, 子澄에게 부탁하여 편집하도록 하고 자신이 최종 마무리를 하여 내놓은 아동 교학 교재가 바로 《소학》이다.

이는 물론 창작은 아니며 고대부터 자신의 송대에 이르기까지 각종 이론의 기록과 실제 성현과 군자들의 행적, 언행, 어록 등을 모아 채록한 것이다. 다른 책과는 달리 층차層次와 내용의 심천深淺, 증명과 고실故實 등이 잘 안배되어 서로 연환連環을 이루도록 꾸며져 있다. 그리하여 내편 4권, 외편 2권 등 총 6편6권으로 이루어졌으며 주된 주제는 입교立教·명륜明倫·경신敬身을 기본 축으로 하고, 다시 오륜五倫과 심술心術, 위의威儀, 의복衣服, 음식飲食 등 세세한 것까지 실제 상황에 맞추어 횡橫으로 설명하고 있으며 다시 앞의 세 가지를 증명하고 넓히며, 실천하도록 성현과 군자의 고사와 어록, 일화를 모아 제시한 것이다. 그럼에도 결국 《소학》의 편집의 목적과 취지를 말한다면 "쇄소灑掃·응대應對·진퇴進退의 절도와 애친愛親·경장敬長·융사隆師·친우親友의 도로써 모두가 수신修身·제가齊家·치국治國·평천하平天下라는 큰 목표인 대학의 길로 가기 위한 것"이었다. 따라서 이 '소학'은 '대학'과 연결 고리를 맺고 있는 셈이며 어린아이로서 뒤에 성장하여 사회인으로 살아가면서 지켜야 할 기본 덕목을 철저히 가르치고자 한 것이었다.

실로 당시로서는 최고이며 가장 이상적인 초등학교 교재였던 셈이었다. 그리하여 이 책이 나온 뒤 그 영향력이 지대하였으며 명청대에 이르러서는 수많은 주석서가 쏟아져 나왔다. 그리고 이 책이 우리나라 조선시대에는 건국이념에 그대로 맞아떨어져 일반 서당이나 궁중 동궁태자의 어린 시절 교육에 필수 교재임은 물론, 어지간한 학자들도 이를 학문적으로까지 연구한 내용이 지금까지 생생히 남아 있다. 전국 방방곡곡에 어디서나 어린이의 학업 시작에 《천자문》·《동몽선습》·《명심보감》·《소학》·《십팔사략》·《고문진보》 등의 차례가 설정되어 근세까지 위세를 전혀 잃지 않았던 것이다. 게다가 국가 차원의 언해諺解가 이루어졌으며 그 판본은 끝없이 이어져 비록 이름 높은 학자라 할지라도 우선 이 소학을 깊이 짚고 넘어가지 않으면 제대로 학문을 할 수 없는 '학문과 실천의 입문서入門書로서의 역할'도 톡톡히 담당해 왔었다.

필자는 이에 〈사고전서四庫全書〉 진선陳選 주의 《소학》을 저본으로 하였으며, 그 책의 주까지 낱낱이 뒤져 새롭게 역주를 시도해 보았다. 주가 워낙 세밀하고 또한 상세하며 내용이 알기 쉽도록 되어 있어 많은 보탬이 되었다. 그러나 그에 만족하지 아니하고 필자는 각 구절마다 그 원전의 출처를 탐색하여 찾아내는 작업도 함께 병행하였다. 이에 십삼경十三經은 물론 이십오사二十五史와 제자백가서諸子百家書, 그리고 많이 인용하고 있는 여본중呂本中의 《동몽훈童蒙訓》과 사마광司馬光의 《가범家範》, 왕통王通의 《문중자文中子》까지 섭렵하여 원전을 찾을 수 있는 것은 가능한 한 찾아내어 이를 참고란에 전재하였다. 이로써 지나친 주석의 혼란을 피할 수 있을 뿐더러 절록된 부분이 전체에서 어느 환경에 소속된 내용인지를 앎으로써 의미 전달의 정확성을 꾀함은 물론 오류도 최소화할 수 있었던 것이다. 따라서 문장 해독이나 역주보다는 실제 그러한 작업이 더욱 고통스럽고 많은 시간을 필요로 하였다. 그러나 이왕 책을 내고자 한다면 이제껏 나의 작업 유형대로 원전 전재 수록은 늘 나를 즐겁게 하기도 하였다. 다른 사람들이 활용할 때 학문적으로나 재창출의 근거로 제공될 수 있을 것이라는 기대 때문이었다.

현대에 이르러 이 책이 제대로 읽히지 않는 지가 꽤 된 것 같다. 즉 조선시대 서당의 다른 동몽교재童蒙教材들은 어린이를 위한 새로운 편집이나 현대적 풀이로 널리 성행하지만 이 《소학》은 아직 그러한 붐을 타지 못하고 있는 느낌이다. 이에 이 책을 기준으로 더 많은 해설서나 어린이를 위한 다음 단계의 쉬운 책들이 쏟아져 나와 이 시대 아동 교육에 일련의 무리를 이룬 책으로 각 가정이나 서점의 서가書架를 채웠으면 하는 것이 필자의 작은 바람이다. 아울러 역주에 홀로 매달리다보니 일부 오자, 탈자, 누락, 오역 등 누소함을 면할 수 없을 것으로 여긴다. 이에 발견되는 대로 일러주시면 새롭게 고쳐나갈 것을 아울러 약속드리며 강호제현의 편달鞭撻과 사교賜教를 기다린다.

사포莎浦 임동석林東錫이 부곽재負郭齋에서 적다.

일러두기

1. 본 《소학小學》은 사고전서四庫全書 자부子部 유가류儒家類의 《어정소학집주御定小學集註》를 저본으로 하고 우리나라 조선시대 《소학언해小學諺解》(선조 18년, 1585) 및 《번역소학翻譯小學》(中宗 12, 1517), 그리고 원본집주原本集註 《소학小學》(世昌書館, 明文堂 印本, 1973), 《소학찬주小學纂註》(高愈, 漢文大系本), 《소학小學》(早稻田大學出版部)을 참고하여 완역한 것이다.

2. 한국의 기존 역서 《소학小學》(南晩星, 寶晉齋, 1973)과 《소학小學》(이해철 역, 자유교육협회 1972), 《소학선小學選》(李基奭, 培英社, 1977) 등도 참고하였다.

3. 많은 판본에는 모두 386장으로 분류하였으나 본 책은 《어정소학집주御定小學集註》에 의거 385장으로 나누었으며 매 장 절마다 일련번호를 부여하고 괄호 속에 편장 번호를 함께 넣었다.

4. 장마다 작은 제목을 한글로 달았으며 이는 독자의 편의를 위하여 역주자가 임의로 넣은 것이다.

5. 《어정소학집주》의 주註는 가능한 한 모두 필자가 표점을 부여하여 해당 어휘나 주, 해설에 부기附記하여 이해와 연구에 도움이 되도록 하였다.

6. 각 원문 문장의 출처를 철저히 밝혀 이를 경사자집經史子集의 해당 전적典籍에서 가능한 한 모두 찾아, 참고란에 실어 대조와 연구에 편의를 제공하고자 하였다.

7. 해석은 직역을 위주로 하였으나 일부 의역한 곳도 있으며 이는 참고란 출처 문장과 대조하여 의미를 순통하게 하고자 함이었다.

8. 원문의 표점은 현대 중국 표점 방식을 준용準用하였다.

9. 부록으로 《소학》 관련 제발 및 평어 등을 모아 실었다.

10. 본 책의 역주에 참고한 주요 문헌 자료는 다음과 같다.

※ 참고문헌

1. 《御定小學集註》宋, 朱熹. 明, 陳選(集註) 〈四庫全書〉(文淵閣) 子部(1) 儒家類 臺灣商務印書館(印本)

2. 《飜譯小學》朝鮮時代 諺解本(中宗 12년, 1517). 高麗大 所藏.

3. 《小學諺解》朝鮮時代 諺解本(宣祖 18년, 1585). 大提閣(印本), 1974. 서울.

4. 《小學》(上下) 原本集註 世昌書館. 明文堂(覆印本) 1973 서울

5. 《小學纂註》漢文大系本 明治 43년(1910), 大正 11년(1922) 13쇄본 富山房 東京. 臺灣 新文豐出版社(印本) 1978 臺北

6. 《小學》先哲遺著 漢籍國字解全書 明治 43년(1910) 早稻田大學出版部 東京

7. 《小學》이해철(역) 자유교육협회 1972 서울

8. 《小學》南晩星(譯) 寶晉齋 1973 서울

9. 《小學選》李基奭(編譯) 培英社 1977 서울

10. 《海東小學》朴在馨. 朝鮮時代 寫本

11. 《伊川擊壤集》四部叢刊本 書同文 電子版 北京

12. 《童蒙訓》宋, 呂本中(撰) 〈四庫全書〉 子部(1) 儒家類 臺灣商務印書館(印本)

13. 《家範》宋, 司馬光(撰) 〈四庫全書〉 子部(1) 儒家類 臺灣商務印書館(印本)

14. 《近思錄》宋 朱熹·呂祖謙(同編) 〈四庫全書〉 子部(1) 儒家類 臺灣商務印書館(印本)

15. 《近思錄集註》淸, 茅星來(撰) 〈四庫全書〉 子部(1) 儒家類 臺灣商務印書館(印本)

16. 《近思錄集註》淸, 江永(撰) 〈四庫全書〉 子部(1) 儒家類 臺灣商務印書館(印本)

17. 《揚子法言》漢, 揚雄(撰) 〈四庫全書〉 子部(1) 儒家類 臺灣商務印書館(印本)

18. 《中論》漢, 荀悅(撰) 〈四庫全書〉 子部(1) 儒家類 臺灣商務印書館(印本)

19. 《中說》隋, 王通(撰) 〈四庫全書〉 子部(1) 儒家類 臺灣商務印書館(印本)

20. 《二程遺書》宋, 朱熹(撰) 〈四庫全書〉 子部(1) 儒家類 臺灣商務印書館(印本)

21. 《二程外書》宋, 朱熹(撰) 〈四庫全書〉 子部(1) 儒家類 臺灣商務印書館(印本)

22. 《二程粹言》宋, 楊時(撰) 〈四庫全書〉 子部(1) 儒家類 臺灣商務印書館(印本)

23. 《節孝語錄》宋, 徐積(撰). 宋, 江端禮(編) 〈四庫全書〉 子部(1) 儒家類 臺灣商務印書館(印本)

24. 《儒言》宋, 晁說之(撰) 〈四庫全書〉 子部(1) 儒家類 臺灣商務印書館(印本)

25. 《上蔡語錄》宋, 謝良佐(撰). 朱熹(刪定) 〈四庫全書〉 子部(1) 儒家類 臺灣商務印書館(印本)

26. 《延平問答》宋, 朱熹(撰) 〈四庫全書〉 子部(1) 儒家類 臺灣商務印書館(印本)

27. 《二程集》宋, 程顥·程頤(纂) 〈四部刊要〉 子部 儒家類 漢京文化事業公司 (活字本) 1983 臺北

28. 《顏氏家訓》顏之推 諸子百家叢書本

29. 《弟子職》漢文大系本

30. 《太極圖說》周敦頤 諸子百家叢書本

31. 《通書》周敦頤 諸子百家叢書本

32. 《觀物篇》邵雍 諸子百家叢書本

33. 《中國儒學百科全書》中國大百科全書出版社 1997 北京

34. 《朝鮮圖書解題》朝鮮總督府 大正 8년(1919)

35. 《韓國圖書解題》高麗大學校 民族文化研究所 1971 서울

36. 《孔子家語》《荀子》《新語》《新書》《新序》《說苑》《潛夫論》《中論》《文中子》《管子》《韓非子》《呂氏春秋》《淮南子》《論衡》《老子》《莊子》《列子》《搜神記》《博物志》《抱朴子》《韓詩外傳》《晏子春秋》《世說新語》

《史記》《漢書》《後漢書》《三國志》《晉書》《宋書》《南齊書》《梁書》
《晉書》《魏書》《北齊書》《周書》《南史》《北史》《隋書》《舊唐書》《新唐書》
《九五代史》《新五代史》《宋史》《國語》《戰國策》《十八史略》《貞觀政要》
《中國史》《四書集註》《十三經注疏》《新編諸子集成》《百子全書》《藝文
類聚》《太平廣記》《文選》《太平御覽》《中國大百科全書》《辭海》《中文
大辭典》《三才圖會》《三禮辭典》《中國歷代人名大辭典》 기타 공구서
등은 기록 생략함.

해제

I. 소학小學의 함의

'소학小學'이라는 어휘는 대체로 세 가지 함의를 가지고 있다. 즉 고대 중국의 교육제도, 넓은 의미의 문자학, 그리고 송대 주희朱熹의 주관으로 편집된 책이름이다. 이들은 서로 연관성을 가지고 있으면서 동시에 약간씩 달리 쓰이는 말이다.

1. 상고시대 교육제도로서의 소학

중국 상고시대 사람으로 태어나 여덟 살이 되면 가숙家塾이나 당상黨庠에 입하하여 어린이로서 기본 소양을 익히도록 되어 있었으며, 이는 뒤에 대학大學에 진학하여 대인(大人, 지도자)의 학문을 배우기 위한 기본 과정이었다. 《예기禮記》 왕제편王制篇에 의하면 소학은 공궁公宮의 남쪽 왼편에 세우며, 대학은 교외郊外에 두었다고 하여 전문 교육 기관이 있었음을 밝히고 있다. 그런가 하면 대학은 천자의 궁궐에 세운 것을 벽옹辟雍, 제후의 대학은 반궁泮宮, 頖宮이라 한다 하였다. 그러나 같은 〈왕제편〉의 기록과 그 주注에 의하면 유우씨有虞氏 시대에는 대학을 상상上庠이라 하여 서교西郊에 두었고, 소학은 하상下庠이라 하여 국중國中의 왕궁 중앙에 두었다. 그리고 이어서 하후씨夏后氏 시대에는 대학을 동서東序라 하여 왕궁의 동쪽에, 소학은 서서西序라 하여 서교에 세웠으며, 은대殷代에는 대학을 우학右學이라 하여 서교에, 소학을 좌학左學이라 하여 국중 왕당王黨의 동쪽에 두었다고 하였다. 그리고 다시 주대周代에 이르러서는 대학은 동교東膠라 하여 국중 왕당 동쪽에, 소학은 우상虞庠이라 하여 서교, 또는 사교四郊에 세웠다고 하였다. 같은 《예기》

〈제의편祭義篇〉 "천자가 사학을 설치하다"(天子設四學)의 주에는 "사학은 주나라 때 사방 교외에 세운 우상을 말한다"(四學謂周四郊之虞庠也)라 하여 사방에 모두 설치하였음을 알 수 있다. 또 《대대례기大戴禮記》 보부편保傳篇에는 동서남북과 중앙 등 다섯 곳에 소학을 세웠으며 이를 '오학五學'이라 한다고 하였다. 그리고 같은 곳에는 "옛날 여덟 살이 되면 외사外舍로 나가 소학을 익히며, 작은 절도를 이수한다"(古者, 年八歲而出外舍, 學小學焉, 履小節焉)라 하였는데 보주補注에 "외사는 소학"(外舍, 一作小學)이라 하여 집 밖에 따로 건물을 지어 어린 아이들을 모아 가르쳤음을 알 수 있다.

그런데 몇 살 때 소학에 입학하였는지는 실제 여러 설이 있다. 앞서 말한 대로 각 기록에 8세에 입학한다는 설이 가장 널리 알려져 있으며 인정되고 있기는 하나 《상서대전尙書大傳》에는 "공경의 태자나 대부 중 원사의 적자는 13살에 비로소 소학에 들어가며 작은 절도를 배운다"(公卿之太子, 大夫元士之嫡子, 年十三始入小學, 見小節焉)라 하였고, 《신서新書》 용경편容經篇에는 "옛날 나이 아홉이면 소학에 들어가며 작은 절도를 실천한다"(古者, 年九歲入就小學, 踐小節焉)라 하여 혹, 13살 또는 9살로 보기도 하였다. 그러나 《한서漢書》 예문지藝文志, 식화지殖貨志, 그리고 《설문해자說文解字》 등에는 대체로 8살에 입학한 것으로 보고 있어 거의 많은 기록에 8살로 되어 있으며 성장 과정으로 보아 이 연령이 옳은 것으로 보고 있다.

다음으로 이 소학에서 배우게 되는 이수과목에 대한 문제이다. 물론 《맹자》에서 말한 순舜이 설契에게 오교五敎, 즉 오륜五倫으로써 가르치도록 한 것이 그 기본일 것으로 여기지만 그 외에도 뒤에 세분화되고 구체화되어 이른바 삼사三事, 三物 즉, 육덕(六德: 知·仁·聖·義·忠·和), 육행(六行: 孝·友·睦·婣·任·恤), 육예(六藝: 禮·樂·射·御·書·數)를 과정별로 가르쳤을 것으로 보고 있다. 이 내용은 《주례周禮》 대사도大司徒에 자세히 실려 있으며 본 《소학》 입교편(007)에도 전재되어 있다.

그러나 이들은 모두 결국 인간 윤리의 기본이며 그 중 어린아이로서, 혹은 어릴 때부터 익히고 갖추어야 할 덕목이며 구체적으로는 쇄소灑掃·응대應對·진퇴進退의 절도와 애친愛親·경장敬長·융사隆師·친우親友의 작은 행동과 실천이었다. 이에 주자는 〈대학장구大學章句〉에서 소학의 학업 과정과 대학으로의 발전 단계를 이렇게 설명한 것이다.

"三代之隆, 其法寖備, 然後王宮·國都以及閭巷, 莫不有學. 人生八歲, 則自王公以下, 至於庶人之子弟, 皆入小學, 而教之以灑掃·應對·進退之節, 禮樂射御書數之文; 及其十有五年, 則自天子之元子·衆子, 以至公·卿·大夫·元士之適子, 與凡民之俊秀, 皆入大學, 而教之以窮理·正心·修己·治人之道. 此又學校之敎·大小之節所以分也."

(삼대 이후에 사도師道가 아래로 떨어지고 학교學校가 부흥하지 못하여 능히 쇄소지교灑掃之敎가 실행되지 못하였다. 그 때문에 근해筋骸가 이미 강해졌음에도 이욕利欲이 그 가운데에서 교차하여, 나에게 있는 명덕이 스스로 밝아질 수가 없었다. 이미 격치格物, 致知를 할 수 없으니 다시 어찌 성의誠意로써 할 수 있겠는가? 이미 정심正心을 할 수 없으니 다시 어찌 수신修身을 할 수 있겠는가? 격치(격물, 치지)를 능히 하지 못하여 의성意誠·심정心正·가제家齊·국치國治가 될 수 없으니 그 무엇을 희망하겠는가? 그 무엇을 희망하겠는가?)

2. 문자학으로로서의 소학

　‘소학’이라는 어휘는 광의의 문자학 개념으로 오랫동안 쓰여 왔다. 고대 ‘소학’은 바로 ‘대학’ 공부를 위한 것이며 이를 뒷받침하기 위하여 문자를 먼저 익혀야 한다. 대학의 교재는 바로 경학이었기 때문이다. 이에 문자학이 분화되기 전 문자에 대한 총체적인 학습이 필수였으며 이 때문에 이들 관련 도서는 경학에 속하게 된 것이다. 《한서》 예문지에 “古者, 八歲入小學. 故周官保氏掌養國子, 敎之六書: 謂象形, 象事, 象意, 象聲, 轉注, 假借, 造字之本也” 라 하였던 것이다.

　물론 여기서 육서는 뒤에 명칭과 순서가 합리적으로 바뀌어 상형象形·지사指事·회의會意·형성形聲·전주轉注·가차假借가 되었으며 ‘조자造字의 근본’이라는 말도 여러 분석을 거쳐 의미의 차이를 밝혀내기도 하였다. 이리하여 한대漢代까지 《사주편史籀篇》·《창힐편蒼頡篇》·《급취편急就篇》 등의 문자학 학습 교재가 나타나게 되었고, 《한서》 예문지 소학가小學家에는 10가 45편의 책이름이 저록되게 되었던 것이다. 현대 학문이 들어오기 전 청대까지만 해도 문자학을 통틀어 말하는 광의의 문자학은 이 ‘소학’이라는 말로 쓰였으며 그 뒤 한자가 가진 형음의形音義 3요소가 학문적으로 분화되어 오늘날 형(形: 文字學)·음(音: 聲韻學, 音韻學)·의(義: 訓詁學)로 분화된 것이다.

Ⅱ. 《소학小學》

1. 《소학小學》의 편집과 유청지劉淸之, 그리고 주희朱熹

어린아이로서 가져야 할 태도, 절차, 의무, 예절 등에 관한 교재는 삼대에 소학 과정에 있었던 만큼 당연히 일찍부터 있었을 것이다. 그러나 실제 어떤 교재였는지는 남아 있지 아니하며 춘추시대 《관자管子》의 〈제자직弟子職〉을 보면 상당히 구체적으로 제자로서 지켜야 할 직무와 태도가 실려 있다. 그 뒤 한대를 거쳐 위진 남북조를 이어오면서 단편적인 기록들이 산견되지만 전문적으로 편집된 책은 보기가 어렵다. 다만 《천자문千字文》, 《백가성百家姓》 따위는 습자는 물론 어린아이로서 익혀야 할 기본 내용을 담아 그 목적에 부합하도록 한 것으로 보인다. 그 외에 그 이전부터 있어왔던 가훈이나 제자弟子 및 자제子弟, 가족, 후손들에게 경계의 글로 남긴 것도 역시 이에 해당한다. 특히 《안씨가훈顏氏家訓》의 경우 전형적인 가훈이며 동시에 어린 자녀들에게 삶의 방법을 일러준 교재로서도 전혀 손색이 없는 교재라 할 수 있을 것이다. 그리고 송대에 들어서자 본격적인 교재들이 나타나기 시작하였다. 이를테면 《삼자경三字經》·《동몽훈童蒙訓》·《가범家範》·《소학감주小學紺珠》 등과 각 이학가理學家들이 남긴 어록 등과 각종 몽학서蒙學書, 啓蒙書가 이에 해당한다.

이에 본격적으로 체계를 세워 교재 편찬에 관심을 기울인 이가 바로 남송南宋의 주희朱熹였다. 그는 고대 있었던 소학 설치의 이상적 교육제도를 철저히 신봉하였으며 당시 이러한 제도가 제대로 확산되지 못하고 퇴행의 길을 걷는 것을 아주 안타깝게 여겼다. 게다가 마땅한 교재도 없으며 실질적 내용이나 교육의 중요성을 모르고 있는데 대하여 더 이상 방치할 수 없다고 여겼던 것이다. 이에 자신의 문인 유청지劉淸之에게 편집 작업을 부탁한 것으로 보인다.

유청지(1134~1190)는 자가 자징子澄이며 임강臨江 사람으로 여릉廬陵에 옮겨 살았다. 호는 정춘靜春 선생이며, 송 고종 소흥 27년에 진사에 올라 지의황현 知宜黃縣에 이르렀다. 추천을 거쳐 임금을 뵙자 그는 "古今未有俗不可變, 弊不可革者"라 하여 개혁과 교화를 적극 주장하기도 하였다. 그는 여러 벼슬을 거쳤으나 뒤에 모함에 걸리자 낙향하여 괴음정사槐陰精舍를 짓고 강학에 힘썼으며 주희의 뜻을 깨닫고 이학연구에 몰두하였다. 그리하여 당시 이름이 높았던 여조겸呂祖謙, 장식張栻과 교유하였으며 왕응전汪應展, 이도李濤 등은 그를 아주 경모하였다고 한다. 《증자내외잡편曾子內外雜編》·《계자통록戒子通錄》·《물장총록墨莊總錄》 등과 문집을 남겼으며 《황조명신외록皇朝道學名臣外錄》과 《송사末史》(437) 유림전儒林傳에 그의 전기가 실려 있다.

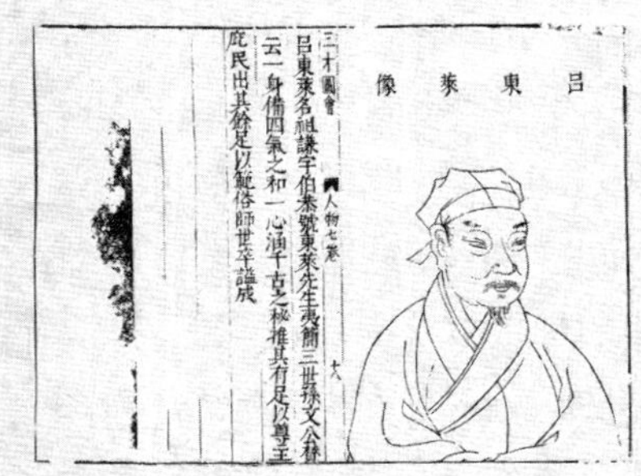

東萊 呂祖謙 《三才圖會》

南軒 張栻 《三才圖會》

그가 《소학》의 원고를 집필하는 과정에서 주자가 그에게 편집을 재촉한 내용의 편지가 《주자문집朱子文集》 순희淳熙 10년(1183)에 실려 있는 것으로 보아 주희는 이 문제에 대하여 상당한 관심과 완성에 대한 의욕을 보여 사전에 편집의도와 체제, 주된 내용의 선별 등에 대하여 의견을 나누었을 것으로 보인다. 그리고 2년 뒤인 송末 효종孝宗 순희 12년(1185), 원고가 주희에게 넘겨지자 주희는 즉시 편목 중에 시부詩賦는 삭제하고 고대부터 당시

까지 몇 가지 사례를 더하여 판본을 확정지은 것이다. 이렇게 하여 순희 14년 (1187)에 〈소학서제小學書題〉와 〈소학제사小學題辭〉를 써서 책 앞머리에 붙이고 완성을 보았으니 이때는 주희 나이 58세 때였다. 주희는 스스로 늙어감을 인식하고 "내 말을 늙어 혼미한 것이라 여기지 말 것이며 오직 성현의 가르침으로 여길지니라!"(匪我言耄, 惟聖之謨)라고 하였던 것이니 완성을 보고 한편으로는 안심했을 것이라는 느낌도 드는 표현이다.

다음으로 주희에 대하여 간단히 살펴보기로 하자.

주희(朱熹: 1130~1200)는 남송南宋 때 휘주徽州 무원婺源 사람으로 건양建陽의 고정考亭에 옮겨 살았다. 자는 원회元晦, 혹은 중회仲晦이며 호는 회암晦庵·회옹晦翁·둔옹遯翁·창주병수滄洲病叟 등이었으나 별칭으로는 자양紫陽 선생·고정考亭 선생·운곡노인雲谷老人 등으로 불렸다. 주송朱松의 아들로서 고종高宗 소흥紹興

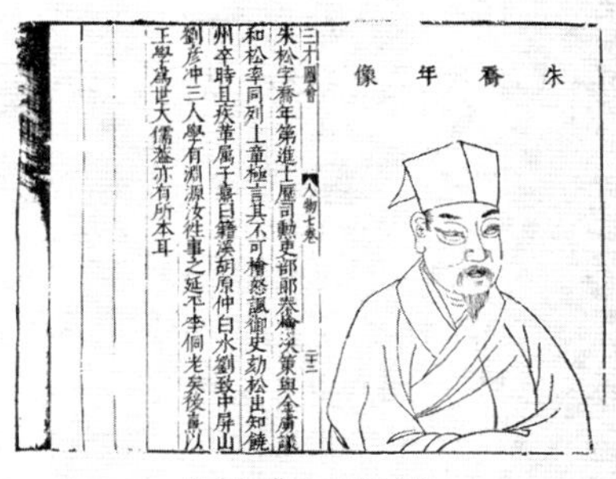

朱松 《三才圖會》

18년(1148)에 진사에 올라 동안주부同安主簿라는 벼슬을 하였다. 효종孝宗 순희 淳熙 연간에 지남강군知南康軍이 되었다가 절동차염공사浙東茶鹽公事에 오르기도 하였다. 당시 절동 지역에 큰 기근이 들자 구황救荒을 서두르며 정치의 폐단을 주장하기도 하였다. 경원慶元 2년 귀향하여 경원 6년(1200)에 생을 마쳤으며 시호는 문공文公이라 하였다. 그는 이동李侗에게 수학하여 정호程顥, 정이程頤의 학문을 전수하는 것으로써 목표를 삼고 아울러 주돈이周敦頤, 장재張載 등의 학설을 모아 북송 이래 이학을 집대성하기에 이르렀다.

　그리하여 백록동서원白鹿洞書院, 악록서원岳麓書院, 무이정사武夷精舍 등에서 50여 년간 강학講學에 힘써 민학파閩學派, 혹은 고정학파考亭學派라는 남송 최대 이학의 한 파를 이루었으며, 이정二程의 학문을 이어받았다 하여 정주학程朱學이라고도 불린다. 그의 학문은 한때 한탁주韓侂周 등으로부터 위학僞學으로 배척을 받기도 하였으나 역시 한 대漢代 이래 최고의 학자로 지금까지 널리 칭송을 받고 있다. 그는 《사서장구집주四書章句集註》·《명신언행록名臣言行錄》·《이락연원록伊洛淵源錄》·《자치통감강목資治通鑑綱目》·《시집전詩集傳》·《초사집주楚辭集註》·《소학》 등이 있으며 후인이 편집한 〈주자어류朱子語類〉, 〈주문공문집朱文公文集〉 등이 있다. 그의 사적은 《면암집勉齋集》(36) 행장行狀과 《송사》(429) 도학전道學傳에 자세히 실려 있다.

2. 《소학》의 체제와 내용

《소학》은 체계를 갖추어 의도적으로 심천深淺, 층위層位, 내용의 연환連環 등을 고려하여 편집된 책이다. 우선 크게 내편內篇과 외편外篇으로 나누어져 있으며 체제는 6권으로 되어 있다. 내편은 〈1〉입교立敎 〈2〉명륜明倫 〈3〉경신敬身 〈4〉계고稽古의 4편 4권이다.

〈입교〉는 교육의 중요성과 방법에 관한 기록들을 모은 것으로 태교로부터 시작되며 그 아래 세부 편을 나누지 않은 채 모두 13장이다.

그리고 〈명륜〉은 오륜에 대한 설명과 예증으로 부자·군신·부부·장유·붕우의 인간관계에서 지켜야 할 도리와 덕목이 주된 내용이다. 그리고 그 아래 세부 편목으로는 (1)明父子之親 (2)明君臣之義 (3)明夫婦之別 (4)明長幼之序 (5)明朋友之交 (6)通論 등으로 '明'자를 넣어 '밝히다'의 뜻으로 묶었으며 모두 107장으로 이루어져 있다.

이어서 〈경신〉편은 자신에 대한 공경과 수양, 공부에 관한 것으로 거경궁리居敬窮理의 기본 틀을 중시하여 관련 자료를 모은 것이다. 그 아래 세부 편목으로 역시 (1)明心術之要 (2)明威儀之則 (3)明衣服之制 (4)明飮食之節 (5)通論으로 하여 심술·위의·의복·음식 등을 들고 이를 묶어 통론으로 결말을 맺고 있으며 모두 46장으로 이루어져 있다.

다음으로 〈계고〉편은 상고시대부터 漢代 이전의 성현들 사상과 행적을 실어 앞의 입교·명륜·경신의 내용을 하나씩 증명해 나간 것이다. 이에 집주에는 "考虞夏商周, 聖賢已行之迹, 以證前篇立敎·明倫·敬身之言也"라 하였다.

다음으로 외편은 〈5〉가언嘉言 〈6〉선행善行 두 편으로 이루어져 있으며 이는 내편의 〈입교〉·〈명륜〉·〈경신〉의 이론을 이편에서 '言'과 '行'을 통해 사례로써 증명함과 아울러 실천하도록 유도한 것이다.

따라서 〈가언〉은 이제껏 내편에서 고대 성현의 사례를 살펴보았다면 이제부터는 한대 이후 송대까지 군자들의 언론과 어록을 살핌으로써 앞서 세 가지 이론을 증명하려 한 것이다. 이에 〈집주〉에는 "學者, 讀內篇, 而遠師虞夏商周之聖賢; 讀外篇, 而近師漢唐宋之君子. 盛德大業於是乎在矣. 奚可以爲童稚之習, 而忽之哉!"라 한 것이다.

이의 〈가언〉의 세부 편목으로는 당연히 (1)廣立敎 (2)廣明倫 (3)廣敬身 등으로 앞에 '廣'자를 넣어 명칭을 삼아 넓혀 증명하고자 하였다. 여기에는 역대 인물들의 어록과 그에 따른 일화가 주를 이루고 있으며, 특히 송대 이학가들, 즉 이정二程·횡거橫渠·소옹邵翁·사마광司馬光·호안국胡安國 등과 당시 이름난 문인, 행정가들의 행적과 어록도 상당수를 차지하여 주희의 이학가에 대한 존경과 열정도 살필 수 있도록 되어 있다.

〈선행〉편은 (1)實立敎 (2)實明倫 (3)實敬身으로 하여 '實'자를 넣어 실천과 사실 증명을 내세운 것이다. 따라서 이편에서는 아동의 흥미를 유발할 수 있는 역대 효도·충의·열녀 등의 고사를 풍부히 싣고 있어 이야기를 통해 자연스럽게 그 덕목을 실천하고 익힐 수 있도록 되어 있다. 그리고 마지막으로 '채근菜根'의 고사를 실어 마무리를 하고 있으며 이 고사는 뒤에 명대

홍자성洪自誠, 應明의 《채근담菜根譚》의 서명이 되기도 하였다. 이처럼 《소학》은 '태교'에서 시작하여 '채근'에서 끝을 맺고 있다.

　한편 6권(편)의 각 첫머리에는 소서小序에 해당하는 글이 첫머리에 실려 있다. 다만 외편은 묶어서 이를 도입부분에 실었으며 따라서 〈6〉선행편에는 소서가 없어 모두 다섯 편의 소서 문장이 실려 있다고 볼 수 있다.

　또한 모든 판본에는 대체로 전체 장수를 386장이라 명기하고 있다. 그리고 소서 다음의 첫 문장을 제외하고는 모두가 ○ 표시를 하여 분장이 시작됨을 확연히 알 수 있도록 하였다. 그러나 《어정소학집주》(四庫全書本)만은 각주에서 각 편의 장수를 밝히고 있는데 모두 합하면 385장이 된다. 이는 〈명륜〉편 「明夫婦之別」의 4번째 문장, 전체 일련번호 076(2-3-4)에서 차이가 나게 된 것이다. 즉 "取婦之家, 三日不擧樂, 思嗣親也. 昏禮不賀, 人之序也."의 원문이다. 〈어정본〉에선 이를 묶어 하나의 장으로 처리하였다. 그러나 이는 실제 앞 단락은 《예기》 증자문편曾子問篇에서, 그리고 뒤의 단락은 교특생편郊特牲篇에서 취록한 것으로 두 개의 별개 문장이다. 따라서 분장함이 마땅하나 본 책은 〈어정본〉을 저본으로 한 것이어서 임시로 이를 묶어 하나의 장으로 처리하였음을 밝힌다. 이상 전체 목록을 표로 보이면 다음과 같다.

〈소학 편목의 구성〉

篇	篇名	細部篇名	範圍	章數	備考
内篇	〈1〉立教		001~013	13	小序
	〈2〉明倫	(1)明父子之親	014~052	39	小序
		(2)明君臣之義	053~072	20	
		(3)明夫婦之別	073~080	8	분장불일치
		(4)明長幼之序	081~100	20	
		(5)明朋友之交	101~111	11	
		(6)通論	112~120	9	
	〈3〉敬身	(1)明心術之要	121~132	12	小序
		(2)明威儀之則	133~153	21	
		(3)明衣服之制	154~160	7	
		(4)明飲食之節	161~166	6	
	〈4〉稽古	(1)立教	167~170	4	小序
		(2)明倫	171~201	31	
		(3)敬身	202~210	9	
		(4)通論	211~213	3	
外篇	〈5〉嘉言	(1)廣立教	214~227	14	小序
		(2)廣明倫	228~268	41	
		(3)廣敬身	269~304	36	
	〈6〉善行	(1)實立教	305~312	8	
		(2)實明倫	313~357	45	
		(3)實敬身	358~385	28	
計			385	385	他本 386장

3. 역대 《소학》의 주석서

주자에 의해 《소학》이 편집된 뒤 주자의 자주自註가 있어 그로써 교재로 활용하기에 무리가 없었다. 이에 원대 허형許衡같은 이는 자신의 문인들에게 소학을 중시하여 철저히 익힐 것을 극력 권하기도 하였다. 그 뒤 명청明清을 거쳐 오면서 드디어 소학에 대한 주석서가 쏟아져 나오기 시작하였다. 우선 그 대표적인 목록을 살펴보면 다음과 같다.

1. 《小學集註》(6卷) 明, 陳選(註) 〈四庫全書〉 子部 儒家類 《御定小學集註》로 실려 있음.
2. 《小學句讀》(6卷) 明, 陳選(撰)
3. 《小學集說》(6卷) 明, 程愈(撰)
4. 《小學訓解》(6卷) 明, 黃裳(撰) 《明史》에 목록이 보임.
5. 《小學集成》(6卷) 明, 何士信(撰) 《明史》에 목록이 보임.
6. 《小學章句》(6卷) 明, 王雲鳳(撰) 陳選의 〈句讀本〉을 다시 장구로 나눈 것.
7. 《小學集注》(6卷) 明, 劉實(撰) 《明史》에 목록이 보임.
8. 《小學集解》(6卷) 淸, 黃澄(撰) 〈四庫全書提要〉 子部 儒家類에 存目이 있음.
9. 《小學分節》(2卷) 淸, 高熊徵(撰) 〈四庫全書提要〉 子部 儒家類에 存目이 있음.
10. 《小學集解》(6卷) 淸, 蔣永修(撰) 〈四庫全書提要〉 子部 儒家類에 存目이 있음.
11. 《小學纂注》(6卷) 淸, 高愈(撰) 〈四庫全書提要〉 子部 儒家類에 存目이 있음. 日本 〈漢文大系〉에 실림.
12. 《小學句讀記》(6卷) 淸, 王建常(撰) 〈四庫全書提要〉 子部 儒家類에 存目이 있음.
13. 《小學集註》(6卷) 淸, 張伯行(撰) 이는 〈正誼堂全書〉本을 근거로 한 〈叢書集成初編〉에 수록되어 있음.

　　한편 이들 여러 판본 중에 지금 가장 널리 참고로 활용되는 것은 진선의 《소학구두》와 《소학집주》로 알려져 있다. 진선은 명대明代 절강浙江 천태天台 사람으로 좌포정사左布政使를 지냈으며 주자朱子의 학문을 지극히 신봉했던 인물이다. 그리고 이 〈구두본〉은 왕운봉의 《소학장구》와 청 고유의 《소학 찬주》, 장백행의 《소학집주》 등과 함께 가장 널리 보편적으로 성행했던 주석서이다.

Ⅲ. 조선시대 《소학》에 관한 열기와 언해 및 연구서

《소학》이 우리나라에 언제 전수되었는지는 기록이 없어 알 수가 없다. 그러나 고려말 주자학의 유입과 함께 들어왔으리라는 것은 충분히 짐작할 수 있다. 여말 안향安珦이 충렬왕을 따라 원나라 대도에 들어가 《주자전서朱子全書》를 가자고 돌아온 것이 1296년경이므로 이미 백 년 전에 나온 이 소학을 그 때 함께 가지고 들어왔을 가능성이 있다. 이때까지는 실제 명대明代 주석서들이 나오기 전이었으므로 주자 자주본 《소학》이었을 것이다. 그리고 조선이 들어서면서 이른바 삼대 국시 중에 억불숭유抑佛崇儒 정책에 따라 이 책은 자연스럽게 환영을 받았을 것이며 게다가 아동 계몽을 위한 가치를 넘어 유학, 특히 정주학程朱學의 핵심서이며 개론서로써 가장 쉽게 성리학의 기본 개념에 접근할 수 있는 내용을 담고 있어 아주 유용한 자료로 활용되었을 것이다. 그리고 《명심보감明心寶鑑》이나 《십팔사략十八史略》, 《고문진보古文眞寶》가 그렇듯이 문장이 쉽고 내용이 보편적이어서 서당의 교재로 사용하기에도 아주 적당하여 일반인들에게 퍼지기 아주 쉬운 조건을 갖추고 있었다. 기록상 우리나라에 최초로 이를 간행한 사람은 권부權溥로 전해지고 있다.

한편 길재吉再의 학통을 이어받은 김숙자金叔滋와 그의 아들 김종직金宗直, 그리고 다시 그의 아들 김굉필金宏弼로 이어지는 가문에 김종직은 아들 굉필에게 "학문에 뜻을 둔 이상 반드시 소학을 출발점으로 할 것"을 강하게 주문하였다고 하였으며, 김굉필의 제자 김안국金安國은 영남안찰사嶺南觀察使로 있을 때 이 《소학》과 《이륜행실도二倫行實圖》를 간행하여 교화에 힘썼으며 그가 성균관 교수가 되자 사서, 오경, 성리대전과 이 《소학》을 기본 교재로 하였다고도 전해지고 있다. 이를 이은 퇴계와 율곡 역시 《소학》을 기본으로 하였음은 짐작할 수 있으며 퇴계는 정식으로 〈소학도小學圖〉라는 그림을 남기기도 하였다.

  이리하여 중종 13년1517에 김전金銓, 최숙생崔叔生 등이 번역한 《번역소학》이 있었으나 전 10권 중 8권(고려대 소장), 9권(가람문고 소장), 10권(국립도서관 소장)만이 지금 전하고 있다. 그리고 다시 이 《번역소학》이 지나치게 의역에 흘렀다 하여 선조 18년(1584) 교정청校正廳을 설치하여 유가경전儒家經典을 언해하는 사업에서 우선 처음 《소학》에 대한 언해부터 서둘러 선조 20년(1586)에 《소학언해》를 간행하기에 이르렀던 것이다. 이것이 최초의 《어제소학언해》이며 지금 도산서원陶山書院에 전질이 소장되어 있다. 이 판본은 방점 및 반치음 시옷(ㅿ) 등이 그대로 사용되어 임진왜란 이전의 국어 연구에 귀중한 자료로 평가받고 있다. 이 판본은 다시 광해군 4년(1612)에 방점 등을 없앤 중간본이 나오기도 하였다. 그 외에 중종 때 유숭조柳崇祖가 언해한 것이 아닌가 여겨지는 판본도 있으며 간행 연대를 알 수 없는 3, 4권 1책의 《소학언해》도 국립도서관에 소장되어 있다.

  그리고 숙종 20년(1694)에는 다시 간행을 서둘렀으며 이 판본에는 이덕성(李德成: 1655~1704)의 〈어제소학서御制小學序〉가 있어 간행 과정을 살필 수 있다. 역대 임금들은 이처럼 《소학》에 대하여 지극히 관심을 가졌으며 심지어 동궁에서 기본 교재로 강학하기도 하였다. 이에 따라 영조 역시 그의 22년(1774)에 직접 번역하기도 하였으며, 영조 24년(1766)에는 다시 《어제소학지남御制小學指南》을 출간하기도 하였다.

  한편 조선시대 《소학》 관련 저술로는 정조 20년(1796) 순조가 동궁이었을 때 박준원朴準源이 답술한 내용을 1802년에 2권 1책으로 펴낸 《소학문답小學問答》이 있고, 앞서 말한 정약용의 《소학지언小學枝言》 1책은 《소학》 각

편의 모든 구절을 열거하고 그 아래에 요지를 부가하여 구주舊注를 보충한 것으로서 《대학강의大學講義》, 《심경밀험心經密驗》 등과 합하여 〈여유당전서與猶堂全書〉 200권 78책에 수록되어 있다.

그리고 성호星湖 이익李瀷의 《소학질서小學疾書》 1책은 《소학》 각 조목에 따라 어의를 정확하게 해석하여 초학자의 도움을 삼고자 한 것이다. 또한 박세채朴世采의 《소학총론小學總論》 1책은 후학에게 도움을 주고자 《소학》의 취지를 살려 증보하고 책머리에 퇴계의 〈소학도〉를 싣고 있으며 그 외에 작자 미상의 《소학초략小學抄略》 5권 1책은 《소학》을 초략하여 편집한 것이며 이를 언해한 《소학초략언해小學抄略諺解》(2책)도 전하고 있다. 그런가 하면 고종 말년 성균직강成均直講이었던 양종희梁宗熙의 《소학신석小學新釋》(6권)은 종래의 고주古注에 자신의 주석을 더하여 편찬한 책도 있다. 그 외에 특이한 것은 이 《소학》의 편목을 준거로 우리나라 고려高麗 이래 명유名儒·석보碩輔·의사義士·숙원淑媛 등의 가언嘉言과 선행善行을 모아 편집한 박재형朴在馨의 《해동소학海東小學》(6권 2책, 사본)은 우리만의 독특한 주체성을 엿볼 수 있는 귀중한 책이기도 하다. 근래까지 서당 등에서 널리 읽혔던 구활자본 「원본집주原本集註《소학小學》」(世昌書館, 明文堂 번각본 1973)은 하사신何士信(集成)·오눌吳訥(集解)·진조陳祚(正誤)·진선陳選(增補)·정유程愈(集說)를 종합하여 이루어진 것으로 일부 오자, 탈자가 있기는 하나 그나마 일반인들이 쉽게 접할 수 있었던 자료이며 이는 율곡栗谷이 편찬한 《소학제가집주小學諸家集註》(1612, 李恒福의 跋과 成渾의 跋文이 있음)를 근거로 한 것이 아닌가 한다. 그 외 일본에서는 《소학찬주小學纂註》(漢文大系本 明治 43년1910), 大正 11년(1922) 13쇄본 富山房 東京가 있어 지금 대만臺灣 신문풍출판사新文豐出版社에서도 인본印本으로 출간되어 널리 통용되고 있으며, 《소학小學》「선철유저한적국자해전서先哲遺著漢籍國字

解全書」(明治 43년, 1910)가 조도전대학출판부早稻田大學出版部에서 출간된 적이 있다. 그리고 근래 한국 번역본으로는 이해철(역) 자유교육협회 1972판의 《소학》과 남만성南晩星(譯, 寶晉齋 1973)의 《소학》, 그리고 이기석李基奭(編譯)의 《소학선小學選》(培英社, 1977) 등이 있다.

끝으로 우리나라에 전하는 고판본에 대하여 《고서목록古書目錄》(李相殷, 保景文化社, 1987)에는 무려 93종의 많은 판본(중복 판본 포함)이 기록되어 있다.

朱熹

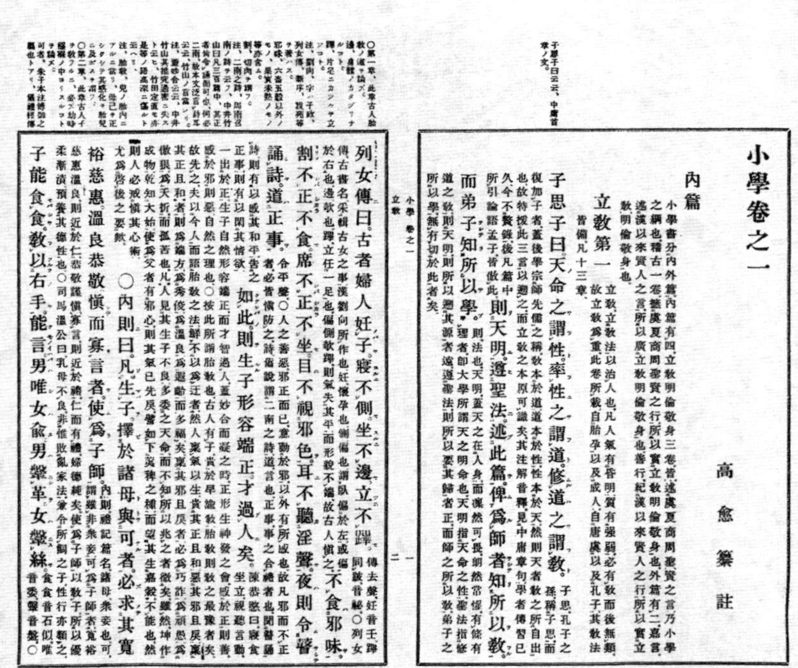

小學卷之一

高愈 纂註

內篇

小學書分內外篇內篇有四立教明倫敬身三卷皆述虞夏商周聖賢之言乃小學之綱也稽古一卷兼虞夏商周聖賢之行所以實立教明倫敬身也外篇有二嘉言善行皆漢以來賢人之言之行所以實立教明倫敬身也

立教第一
皆備凡十三章
立教立教以治人也凡人氣有昏明賢有強弱必有教而後無類也故立教爲重此卷所載自胎孕以及成人自唐虞以及孔子其教法

子思子曰天命之謂性率性之謂道修道之謂教。
則天明。遵聖法。述此篇。俾爲師者知所以教。
而弟子知所以學。

列女傳曰。古者婦人妊子寢不側坐不邊立不蹕。
割不正不食席不正不坐目不視邪色耳不聽淫聲夜則令瞽
誦詩道正事。
如此則生子形容端正才過人矣。
○內則曰凡生子擇於諸母與可者必求其寬
裕慈惠溫良恭敬愼而寡言者使爲子師。
子能食食教以右手能言男唯女兪男鞶革女鞶絲

《小學》 高愈(纂註) 일본 漢文大系에 수록된 것

小學示蒙句解

内篇、

書籍ひとくさりを一篇と云、此書朱子御作のは
じめは二篇なり、上を内篇とし、下を外篇とす、
上篇下篇といはずして内篇外篇と云ふこと、上篇
は小學のもゝとなり、下篇にしるす所
によりて、上下といはずして、内外と云なり、〓夏
氏、其名字分明ならず、小學資講つくれる夏照な
るべき獻、許文正公、許は姓、名は衡、字は平仲〓
瘠と號す、卒して文正と謚し、魏國公に封す、元
朝の大儒なり、本原とは木の本水の源なり、支流
とは、木の枝水の流なり、〇内篇有四と〓、内篇
を四篇にわけて、立教明倫敬身稽古となづくる
なり、虞とは、常舜の世の國號なり、夏商周の義
は前に見えたり、綱の字義も前に見えたり、實
立教明倫敬身とは稽右には、古人の立教明倫敬

身の行迹をひきて、上三篇の言語をむなしから
ざるやうに、實驗をとりて、人に信仰せしむ〓た
めにすればなり、外篇有二とは、外篇を二篇に
わけて、嘉言善行と名づくるなり、廣立敬明倫
敬身〓とは、此三篇の義を、をしひろむるとなり、
〇立教明倫敬身の三つは小學の三綱領なり、而
して立教は、亦明倫敬身の教を立るにすぎず、明
倫の目五つあり、敬
身の目四つあり、父子君臣夫婦長幼朋友なり、敬
身、心術威儀衣服飲食なり、此九
つは、小學の九條目なり、此九

立教第一、

立教とは、教を立るなり、第は、夫第なり、此書の
第一篇を、立教と名づく、此篇には、古人教をた
て〓、人をみちびくことをしるせり〓立極と
は、極は標準の義即教の手本なり、立極教人と
は人を教るに、その手本を立ると云義なり、胎教

子思子曰、

此一段は、立教一篇の小序なり〓ことに皆かく
の如しく子思は、孔子の孫、名は伋、子思は其字な
り、下の子の字は、先儒を師とする詞なり、

天命之謂性、

天命とは、天より人物にさづくる所の理なり、命
は上より下におほする義、性は、即理なり、天の
人物を生ずること、氣にてかたちをなし、理も亦
其中にしく、是天より命令するが如し、人物其し
く所の理を得て其心にそなふ、これを性と云、其
曰は仁、禮智信なり、

率性之謂道、

凡そ人物のなすわざ各其性中にそなはれる道理
のすぢあるまゝにしたがひて、日用の間亦にふ
れ、物につく所に、をのづから當然の則ありて、
ゆくべき路のごとし、是を道と云、

とは、胎内よりの教なり、この故に教の本源と云
なり、

脩道之謂教、

脩とは、しなをわかち、ほどをさだむることを
云、性は人々ことなる所なければとも、天よりうけ
て生るゝ氣に不同あり、この故に、其をこなふ所、
性の自然のまゝならずして或はすぎ、或はよ
ばず、これによりて、聖人凡之事物のしかるべき
所に、節文法度をたて〓、しなわかち、ほどよく
し玉へり、これを教と云、此教によりてをこなふ
時は、即天命の性のまゝなる道にかなふぞ、以上
は、籍目の教の字義をあかさんために、子思の語を
ひき用ひて、教の由來をたづねとくなり、〇後来學
は、後世の學者なり、宗師とは、宗はたつとむ義
なり、先儒は、先世の儒者なり、陰陽五行とは陰
陽の二氣わかれて、水火木命土の五行となる、陰
陽は即五行の内にあり、化生は、具生する義なり、
人物とは、人と萬物とをつらねて云、健順五常の
德とは健はつよくすくやかなる意、陽の德なり、
順はやはらぎしたがふ意、陰の德なり、仁義禮
智信の五常は、即五行の德なり、健順わかれて五

《小學示蒙解》陳選(句讀) 日本 早稲田大學〈漢籍國字解全書〉

三才圖會　人物七卷　二十
像卷晦朱
朱晦菴名熹字元晦除煥章待制贈太師徽國公卒謚文
其自贊曰從容乎禮法之場沉潛乎仁義之府是予蓋將
有意焉而力莫能與也佩先師之格言奉前烈之餘矩惟
闇然而日修或庶幾乎斯語

朱晦菴(朱熹)《三才圖會》

嶽麓書院: 朱熹가 講學하던 宋代 四大書院의 하나

차례

小學 를

3. 광경신廣敬身

第六 선행善行

1. 실입교實立敎

2. 실명륜實明倫

◉ 부록 (序跋 및 관련자료)

小學 목

内篇

第一 입교立教
◎ 立敎 小序

第二 명륜明倫
◎ 明倫 小序

1. 명부자지친明父子之親

2. 명군신지의明君臣之義

5. 명붕우지교明朋友之交

6. 통론通論

第三 경신敬身

◎ 敬身 小序

1. 명심술지요明心術之要

2. 명위의지칙明威儀之則

外篇

第五. 가언嘉言

◎ 嘉言 小序

2. 광명륜廣明倫

3. 광경신 廣敬身

　여기에서는 한漢나라 이후 현자賢者들의 가언을 들어 내편의
입교立敎·명륜明倫·경신敬身 3편 중의 〈경신〉에 관한 아름다운 말과
그 일화·예화·고사 등을 들어 〈경신〉의 취지에 부합한 내용을
더욱 넓혀나갈 수 있도록 한 것이다.

　모두 36장이다.

〈芭蕉戱兒圖〉

269(5-3-1)
이익을 도모하지 말라

동중서董仲舒가 말하였다.

"어진 자는 그 의로움을 바르게 하되 이익은 도모하지 아니하며, 그 도를 밝히되 그 공은 계산하지 아니한다."

董仲舒曰:「仁人者, 正其誼, 不謀其利; 明其道, 不計其功」

【董仲舒】 B.C.179～B.C.104. 廣川(지금의 河北 棗强縣) 출신으로 西漢의 哲學者이며 今文經學의 大家.《春秋公羊傳》에 밝아 博士가 되었으며 江都相과 膠西王相을 지냄. 유학의 장려를 제창하여 武帝에게 발탁되어 漢王朝의 봉건 기틀에 큰 역할을 함. 저서로《春秋繁露》와《董子文集》이 있음.《漢書》卷56에 傳이 있음. 그의 저술로《春秋繁露》·《聞擧》·《玉杯》·《淸明》·《竹林》 등이 있었으나 지금은《춘추번로》만 전함.
【誼】‘義’와 같음.
【計】計算함.

1.《春秋繁露》(32) 對膠西王越大夫不得爲仁

仁人者, 正其道, 不謀其利; 修其理, 不急其功. 致無爲而習俗大化, 可謂仁聖矣, 三王是也.

2. 《漢書》董仲舒傳

夫仁人者, 正其誼, 不謀其利; 明其道, 不計其功. 是以仲尼之門, 五尺之童羞稱五伯, 爲其先詐力而後仁誼也. 苟爲詐而已, 故不足稱於大君子之門也. 五伯比於他諸侯爲賢, 其比三王, 猶武夫之與美玉也.

董仲舒《三才圖會》

270(5-3-2)
담은 크게 가질 것

○ 손사막孫思邈이 말하였다.

"담은 크게 가지고자 하되 마음은 적게 가지고자 하라. 지혜는 원만히 가지고자 하되 행동은 방정하게 하고자 하라."

○ 孫思邈曰: 「膽欲大, 而心欲小; 智欲圓, 而行欲方」

【孫思邈】唐나라 太宗 때 인물로 京兆 사람. 陰陽과 醫術, 占術 등에 모두 뛰어난 道人으로 太白山에 은거하며 관직에 나서지 않았었음. 《舊唐書》(191) 方技傳과 《新唐書》(196) 隱逸傳에 전이 실려 있음.
【心】여기서는 욕심을 가리킴.
【方】모가 남. 여기서는 '方正함, 方直함'을 말함.
＊〈集註〉에 "膽大謂敢, 心小謂畏; 智圓謂通變, 行方謂有守"라 함.

1. 《舊唐書》(191) 方技傳 孫思邈
孫思邈, 京兆華原人也. 七歲就學, 日誦千餘言. 弱冠善談莊老及百家之說, 兼好釋典. 洛州總管獨孤信見而歎曰:「此聖童也. 但恨其器大, 適小難爲用也.」……又曰:「膽欲大而心欲小, 智欲圓而行欲方. 《詩》曰:『如臨深淵, 如履薄氷』, 謂小心也;『赳赳武夫, 公侯干城』, 謂大膽也.『不爲利回, 不爲義疚』, 行之方也;『見機而作, 不俟終日』, 智之圓也」

2.《新唐書》(196) 隱逸傳 孫思邈

孫思邈, 京兆華原人. 通百家說, 善言老子·莊周. 周洛州總管獨孤信見其少, 異之, 曰:「聖童也. 顧器大, 難爲用爾!」……照隣曰:「人事奈何?」曰:「心爲之君, 君尙恭, 故欲小.《詩》曰:『如臨深淵, 如履薄氷』, 小之謂也; 膽爲之將, 以果決爲務, 故欲大.《詩》曰『赳赳武夫, 公侯干城』, 大之謂也. 仁者靜, 地之象, 故欲方.《傳》曰『不爲利回, 不爲義疚』, 方之謂也; 智者動, 天之象, 故欲圓.《易》曰『見機而作, 不俟終日』, 圓之謂也」

3.《明心寶鑑》存心篇

孫思邈言:「膽欲大, 而心欲小; 智欲圓, 而行欲方.」

藥王 孫思邈《備急千金要方》및《千金翼方》저술

271(5-3-3)
선을 좇는 것은 어렵지만

○ 속담에 말하였다.

"선을 좇는 것은 높은 곳을 오르는 것처럼 어렵지만 악을 따르기는 그대로 무너지듯이 아주 쉽다."

○ 古語云:「從善如登, 從惡如崩.」

【古語】옛날부터 내려오는 속담이나 격언. 《國語》周語(下)에는 '諺'으로 되어 있음.
【登·崩】〈集註〉에 "升高曰登, 墜下曰崩"이라 함.
【從善】선을 따라 좇음. 선을 행함. 실천함.
＊〈集註〉에 "朱子曰:「善者, 天命所賦之本然; 惡者, 物欲所生之邪穢.」眞氏曰:「從善如登, 善難進也; 從惡如崩, 惡易陷也.」"라 함.

참고 및 관련 자료

1. 《國語》周語(下)
諺曰:『從善如登, 從惡如崩.』昔孔甲亂夏, 四世而隕; 玄王勤商, 十有四而興. 帝甲亂之, 七世而隕; 后稷勤周, 十有五世而興. 幽王亂之, 十有四世矣. 守府之謂多, 胡可興也? 夫周, 高山·廣川·大藪也, 故能生是良材, 而幽王蕩以爲魁陵·糞土·溝瀆, 其有悛乎?
2. 《明心寶鑑》繼善篇
《晉國語》云:「從善如登, 從惡如崩.」

272(5-3-4)
종신토록 길을 양보한다 해도

○ 효우孝友 선생 주인궤朱仁軌가 은거하며 양친을 봉양하고 있었다. 그는 일찍이 자제들에게 이렇게 가르쳤다.

"종신토록 길을 양보한다 해도 백 발자국 손해나는 것이 아니며, 종신토록 밭두둑을 양보한다 해도 농토 일단一段을 잃는 것은 아니다."

○ 孝友先生朱仁軌, 隱居養親, 嘗誨子弟曰:「終身讓路, 不枉百步; 終身讓畔, 不失一段.」

【孝友先生】朱仁軌. 자는 德容. 唐初 亳州 사람. 孝友先生은 그의 私諡. 은거하며 양친을 모시자, 붉은 새와 흰 까치가 집 근처에 날아와 둥지를 트는 등 기이한 일이 있었다 함.《新唐書》(115) 朱敬則傳 참조.
【不枉】'枉'은 '굽히다'의 뜻으로 백 걸음이나 먼 길을 돌아가는 것이 아님을 말함.
【畔】밭 두둑의 경계선. 이를 두고 서로 소유를 주장함.
【一段】밭의 한 구획.
＊〈集註〉에 "終身讓路, 無枉百步之時; 終身讓畔, 無失一段之時, 何憚而不爲乎?"라 함.

(참고 및 관련 자료)

1.《新唐書》(115) 朱敬則傳(朱仁軌)
敬則兄仁軌, 字德容, 隱居養親. 常誨子弟曰:「終身讓路, 不枉百步; 終身

讓畔, 不失一段.」有赤烏·白鵲棲所居樹, 按察使趙承恩表其異. 及卒, 郭山惲·
員半千·魏知古共諡爲孝友先生.

2.《菜根譚》

徑路窄處, 留一步與人行; 滋味濃的, 減三分讓人嗜. 此是涉世一極安樂法.

3.《明心寶鑑》省心篇(11-246)

孝友朱先生曰:「終身讓路, 不枉百步. 終身讓畔, 不失一段.」

성인과 현인

○ 염계濂溪 주돈이周敦頤 선생이 말하였다.

"성인은 하늘과 같기를 바라고, 현인은 성인과 같기를 바라며, 선비는 현인과 같아지기를 바란다. 이윤伊尹과 안연顔淵은 큰 현인이다. 이윤은 자신이 모시는 임금이 요순堯舜처럼 되도록 해 드리지 못한 것을 부끄럽게 여기며, 한 사나이라도 자신의 처소를 얻지 못하면 마치 자신이 저잣거리에서 종아리를 맞는 것처럼 여겼다. 그런가하면 안연은 노기를 남에게 옮기지 않았고, 허물을 두 번 저지르지 않았으며, 석 달을 인仁에 위배되는 일이 없이 하였다. 그러니 이윤의 뜻을 자신의 지향할 바로 삼고, 안연의 배움을 자신이 배워야 할 것으로 삼는다면 그들을 넘어서면 성인이 되는 것이요, 그들만큼 하면 현인이 되는 것이며, 만약 그들에게 미치지 못하면 역시 아름다운 이름을 잃지는 않게 될 것이니라."

周敦頤(濂溪先生)《三才圖會》

伊尹《三才圖會》

○ 濂溪周先生曰:「聖希天, 賢希聖, 士希賢. 伊尹·顏淵大賢也. 伊尹恥其君不爲堯舜, 一夫不得其所, 若撻於市; 顏淵不遷怒, 不貳過, 三月不違仁. 志伊尹之所志, 學顏淵之所學. 過則聖, 及則賢, 不及則亦不失於令名.」

【濂溪】 북송의 이학가. 周敦頤(1017~1073). 자는 茂叔. 宋나라 때 道州 사람. 시호는 元公. 道州의 營道 濂溪 근처에 살아 호를 濂溪先生이라 하였음. 〈太極圖說〉과 《通書》 등이 있음.
【伊尹】 商湯임금의 賢臣. 湯임금을 도와 夏나라 末王 桀을 멸하고 商나라를 건설함.
【顏淵】 顏回. 孔子의 수제자. 일찍 죽어 공자가 매우 안타까워하였음.
【撻於市】 심하게 치욕을 줌. 〈集註〉에 "吳氏曰:「若撻於市, 言恥之甚也.」" 라 함.
＊〈集註〉에 "朱子曰:「此三者, 隨其用力之淺深以爲所至之根源, 不失令名, 以其有爲善之實也.」"라 함.

참고 및 관련 자료

1.《通書》에 실려 있음.

2.《尙書》說命(下)

昔先正保衡, 作我先王. 乃曰:「予弗克俾厥后惟堯舜, 其心愧恥, 若撻于市, 一夫不獲, 則曰時予之辜, 佑我烈祖」, 格于皇天, 爾尙明保予, 罔俾阿衡, 專美有商.

3.《論語》雍也篇

○哀公問:「弟子孰爲好學?」孔子對曰:「有顏回者好學, 不遷怒, 不貳過. 不幸短命死矣, 今也則亡, 未聞好學者也.」

○子曰:「回也, 其心三月不違仁, 其餘則日月至焉而已矣.」

274(5-3-6)
문장을 일삼는 일

○ 성인^{聖人}의 도는 귀로 들어 마음에 두며 이를 쌓아 덕행이 되도록 하며, 이를 실행하여 사업이 되도록 하여야 한다. 문장으로만 일삼으며 거기서 그치는 것은 비루한 짓이다.

○ 聖人之道, 入乎耳, 存乎心; 蘊之爲德行, 行之爲事業, 彼以文辭而已者, 陋矣.

【蘊】 '積'과 같음.
【文辭】 그 말이나 문장만을 익히는 것으로 끝을 냄.
【而已】 그러고 나서 거기에서 그침. '已'는 '그치다'의 동사.
【陋】 비루(鄙陋, 卑陋)함. 본래의 목적에 미치지 못하는 천한 행동에 불과함.
＊〈集註〉에 "聖人之道, 仁義中正而已矣. 積於中爲德行, 道之體也; 發於外爲事業, 道之用也"라 함.

参고 및 관련 자료

1. 《通書》에 실려 있음.

275(5-3-7)
죽으면서도 깨닫지 못하고 있으니

○ 중유仲由는 자신의 허물을 들으면 기꺼워하였기에 그 아름다운 이름이 무궁하게 된 것이다. 지금 사람들은 허물이 있어도 남이 이를 고쳐주는 것을 달가워하지 않기를 마치 병을 더 키울 뿐 의사를 기피하듯 하여, 차라리 그 몸이 죽을지언정 깨닫지 못하고 있으니 안타까운 일이로다!

○ 仲由喜聞過, 令名無窮焉; 今人有過, 不喜人規, 如護疾而忌醫, 寧滅其身而無悟也, 噫!

【仲由】子路. 孔子의 제자.
【令名】아름다운 이름. '令'은 '아름답다'의 뜻.
【護疾】질환이 더 커지도록 병을 보호해 줌.
【寧】'차라리 ~할지언정'의 구문을 만듦.
【噫】'희'로 읽으며 안타까움을 나타내는 감탄사.
*〈集註〉에 "朱子曰:「喜其得聞而改之. ……過不改, 則爲惡而速禍矣.」"라 함.

참고 및 관련 자료

1.《通書》에 실려 있음.

2.《孟子》公孫丑(上)

孟子曰:「子路, 人告之以有過則喜. 禹聞善言則拜. 大舜有大焉: 善與人同. 舍己從人, 樂取於人以爲善. 自耕稼陶漁, 以至爲帝, 無非取於人者. 取諸人以爲善, 是與人爲善者也. 故君子莫大乎與人爲善.」

3.《**孟子**》公孫丑(上) 注

喜其得聞而改之, 其勇於自修如此. 周子曰:「仲由喜聞過, 令名無窮焉. 今人有過, 不喜人規, 如諱疾而忌醫, 寧滅其身而無悟也. 噫!」程子曰:「子路, 人告之以有過則喜, 亦可爲百世之師矣.」

276(5-3-8)
성현의 말이 그토록 많지만

○ 명도明道 선생이 말하였다.

"성현의 천언만어千言萬語는 단지 사람으로 하여금 스스로 잃어버린 마음을 묶어 이를 자신의 몸으로 되돌릴 수 있게 하고자 함일 뿐이다. 스스로 능히 위를 향하여 찾아 오르게 되면 아래로 배워 위로 통달하게 되는 것이다."

○ 明道先生曰：「聖賢千言萬語, 只是欲人將已放之心約之, 使反復入身來, 自能尋向上去, 下學而上達也」

【明道】北宋 理學의 대가 程顥(1032~1085). 자는 伯淳이며 明道先生이라 부름. 저서로는 《識仁篇》과 《定性》 등이 있으며, 아우 伊川(程頤)과 구분하여 大程子라 하며, 두 사람을 합해 二程이라 부름. 北宋 理學 四派 즉, 濂溪學派(周敦頤)·百源學派(邵雍)·關學派(張載)와 더불어 洛學派의 대표적인 인물. 이들의 저술과 어록을 묶은 《二程集》이 있음. 그 학통이 南宋 閩學派(朱熹)에게로 이어진 것임.

【已放之心】해이하게 풀어놓아 본심이 사라진 상태의 마음. 《孟子》告子(上)에 "孟子曰：「仁, 人心也；義, 人路也. 舍其路而不由, 放其心而不知求, 哀哉！ 人有雞犬放, 則知求之；有放心, 而不知求. 學問之道無他, 求其放心而已矣.」"라 함.

【下學上達】아래로 인사를 배워 위로 천리를 터득함. 〈集註〉에 "下學而上達, 下學人事而上達天理也"라 함.

＊〈集註〉에 "能求放心, 則志氣淸明, 義理昭著, 而可以上達矣"라 함.

1.《二程遺書》(1)에 실려 있음.

2.《近思錄》存養篇

明道先生曰:「聖賢千言萬語, 只是欲人將已放之心約之, 使反復入身來, 自能尋向上去, 下學而上達也.」

3.《孟子》告子(上)

孟子曰:「仁, 人心也; 義, 人路也. 舍其路而不由, 放其心而不知求, 哀哉! 人有雞犬放, 則知求之; 有放心, 而不知求. 學問之道無他, 求其放心而已矣.」

277(5-3-9)
마음과 몸

○ 마음이란 반드시 몸속에 있도록 해야 한다.

○ 心, 要在腔子裏.

【腔子】 신체의 腔腸. 뱃속, 통으로 공간이 있는 내장들. 마음이란 몸의 어디
엔가 들어 있으니 온몸으로 이를 감지하여 직접 담고 있어야 함을 말함.
【要】 '반드시 ~하도록 하다'의 뜻.
* 〈集註〉에 "朱子曰:「心之爲物, 至虛至靈, 神妙不測, 常爲一身之主, 而提
萬事之綱, 而不可有頃刻之不存者也. 一不自覺, 而馳騖飛揚, 以徇物欲於
軀殼之外, 則一身無主, 萬事無綱, 雖其俯仰顧盼之間, 在已自不覺其身之所
在矣.」又曰:「敬, 便在腔子裏.」라 함.

참고 및 관련 자료

1. 《明心寶鑑》 存心篇
《游大夫錄》:「心, 要在腔子裏.」
2. 《二程遺書》(7) 游定夫(錄) 및 《近思錄》 存養篇
伊川先生曰:「心要在腔子裏.」
3. 《昔時賢文》
「身, 欲出樊籠外; 心, 要在腔子裏.」

278(5-3-10)
올곧고 엄숙하게

○ 이천伊川 정이程頤 선생이 말하였다.

"단지 올곧게 하고 엄숙히 하면 마음은 곧 하나가 된다. 마음이 하나가
되면 그릇된 것이나 사벽한 것의 간섭이 저절로 없어지게 된다."

○ 伊川先生曰：「只整齊嚴肅, 則心便一. 一則自無非辟之干」

【伊川】 程頤(1033~1107). 자는 正叔, 廣平先生이라 불렀으나 이천(伊川, 지금의
洛陽 남쪽)에 살아 흔히 伊川先生이라 불렸음. 그의 형 程顥(明道先生)와
더불어 北宋 理學 四派 즉, 濂溪學派(周敦頤)·百源學派(邵雍)·關學派(張載)
와 더불어 洛學派의 대표적인 인물이며 小程子로 불림. 이들 학통이 南宋
閩學派(朱熹)에게로 이어진 것임.
【整齊】 줄이나 놓은 물건 등이 똑바른 것을 말하며 여기서는 행동이나 태도
가 곧고 바름. 의관을 바르게 하며 주위의 분위기를 바르게 함. 〈集註〉에
"整齊嚴肅, 如整衣冠·尊瞻視之類"라 함.
【一】 專一해짐. 하나가 됨.
【非辟】 그릇된 것이나 사벽(邪僻)한 것. '辟'은 '僻'과 같으며 邪僻, 便辟의 뜻.
【干】 끼어 들어 간섭함.
＊〈集註〉에 "盧氏曰：「外面整齊嚴肅, 則內面便一; 內面一, 則外面便無非僻
之干"이라 함.

1. 《二程遺書》에 실려 있음.

279(5-3-11)
군자의 장경함

○ 이천伊川 선생은 《예기》 표기表記의 "군자는 장경莊敬히 하면 날마다 굳세어지고, 안일하고 방사하게 굴면 날로 게을러진다"라는 말을 아주 좋아하였다. 대체로 보통 사람은 방사하게 굴면 날로 광탕曠蕩하게 되고, 스스로 간속簡束하면 날로 법도에 맞는 길을 가게 되는 것이다.

○ 伊川先生甚愛〈表記〉「君子莊敬日彊, 安肆日偸」之語. 蓋常人之情, 纔放肆, 則日就曠蕩; 自檢束, 則日就規矩.

【伊川】 程頤(1033~1107). 자는 正叔, 廣平先生이라 불렸으나 이천(伊川, 지금의 洛陽 남쪽)에 살아 흔히 伊川先生이라 불렸음. 그의 형 程顥(明道先生)와 더불어 北宋 理學 四派 즉, 濂溪學派(周敦頤)·百源學派(邵雍)·關學派(張載)와 더불어 洛學派의 대표적인 인물이며 小程子로 불림. 이들 학통이 南宋 閩學派(朱熹)에게로 이어진 것임.

【表記】《예기》 32번째의 편명. 군자의 덕이 어떻게 의표로 나타나야 하는가의 내용을 기록한 것임. 鄭玄의 《三禮目錄》에 "名曰表記者, 以其記君子之德見於儀表"라 하였고, 王夫之의 《禮記章句》에는 "表者, 植木爲標, 以測高下淺深之度者也. 凡爲坊者, 必先立表, 以爲之則. 表雖無與坊, 而爲坊之所自出, 是坊末而表本也"라 하여 〈坊記〉·〈緇衣〉·〈中庸〉과 더불어 子思의 문인들이 지은 것으로 보았음. 그리고 孔穎達은 《禮記正義》에서 "此一篇總論君子及小人爲行之本, 並論虞夏殷周質文之異, 又論爲臣事君之道"라 하였음.

【莊敬】 장엄하고 경건히 함.

【安肆】 안일하고 방사(放肆)함. 마구 흐트러진 행동을 뜻함.

【偸】 偸安. 게으름.

【纔】 ‘才’와 같으며 ‘겨우’의 뜻. ‘겨우 ~하는 것만으로도’의 뜻.

【放肆】 풀어져 제멋대로 하는 행동.

【曠蕩】 허랑방탕함.

【簡束】 다른 판본에는 거의 檢束으로 되어 있으며 ‘簡’과 ‘儉’은 雙聲互訓. ‘간약히 하여 묶다’의 뜻.

【規矩】 법도, 규칙. 원래 ‘規’는 원으로 그리는 자이며, ‘矩’는 모남을 그리는 자. 〈集註〉에 “規, 所以爲圓之器; 矩, 所以爲方之器”라 함.

＊〈集註〉에 “周氏曰:「安肆日偸, 亦言君子者. 謂雖爲君子或安肆, 則日入於偸也.」”라 함.

1. 《禮記》 表記

子曰:「君子莊敬日强, 安肆日偸. 君子不以一日使其躬儳焉, 如不終日.」

2. 《二程外書》와 《呂舍人師友雜志》에 실려 있음.

280(5-3-12)
자신의 몸

○ 사람이 외물外物이 자신 몸을 받드는 것에 대해서는 모든 것이 다 좋은 것이기를 바라면서 단지 자신 스스로의 몸과 마음은 도리어 잘 수양하려 들지 않는다. 진실로 좋은 외물을 얻었을 때는 도리어 자신의 몸과 마음은 이미 그보다 먼저 저절로 거두어들일 수 없게 됨을 알지 못한다.

○ 人於外物奉身者, 事事要好, 只有自家一箇身與心, 都不要好. 苟得外物好時, 都不知道自家身與心, 已自先不好了也.

【外物】 내 몸과 마음 이외의 것. 衣食住, 즉 음식·의복·가옥 등의 물질.
【要好】 '要'는 '바라다, 요구하다'의 뜻.
【自家】 '자기 자신, 스스로'의 뜻을 의미하는 白話語.
【知道】 '알다'의 의미로 쓰이는 백화어.
【不好了】 '不好'는 '不收'와 같음. 저절로 자신의 마음을 거두어들이지 못하는 상태가 됨. '了'는 시간적으로 완료를 의미하는 뜻을 가지고 있는 백화어 용법.
＊ 《集註》에 "外物之奉身, 如飮食衣服宮室之類. 身不好, 謂身不簡; 心不好, 謂心不收"라 함.

▷ 참고 및 관련 자료 ◁

1.《李端伯傳》〈師說〉에 실려 있음.

2.《明心寶鑑》正己篇(李端伯이 李端怕로 잘못되어 있음)

李端怕《師說》:「人於外物奉身者, 事事要好, 只有自家一箇. 身與心, 却不要好. 苟得外物好時, 却不知道何家, 身與心已自先不好了也.」

281(5-3-13)
이천 선생의 네 가지 잠언

○ 이천伊川 선생이 말하였다.

"안연顔淵이 극기복례克己復禮의 조목을 여쭙자 공자孔子가 이렇게 말씀하셨다.

'예가 아니면 보지 말며, 예가 아니면 듣지 말며, 예가 아니면 말하지 말며, 예가 아니면 행동하지 말라.'

이 네 가지는 몸에 쓰임에 그 속에서 나와 밖으로 반응하는 것이니 외부에서 제약을 해야 되는 이유는 그 속마음을 기르기 위함이다. 안연이 이 말씀을 잘 받들었던 것은 성인聖人의 경지로 나아가기 위함이었다. 후세의 성인을 배우는 자는 의당 이를 잘 지켜 잃지 않아야 한다. 그 때문에 잠언箴言을 지어 스스로 경계삼는다.

그 〈시잠視箴〉은 아래와 같다.

"마음이여, 본래 비어 있는 것, 외물에 응해서도 흔적이 없어. 이를 바르게 조종함에 중요함이 있으니, 보는 것의 준칙이란 눈앞에 무엇이 가리거나 교차하면 그 중심이 옮겨가고 마는 것. 밖에서 이를 통제하여 그 안을 편안히 해야 한다. 극기복례하여 오래 지속하여 정성스럽게 할지니라."

그 〈청잠聽箴〉은 다음과 같다.

"사람에게는 떳떳한 도리를 잡아야 할 것이 있으며 이는 천성天性에 근본을 두어야 한다. 물욕에 유혹을 받아 동화되어 결국 바른 것을 잃게 됨을 알아야 한다. 뛰어났던 저 옛 선각자들은 그칠 바를 알아 결정을 내렸으니, 사악함을 막고 정성됨을 보존하였으니, 예가 아니면 듣지를 말라."

그 〈언잠言箴〉은 다음과 같다.

"사람의 마음 움직임은 말에 의해 밖으로 퍼져나가는 것이니, 말을 낼 때는 조급함과 망령됨을 금하라. 안으로 조용함을 전일하여야 한다. 하물며 이는 추기樞機로써 전쟁을 일으키고 우호를 만들어 낼 수도 있으며, 길흉과 영욕이 오직 이것이 불러온다. 말을 쉽게 하면 허탄하게 되고 말이 번거로우면 지루하게 된다. 내가 말을 마구하면 사물도 나에게 어그러지게 대하며, 내 말이 패역스러우면 오는 말도 어그러진다. 법이 아닌 말을 하지를 말라 한 것은 훌륭하다! 그 가르침이여."

그 〈동잠動箴〉은 다음과 같다.

"명철한 사람은 기지를 알아 이를 정성스럽게 생각해 보고, 지사는 행동을 다듬어 이를 그 행동에 지켜낸다. 이치에 맞으면 여유가 생기고 욕심대로 따르면 위험할 뿐이다. 아주 짧은 순간에도 깊이 생각하여 전전긍긍하여 스스로를 지켜낸다. 이렇게 하여 습관과 천성을 조화롭게 이루면 성현聖賢의 경지에 올라 함께 진리로 돌아갈 수 있을 것이다."

○伊川先生曰:「顔淵問克, 己復禮之目, 孔子曰:『非禮勿視, 非禮勿聽, 非禮勿言, 非禮勿動.』四者身之用也由乎中, 而應乎外. 制乎外, 所以養其中也. 顔淵事斯語, 所以進於聖人. 後之學聖人者, 宜服膺而勿失也, 因箴以自警.」

其〈視箴〉曰:「心兮本虛, 應物無迹, 操之有要, 視爲之則, 蔽交於前, 其中則遷. 制之於外, 以安其內, 克己復禮, 久而誠矣.」

其〈聽箴〉曰:「人有秉彝, 本乎天性, 知誘物化, 遂亡其正. 卓彼先覺, 知止有定, 閑邪存誠, 非禮勿聽.」

其〈言箴〉曰:「人心之動, 因言以宣, 發禁躁妄, 內斯靜專. 矧是樞機, 興戎出好, 吉凶榮辱, 惟其所召. 傷易則誕, 傷煩則支, 己肆物忤, 出悖來違. 非法不道, 欽哉! 訓辭」

其〈動箴〉曰:「哲人知幾, 誠之於思; 志士勵行, 守之於爲. 順理則裕, 從欲惟危, 造次克念, 戰兢自持, 習與性成, 聖賢同歸」

【伊川】 程頤(1033~1107). 자는 正叔, 廣平先生이라 불렀으나 이천(伊川, 지금의 洛陽 남쪽)에 살아 흔히 伊川先生이라 불렸음. 그의 형 程顥(明道先生)와 더불어 北宋 理學 四派 즉, 濂溪學派(周敦頤)·百源學派(邵雍)·關學派(張載)와 더불어 洛學派의 대표적인 인물이며 小程子로 불림. 이들 학통이 南宋 閩學派(朱熹)에게로 이어진 것임.
【顔淵】 顔回. 공자의 제자이며 가장 뛰어났으나 일찍 죽어 공자가 매우 안타깝게 여겼던 인물.
【克己復禮】 안연이 공자에게 자신을 극복하여 예로 돌아갈 수 있는 요목을 질문한 것. 〈集註〉에 "朱子曰:「克, 勝也. 己, 爲身之私欲也. 復, 反也. 禮者, 天理之節文也.」"라 함.
【箴】 문체의 하나로 자신의 다짐이나 경계 등의 내용을 압축하여 표현한 것.
【秉彝】 떳떳한 도리나 원칙을 잡고 고수함.
【知誘物化】 사람이 가지고 있는 知性이 외물의 유혹을 받아 그리로 同化함.
【閑邪】 사악한 것을 막아 들어오지 못하게 함. '閑'은 '막다'의 뜻.
【矧】 '況'과 같음. '하물며'의 뜻.
【己肆物忤】 자신이 제멋대로 하면 外物(남)도 어그러진 말로 자신을 대하게 됨.
【非法不道】 '道'는 '말하다'의 뜻.《孝經》의 "非先王之法言, 不敢道"라 함.
【造次】 아주 짧은 시간을 말하는 雙聲連綿語. 따라서 '초차'로 읽어야 맞음.《論語》里仁篇에 "子曰:「富與貴, 是人之所欲也; 不以其道得之, 不處也. 貧與賤, 是人之所惡也; 不以其道得之, 不去也. 君子去仁, 惡乎成名? 君子無終食之間違仁, 造次必於是, 顚沛必於是.」"라 하였음.

【戰兢】戰戰兢兢의 줄인 말.《詩經》小兒 小旻에 "不敢暴虎, 不敢馮河. 人知 其一, 莫知其它. 戰戰兢兢, 如臨深淵, 如履薄冰"라 함.

【習與性成】습관이 성품이 됨. 습관이 점차 천성과 함께 성장함.

＊〈集註〉에 "朱子曰:「此章問答, 乃傳授心法切要之言. 程子之箴, 發明親切, 學者尤宜深玩.」"이라 함.

1.《論語》顔淵篇

顔淵問仁. 子曰:「克己復禮爲仁. 一日克己復禮, 天下歸仁焉. 爲仁由己, 而由 人乎哉?」顔淵曰:「請問其目.」子曰:「非禮勿視, 非禮勿聽, 非禮勿言, 非禮 勿動.」顔淵曰:「回雖不敏, 請事斯語矣.」

2.《伊川文集》에 실려 있음.

3.《古文眞寶》後集〈四勿箴〉(程正叔)

視箴: 心兮本虛, 應物無迹. 操之有要, 視爲之則. 蔽交於前, 其中則遷, 制之 於外, 以安其內. 克己復禮, 久而誠矣.

聽箴: 人有秉彝, 本乎天性, 知誘物化, 遂亡其正. 卓彼先覺, 知止有定. 閑邪 存誠, 非禮勿聽.

言箴: 人心之動, 因言以宣, 發禁躁妄, 內斯靜專. 矧是樞機, 興戎出好, 吉凶榮辱, 惟其所召. 傷易則誕, 傷煩則支, 己肆物忤, 出悖來違, 非法不道, 欽哉訓辭.

動箴: 哲人知幾, 誠之於思, 志士勵行, 守之於爲, 順理則裕, 從欲惟危, 造次 克念, 戰兢自持. 習與性成, 聖賢同歸.

282(5-3-14)
세 가지 불행

○ 이천伊川 선생이 말하였다.

"사람에게 세 가지 불행이 있으니 어린 나이에 높은 과거에 급제하는 것이 첫 번째 불행이요, 부형이 깔아놓은 세력을 자리로 하여 좋은 관직을 얻는 것이 두 번째 불행이요, 높은 재능이 있고 문장 능력을 가진 것이 세 번째 불행이다."

○ 伊川先生言:「人有三不幸: 少年登高科, 一不幸; 席父兄之勢爲美官, 二不幸; 有高才能文章, 三不幸也.」

【伊川】 程頤(1033~1107). 자는 正叔, 廣平先生이라 불렀으나 이천(伊川, 지금의 洛陽 남쪽)에 살아 흔히 伊川先生이라 불렸음. 그의 형 程顥(明道先生)와 더불어 北宋 理學 四派 즉, 濂溪學派(周敦頤)·百源學派(邵雍)·關學派(張載)와 더불어 洛學派의 대표적인 인물이며 小程子로 불림. 이들 학통이 南宋 閩學派(朱熹)에게로 이어진 것임.

【席】 '藉'와 같음. 어버이나 형이 만들어 놓은 세력을 자리로 깔고 앉음.

＊〈集註〉에 "少年登科者, 學未優; 藉勢爲美官者, 人不稱; 有高才能文章者, 恒無德以將之. 此三者, 皆不足以致遠. 故謂之不幸"이라 함.

1. 《二程遺書》 劉質夫(錄)에 실려 있음.

2.《童蒙訓》卷上

伊川先生言:「人有三不幸: 少年登高科, 一不幸; 席父兄之勢爲美官, 二不幸; 有高才能文章, 三不幸也。」

283(5-3-15)
예와 의를 버린다면

○ 횡거横渠 선생이 말하였다.

"학자로서 예와 의를 버린다면 종일 배불리 먹고 무엇 하나 하는 것 없는 것이니 하급 백성과 같게 된다. 그가 하는 일이라는 것도 입고 먹는 것 따위나 잔치하고 놀이하는 즐김을 넘어서지 못할 뿐이다."

○橫渠先生曰:「學者捨禮義, 則飽食終日, 無所猷爲, 與下民一致. 所事不踰衣食之間·燕遊之樂耳.」

【橫渠】 張載(1020~1077). 자는 子厚, 關中의 郿縣 橫渠鎭에 살아 橫渠先生이라 부름. 저서로는 《正蒙》·《東銘》·《西銘》·《理窟》 등이 있으며, 北宋 理學 四派 즉, 濂溪學派(周敦頤)·百源學派(邵雍)·關學派(張載)·洛學派(程顥, 程頤) 의 하나를 이루었음.
【飽食終日】 하루 종일 먹는 것 외에는 달리 하는 일이 없음. 《論語》 陽貨篇에 "子曰:「飽食終日, 無所用心, 難矣哉! 不有博弈者乎? 爲之, 猶賢乎已.」"라 함.
【猷爲】 그래도 무엇인가를 함. '有爲, 作爲'를 강조한 말. 〈集註〉에 "猷, 爲謀, 猷作爲也"라 함.
【下民】 아주 아래 등급의 백성. 인의도덕보다는 생존에 매달려 사는 천한 일반인.
【燕遊】 잔치나 놀이.

1. 《正蒙》(張載)에 실려 있음.

284(5-3-16)
자신을 용서하는 데에는 너그러우나

○ 범충선공范忠宣公의 〈계자제戒子弟〉 글에 이렇게 말하였다.

"사람이란 자신은 지극히 우매하지만 남을 책하는 데는 밝으며, 비록 총명하다고 하나 자신을 용서하는 데는 어둡다. 너희들은 다만 항상 남을 책하는 마음으로 자신을 책하고, 자신을 용서하는 마음으로 남을 용서하라. 그렇게 한다면 성현의 지위에 이르지 못함을 걱정하지 않아도 된다."

○ 范忠宣公〈戒子弟〉曰: 「人雖至愚, 責人則明; 雖有聰明, 恕己則昏. 爾曹但常以責人之心責己, 恕己之心恕人, 不患不到聖賢地位也.」

【范忠宣公】 范純仁(1027~1101). 자는 堯夫. 文正公 范仲淹의 둘째 아들. 胡瑗, 孫復에게 배웠으며 侍御史, 同知諫院 등을 역임함. 王安石의 신법에 반대하여 갈등을 빚었으며 哲宗 때 다시 복권되어 재상에 오름. 시호는 忠宣. 《范忠宣公集》이 있음. 《宋史》(314)에 전이 있음.
【戒子弟】 자제들에게 경계를 시키기 위한 글이나 말. '誡子弟'로도 표기함.
【聰明】 원래는 귀로 듣고 잘 알아차리는 똑똑함을 '聰'이라 하고, 눈으로 보아 민첩하게 깨닫는 것을 '明'이라 하였으나, 이를 묶어 사리에 밝고 영민(靈敏)함을 뜻하는 말로 쓰임. 《尙書》 堯典에 「昔在帝堯, 聰明文思, 光宅天下」라 하였고, 孔穎達의 疏에 「言聰明者, 據人近驗, 則聽遠爲聰, 見微爲明. ……以耳目之聞見, 喩聖人之智慧, 兼知天下之事」라 함.

【恕己】 자신의 잘못에 대해서는 관대함. 〈集註〉에 "吳氏曰:「恕字之義, 范公 蓋以寬恕爲言.」"이라 함.

【爾曹】 '너희들.' 당시 백화어. '爾'는 '你'와 같으며, '曹'는 '們'과 같음.

【己・人】 '己'는 자기 자신, '人'은 남을 의미함.

1. 《明心寶鑑》 存心篇

范忠宣公〈誡子弟〉曰:「人雖至愚, 責人則明. 雖有聰明, 恕其則昏. 爾曹但當以
責人之心責己. 恕己之心恕人. 不患不到聖賢地位也.」

2. 淸, 金纓《格言聯璧》 持躬類

以恕己之心恕人, 則全交; 以責人之心責己, 則寡過.

3. 《增廣賢文》

責人之心責己, 恕己之心恕人.

4. 《昔時賢文》

責人之心責己, 愛己之心愛人.

5. 《宋史》 范純仁傳 참조.

285(5-3-17)
기상을 터득해야 한다

○ 여형공呂滎公이 일찍이 이렇게 말하였다.

"후배로서 처음 학문에 들어서는 자는 장차 모름지기 기상氣象을 터득해야 한다. 기상이 좋을 때면 온갖 일이 모두 정당하게 된다. 기상이란 사령辭令과 용지容止에 있어서의 경중輕重과 질서疾徐가 족히 드러나는 것이니, 단지 군자와 소인이 이에서 구분될 뿐만 아니라 귀천과 수요壽天까지도 역시 이에 의해서 결정되는 것이다."

○ 呂滎公嘗言:「後生初學, 且須理會氣象, 氣象好時, 百事是當. 氣象者, 辭令容止輕重疾徐, 足以見之矣. 不惟君子小人於此焉分, 亦貴賤壽天之所由定也.」

【呂滎公】呂希哲(1039~1116). 자는 原明. 壽州 사람으로 呂公著의 아들. 처음에는 石介, 胡瑗 등을 스승으로 하였다가 뒤에 다시 程顥·程頤·張載를 따라 배움. 과거를 포기하고 古學에 힘써 蔭官으로 벼슬길에 오름. 元祐黨籍으로 몰려 좌천되었다가 뒤에 光祿少卿에 올랐으며 滎陽郡公을 지내어 滎公이라 부름. 저술로 《呂氏雜記》가 있음. 《宋史》(336) 呂公著에 전이 함께 들어 있음.
【理會】몸소 실천하여 터득함. 이해함.
【氣象】기운과 상징의 의표들.
【辭令】말씨와 대화에서의 태도.
【容止】겉으로 드러난 용모와 행동거지 일체.
【疾徐】빠르고 느림의 구분.

【壽夭】 수명, 장수와 요절. 徐壽와 疾夭를 관련지어 설명한 것.

＊〈集註〉에 "辭令, 出諸口; 容止, 見諸身. 乃德之符也. 故端重安徐者爲君子, 爲貴爲壽; 輕浮躁疾者爲小人, 爲賤爲夭. 熊氏曰:「氣象, 不過言貌二者而已.」"라 함.

1.《宋史》呂希哲傳

希哲字原明, 少從焦千之·孫復·石介·胡瑗學, 復從程顥·程頤游, 聞見由是益廣. 以蔭入官, 父友王安石勸其勿事科擧, 以僥倖利祿, 遂絶意進取. ……希哲樂易簡儉, 有至行, 萬年名益重, 遠近皆師尊之.

2.《童蒙訓》(呂本中) 卷中

呂滎公嘗言:「後生初學, 且須理會氣象, 氣象好時, 百事是當. 氣象者, 辭令容止輕重疾徐, 足以見之矣. 不唯君子小人於此焉分, 亦貴賤壽夭之所由定也.」

286(5-3-18)
자신의 악을 공격하라

○ "자신의 악함을 공격할 것이지 남의 악함을 공격하지 말라. 대체로 스스로 자신의 악함을 공격하되 밤낮으로 더하여 스스로 점검하였음에도 털끝만큼이라도 미진함이 있으면, 자신의 마음이 찜찜할 텐데 어찌 남을 점검할 겨를이 있겠는가?"

○「攻其惡, 無攻人之惡. 蓋自攻其惡, 日夜且自點檢, 絲毫不盡, 則慊於心矣, 豈有工夫點檢他人耶?」

【攻其惡】 자신의 악함을 공격함. '攻'은 바로잡고자 부단히 노력함을 말함.
【慊】 찜찜함. '愧'와 같음. 부끄러움. 떳떳하지 못함. '歉'으로 표기된 판본도 있음.
【工夫】 '功夫'로도 표기하며 지금도 널리 쓰이는 白話語. '틈, 짬, 겨를, 여가'의 뜻. 혹 '어떤 일에 깊이 파고들다'의 뜻도 있음.
＊〈集註〉에 "檢身一念, 惡未盡去, 卽有愧於心矣. 何暇責人哉!"라 함.

> 참고 및 관련 자료

1. 이는 滎陽公 呂希哲의 語錄임.
2. 《明心寶鑑》 正己篇
呂氏《童蒙訓》曰:「攻其惡, 無攻人之惡. 蓋自攻其惡, 日夜且自點檢, 絲毫不盡, 則慊於心矣. 豈有工夫點檢他人邪?」

3.《論語》顔淵篇

樊遲從遊於舞雩之下, 曰:「敢問崇德‧修慝‧辨惑.」子曰:「善哉問! 先事後得,
非崇德與? 攻其惡, 無攻人之惡, 非修慝與? 一朝之忿, 忘其身, 以及其親,
非惑與?」

4.《童蒙訓》卷中

滎陽公嘗說:「攻其惡, 無攻人之惡. 蓋自攻己惡, 日夜且自點檢, 絲毫不盡, 則慊
於心矣. 豈有工夫點檢他人耶?」

5.《呂舍人師友雜志》참조.

선배와 후배의 학문 태도

○ 대체로 요점을 말한다면 선배의 작업은 두루 자세함이 많았으나, 후배들의 작업은 빠뜨리고 소략함이 많다.

○ 大要前輩作事, 多周詳; 後輩作事, 多闕略.

【大要】 큰 줄기나 요점만을 말함.
【前輩】 先輩와 같음. 그러나 가까운 시간의 선배가 아닌 먼 옛날부터 같은 분야를 공부한 사람들을 지칭하는 말임.
【周詳】 두루 미치지 않음이 없으면서도 자세함.
【闕略】 빠뜨리기도 하고 혹은 대충 소략하게 처리함.
＊〈集註〉에 "用心勤密, 則作事多周詳; 用心疏怠, 則作事多闕略"이라 함.

참고 및 관련 자료

1. 《呂氏集》酬酢事變에 실려 있음.

288(5-3-20)
좋은 사람은 얼마든지 있다

○‘은혜와 원수는 분명히 할 것(恩讎分明)’, 이 네 글자는 도를 가진 사람의 말은 아니다. 그런가 하면 ‘좋은 사람이란 없다(無好人)’, 이 세 글자는 덕 있는 사람의 말은 아니다. 후생들은 경계할지니라!

○‘恩讎分明’, 此四字非有道者之言也; ‘無好人’三字, 非有德者之言也, 後生戒之!

【恩讎分明】은혜와 원한이라는 것은 분명히 구분하여 남을 대해서는 안 됨을 의미함. 〈集註〉에 “孔子曰:「以德報怨.」以直報怨, 是恩讎不當分明也”라 함.
【無好人】호인이 없다는 것은 맞는 말이 아님.
＊〈集註〉에 “孟子曰:「人皆可以爲堯舜.」是世未嘗無好人也”라 함.

【참고 및 관련 자료】

1.《呂氏集》酬酢事變을 볼 것.

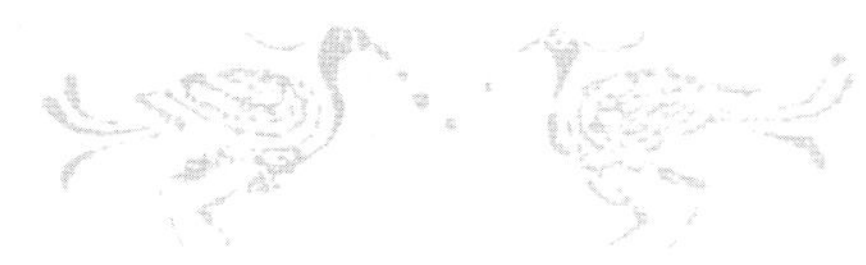

장사숙의 좌우명

○ 장사숙張思叔의 〈좌우명座右銘〉에 이렇게 말하였다.

무릇 말은 반드시 충성과 믿음이 있도록 하고, 행동은 반드시 독실하고 경건하게 한다.

음식은 필히 절제할 것이며, 자획字畫은 반드시 해서楷書로 바르게 쓴다.

용모는 반드시 단정하게 하며, 의관은 반드시 정숙하고 가지런히 한다.

걸음걸이는 안정되게 자상하게 하며, 거처는 반드시 바르고 조용하게 한다.

일에는 그 시작에 모책을 잘 세우며, 말을 낼 때는 실천할 행동을 돌아본다.

상덕常德은 반드시 고집스럽게 견지하며, 그러겠노라 허락한 것은 반드시 지키기를 중요히 여긴다.

남의 착한 일을 보면 마치 내가 한 듯이 즐거워해 주고, 악함을 보면 마치 내가 저지른 듯이 병폐로 여긴다.

이상 열네 가지는 내가 모두 깊이 성찰하지 못한 것이다.

이를 앉은 자리 구석에 써놓고 아침저녁으로 보며 경계警戒로 삼노라."

○ 張思叔〈座右銘〉曰:

凡語必忠信, 凡行必篤敬.

飮食必愼節, 字畫必楷正.

容貌必端莊, 衣冠必肅整.

步履必安詳, 居處必正靜.

作事必謀始, 出言必顧行.

常德必固持, 然諾必重應.

見善如己出, 見惡如己病.

凡此十四者, 我皆未深省.

書此當座隅, 朝夕視爲警.

【張思叔】張繹. 자는 思叔. 壽安(지금의 河南 宜陽) 사람으로 伊川 선생의 高弟子. 젊어서 시장의 고용살이를 하다가 학문에 뜻을 두어 程頤에게 수업함. 정이가 그와 尹焞 두 사람을 두고 晚得二士라 할 정도로 아꼈다 함. 《宋史》(428) 道學傳에 전이 있음. 〈御定本〉에는 '張鐸'으로 잘못 인쇄되어 있음.

【座右銘】앉은 자리 오른쪽에 새겨놓고 늘 다짐이나 경계로 삼는 글.《荀子》(宥坐篇), 《說苑》(敬愼篇), 《韓詩外傳》(3), 《淮南子》(道應訓), 《孔子家語》(三恕篇) 등에 널리 실려 있음. 참고란을 볼 것. 한편 본 글은 모두 敬·正·整· 靜· 行·應·病·省·警의 글자를 써서 운을 맞추고 있음.

【楷正】글씨를 楷書體로 바르게 씀.

【顧行】자신의 행동을 잘 뒤돌아보아 신중히 함.

【諾然】그렇다고 동의하거나 어떠한 일에 승낙을 함.

참고 및 관련 자료

1.《明心寶鑑》立教篇(12-15)

張思叔《座右銘》曰:「凡語必忠信, 凡行必篤敬. 飮食必愼節, 字畫必楷正. 容貌必端莊, 衣冠必肅整. 步履必安詳, 居處必正靜. 作事必謀始, 出言必顧行. 常德必固持, 然諾必重應. 見善如己出, 見惡如己病. 凡此十四者, 我皆未深省. 書此當座隅, 朝夕視爲警.」

2.《荀子》宥坐篇

孔子觀於魯桓公之廟, 有敧器焉., 孔子問於守廟者曰:「此爲何器?」守廟者曰:

「此蓋爲宥坐之器.」孔子曰:「吾聞宥坐之器者, 虛則欹, 中則正, 滿則覆.」孔子顧謂弟子曰:「注水焉!」弟子挹水而注之. 中而正, 滿而覆, 虛而欹. 孔子喟然嘆曰:「吁! 惡有滿而不覆者哉!」子路曰:「敢問持滿有道乎?」孔子曰:「聰明聖知, 守之以愚; 功被天下, 守之以讓; 勇力撫世, 守之以怯; 富有四海, 守之以謙. 此所謂挹而損之之道也.」

3. 그 외 《說苑》(敬愼篇), 《韓詩外傳》(3), 《淮南子》(道應訓), 《孔子家語》(三恕篇) 등에도 널리 실려 있음.

290(5-3-22)
담박한 세상맛

○ 문정공文定公 호안국胡安國이 말하였다.

"사람이란 모름지기 일체 세상맛에 대하여 담박하게 여겨야 비로소 좋아진다. 부귀의 상태가 있기를 바라서는 안 된다.

맹자孟子는 이렇게 말하였다.

'몇 길이나 되는 고래등 같은 저택에, 앞에는 큰 상의 음식이 가득 차려져 있고, 시중드는 첩이 수백 명이라도 나는 내 뜻을 얻고자 할 뿐 이는 바라지 않는다.'

학자라면 모름지기 우선 먼저 그러한 욕구를 없애고 항상 스스로 분발하고 격앙하여야 구렁텅이로 빠지지 않을 수 있다.

나는 늘 제갈공명諸葛孔明을 사랑하였다. 그는 한말漢末에 직접 남양南陽에서 농사짓고 살면서 영달을 바라지 않았다. 뒤에 비록 선주先主 유비劉備의 초빙을 받아 산하를 자르고 갈라 천하를 삼분하여 그 자신은 장수와 재상을 겸하였으며, 손에는 강력한 군사력을 휘어잡았고, 역시 구하는 그 무엇도 구하지 못할 것이 없었으며, 하고자 하는 그 어떤 것도 이루지 못할 것이 없었으나, 이에 뒤에 후주後主 유선劉禪에게 그는 이렇게 말하였다.

'저는 성도成都에 8백 그루의 뽕나무가 있고, 거친 농토지만 열다섯 마지기나 있습니다. 자손의 옷과 먹을 것은 이로써 풍요하여 남을 정도입니다. 지금 저는 밖으로 나와 있으면서도 따로 경영하거나 계획하는 것이 없으며 달리 내 생활을 다스리겠다고 촌척만큼도 늘린 것이 없습니다. 죽는 그날이 왔을 때 저의 창고에 곡식을 남겨두거나 저의 곳간에 재물을 남겨둠으로써 폐하에게 부담이 되도록 하지는 않겠습니다.'

그가 죽었을 때 과연 그의 말과 같았으니 이러한 무리의 사람이라면 진실로 가히 대장부大丈夫라 이를 만하도다!"

○ 胡文定公曰: 「人須是一切世味淡薄, 方好. 不要有富貴相, 孟子謂: 『堂高數仞, 食前方丈, 侍妾數百人, 我得志不爲.』學者須 先除去此等, 常自激昂, 便不到得墜墮.

常愛諸葛孔明, 當漢末, 躬耕南陽, 不求聞達. 後來雖應劉先主 之聘, 宰割山河, 三分天下, 身都將相, 手握重兵, 亦何求不得, 何欲 不遂, 乃與後王言: 『成都有桑八百株, 薄田十五頃, 子孫衣食自有 餘饒, 臣身在外, 別無調度, 不別治生以長尺寸, 若死之日, 不使廩 有餘栗, 庫有餘財, 以負陛下.』及卒, 果如其言, 如此輩人, 眞可謂 大丈夫矣!」

【胡文定公】 宋나라 이학자 胡安國(1074~1138). 자는 康侯, 호는 武夷先生, 혹은 草庵居士. 시호는 文定.《上蔡語錄》,《通鑑擧要補遺》 등의 저술을 남김. 《宋史》(435) 儒林傳에 전이 있음.
【一切世味】〈集註〉에 "一切世味, 如飮食衣服居室之類"라 함.
【淡薄】 淡泊, 澹泊과 같음. 〈集註〉에 "淡薄, 謂飮食充腹, 衣取蔽形, 居室取蔽 風雨也"라 함.
【方好】 白話語 표현 '才好'와 같음. '그래야만 된다. 그래야 좋다'의 뜻.
【孟子】 이는《孟子》盡心篇에 실려 있음. 참고란을 볼 것.
【方丈】 사방 1장(丈)이 됨. 〈集註〉에 "方丈, 食饌列於前者, 方一丈也. 此所謂 富貴相也"라 함.
【墜墮】 추락함. 떨어짐. 〈集註〉에 "不以富貴爲事, 嘗自激昂而爲善, 則不淪於 汙下矣"라 함.
【諸葛亮】 자는 孔明(191~234). 한말 陽都人. 은거하여 스스로 밭을 갈며 자신 을 管仲과 樂毅에 비교하여 사람들이 그를 臥龍先生이라 불렀음. 뒤에 蜀漢

劉備의 三顧草廬로 불려가 天下三分之策을 정하고 유비를 도와 荊州와
益州를 차지하여 吳, 蜀, 魏 삼국정립을 이루었음. 유비의 遺囑에 의해 그
아들 劉禪을 도와 〈出師表〉를 쓰고 북벌을 시도했으나 五丈原에서 생을
마침. 죽은 뒤 武鄕侯에 봉해졌으며 시호는 忠武.《三國志》(35)에 전이 있음.

【躬耕南陽】諸葛亮이 은거하며 농사를 지었던 일로 '三顧草廬'의 고사를 말함.
참고란을 볼 것.

【劉先主】蜀나라를 세운 劉備. 자는 玄德. 221~223년 재위하고 그 아들 후주
劉禪이 뒤를 이음. '備失匕箸' 참조.《十八史略》(3)에 "涿郡劉備字玄德, 其先
出於景帝, 中山靖王勝之後也. 有大志少語言, 喜怒不形於色. 河東關羽·涿郡
張飛, 與備相善, 備起, 二人從之"라 함.

【宰割】'宰'는 동사로 '자르다'의 뜻. 땅을 자르고 분할함. 天下를 三分하여
魏, 蜀, 吳의 三國鼎立 상태를 만듦.

【重兵】兵權을 장악한 중요한 지위와 직분.

【後主】後主劉禪. 삼국 蜀의 제2대 황제. 後主라 칭함. 劉備의 아들이며 諸
葛亮의 도움을 받았으나 나라가 망하고 말았음. 223~263년 재위함.《十八
史略》(3)에 "後皇帝: 名禪, 字公嗣, 昭烈皇帝子也. 年十七卽位, 改元建興, 丞
相諸葛亮受遺詔輔政, 昭烈臨終謂亮曰:「君才十倍曹丕, 必能安國家, 終定大事,
嗣子可輔輔之, 如其不可, 君可自取.」亮涕泣曰:「臣敢不竭股肱之力, 效忠貞
之節, 繼之以死?」亮乃約官職修法制, 下敎曰:「夫參署者, 集衆思廣忠益也.
若遠小嫌, 難相違覆, 曠闕損矣.」라 함.

【成都】益州. 지금의 四川省 成都. 蜀의 도읍이었음.

【調度】조절하여 경영하고 계획하여 일을 처리함. 〈集註〉에 "調度, 猶言區畫"
라 함.

【治生】생계를 위해 일함.

【負】기대나 희망을 저버림. 배신함. 〈集註〉에 "背恩忘德曰負"라 함.

【大丈夫】《孟子》滕文公(下)에 "居天下之廣居; 立天下之正位; 行天下之大道.
得志, 與民由之; 不得志, 獨行其道, 富貴不能淫; 貧賤不能移, 威武不能屈.
此之謂大丈夫"라 함.

＊〈集註〉에 "孟子稱大丈夫「貧賤不能移, 富貴不能淫」. 武侯有之矣"라 함.

1. 《胡氏傳家錄》에 실려 있음.

2. 《明心寶鑑》正己篇(5-31)

胡文定公曰:「人須是一切世味, 淡薄方好, 不要有富貴相.」

3. 《孟子》盡心(下)

孟子曰:「說大人, 則藐之, 勿視其巍巍然. 堂高數仞, 榱題數尺, 我得志弗爲也; 食前方丈, 侍妾數百人, 我得志弗爲也; 般樂飲酒, 驅騁田獵, 後車千乘, 我得志弗爲也. 在彼者, 皆我所不爲也; 在我者, 皆古之制也, 吾何畏彼哉?」

4. 《三國志》(35) 蜀志 諸葛亮傳

諸葛亮字孔明, 琅邪陽都人也. 漢司隸校尉諸葛豐後也. 父珪, 字君實, 漢末爲太山郡丞. 亮早孤, 從父玄爲袁術所署豫章太守, 玄將亮及亮弟均之官. 會漢朝更選朱皓代玄. 玄素與荊州牧劉表有舊, 往依之. 玄卒, 亮躬畊隴畝, 好爲〈梁父吟〉. 身長八尺, 每自比於管仲·樂毅, 時人莫之許也. 惟博陵崔州平·潁川徐庶元直與亮友善, 謂爲信然. 時先主屯新野. 徐庶見先主, 先主器之, 謂先主曰:「諸葛孔明者, 臥龍也, 將軍豈願見之乎?」先主曰:「君與俱來.」庶曰:「此人可屈致也. 將軍宜枉駕顧之.」由是先主遂詣亮, 凡三往, 乃見. 因屏人曰:「漢室傾頹, 姦臣竊命, 主上蒙塵. 孤不度德量力, 欲信大義於天下, 而智術淺短, 遂用猖獗, 至于今日, 然志猶未已, 君爲計將安出?」亮答曰:「自董卓已來, 豪傑並起, 跨州連郡者不可勝數. 曹操比於袁紹, 則名微而衆寡, 然操遂能克紹, 以弱爲强者, 非惟天時, 抑亦人謀也. ……」先主解之曰:「孤之有孔明, 猶魚之有水也. 願諸君勿復言.」羽·飛乃止.(하략)

291(5-3-23)
범익겸의 좌우계

○ 범익겸范益謙의 〈좌우계座右戒〉에 말하였다.

"첫째, 조정 정책의 이해득실이나 변방의 보고나 임명, 해임 등에 대하여 말하지 않는다.

둘째, 주현州縣 관원들의 장단점이나 행정 성과의 득실에 대하여 말하지 않는다.

셋째, 많은 사람들이 지은 과실이나 죄에 대하여 말하지 않는다.

넷째, 벼슬길이나 관직에 오르는 일, 시대 흐름과 세력에 아부하는 일 따위에 대하여 말하지 아니한다.

다섯째, 재물의 많고 적음, 빈천을 싫어하고 부귀를 구하고자 하는 일에 대하여 말하지 아니한다.

여섯째, 음란하고 외설스러운 일, 농담이나 희학, 여색에 대한 평론 따위를 말하지 아니한다.

일곱째, 남의 물건을 달라거나 술이나 먹을 것을 요구하는 말을 하지 아니한다."

또 이렇게 말하였다.

"첫째, 남의 편지 전달을 부탁받았을 때 이를 열어보거나 정체시키는 일을 하지 않는다.

둘째, 남과 함께 앉았을 때 남의 사사로운 편지를 엿보지 아니한다.

셋째, 남의 집에 들어갔을 때 남이 글로 적어놓은 것들을 보지 아니한다.

넷째, 남으로부터 물건을 빌려왔을 때 손괴하거나 되돌려주지 않는 일을 하지 아니한다.

다섯째, 음식 먹을 때는 가려먹거나 싫다고 먹지 않는 일을 하지 아니
한다.

여섯째, 남과 함께 처하였을 때 나의 편리함만을 선택하지 아니한다.

일곱째, 남의 부귀를 보았을 때 탄식하거나 부러워하거나 혹 헐뜯는 일을
하지 아니한다.

무릇 이 몇 가지 사항에서 이를 범하는 것이 있으면 그 용의用意의 불초
不肖함이 족히 드러나는 것이며, 그렇게 했다가는 존심수양存心修身에 크게
해가 되는 바가 있을 것이니 이 때문에 글로 써서 스스로의 경계로 삼노라."

○ 范益謙〈座右戒〉曰:
「一, 不言朝廷利害, 邊報差除.

二, 不言州縣官員長短得失.

三, 不言衆人所作過惡.

四, 不言仕進官職, 趨時附勢.

五, 不言財利多少, 厭貧求富.

六, 不言淫媟戲慢, 評論女色.

七, 不言求覓人物, 干索酒食.」

又曰:
「一, 人附書信, 不可開拆沉滯.

二, 與人竝坐, 不可窺人私書.

三, 凡入人家, 不可看人文字.

四, 凡借人物, 不可損壞不還.

五, 凡喫飮食, 不可揀擇去取.

六, 與人同處, 不可自擇便利.

七, 見人富貴, 不可歎羨詆毁.

凡此數事, 有犯之者, 足以見用意之不肖, 於存心修身, 大有所害, 因書以自警.」

【范益謙】范冲(范沖: 1067~1141). 成都 華陽 사람. 자는 元長. 宋 哲宗 때 翰林學士를 지냈던 范祖禹의 아들. 철종 때 進士에 올라 兩淮轉運副使, 宗正少卿兼直史官이 되어 神宗과 哲宗의 實錄을 편찬함. 司馬光의 家屬을 모두 보살피고 길렀던 인물. 《宋史》(435) 儒林傳에 전이 있음.
【邊報差除】邊報는 변방의 보고. 差는 差使. 除는 관직의 임관. 모두 행정이나 정치에 있어서 중요한 안건임을 말함. 〈集註〉에 "邊報, 邊境之報也. 遣使曰差, 授官曰除"라 함.
【淫媟】媟은 '설'로 읽음. 음탕하고 외설스러운 언어나 화제.
【求覓·干索】모두 남에게 요구하거나 찾거나 강요함을 뜻함.
【私書】사사롭게 보내는 남의 편지.
【開拆沉滯】〈集註〉에 "開拆, 則干人之私; 沉滯, 則誤人之託"이라 함.
【文字】일체의 문자 기록. 〈集註〉에 "文字, 如書簡簿籍之類"라 함.
【便利】나만 편하면 되는 자리나 위치. 〈集註〉에 "便利, 如夏擇淸涼, 冬擇和暖之類"라 함.
【歆羨詆毀】〈集註〉에 "慕之, 則歆羨; 惡之, 則詆毀"라 함.
＊〈集註〉에 "凡此數者, 所當察之於念慮之萌, 謹之於事爲之著者也"라 함.

참고 및 관련 자료

1. 《東萊辨志錄》에 실려 있음.
2. 《明心寶鑑》立教篇(12-16)
范益謙《座右戒》曰: 「一, 不言朝廷利害邊報差除. 二, 不言州縣官員長短得失. 三, 不言衆人所作過惡之事. 四, 不言仕進官職趨時附勢. 五, 不言財利多少厭貧求富. 六, 不言淫媟戲慢評論女色. 七, 不言求覓人物干索酒食.」又, 曰: 「一, 人附書信, 不可開坼沈滯. 二, 與人竝坐, 不可窺人私書. 三, 凡入人家, 不可看人文字. 四, 凡借人物, 不可損壞不還. 五, 凡喫飲食, 不可揀擇居取. 六, 與人同處, 不可自擇便利. 七, 見人富貴, 不可歆羨詆毀. 凡此數事, 有犯之者, 足以見用意之不肖, 於存心修身, 大有所害. 因書以自警.」

292(5-3-24)
벼슬길과 문예

○ 호자胡子가 말하였다.

"지금의 유자儒者들은 문예文藝를 배워 이를 벼슬길로 나가려는 마음을 옮겨, 이로써 놓아버린 마음을 거두어들이고 그 몸을 아름답게 가꾼다면 어찌 옛 사람에게 미치지 못하겠는가! 부형들은 자제에게 문예로써 가르치고, 친구는 벼슬길로 서로 불러주니, 그리하여 가서는 되돌아오지 못한다면 심성이 황폐해지기 시작하여 더 이상 다스릴 수가 없게 된다. 만사萬事를 이루었다 해도 모두가 옛 선인들에게 미치지 못하는 것이 되고 만다."

○ 胡子曰:「今之儒者, 移學文藝干仕進之心, 以收其放心, 而美其身, 則何古人之不可及哉! 父兄以文藝令其子弟, 朋友以仕進相招, 往而不返, 則心始荒而不治, 萬事之成, 咸不逮古先矣.」

【胡子】 胡宏(1106~1162). 자는 仁仲. 호는 五峰. 建寧 崇安 사람. 文定公(胡安國)의 아들. 어려서 楊時, 侯仲良에게 배워 아버지의 학문을 성취함. 衡山에 20여 년 은거할 때 張栻이 그를 스승으로 모셨으며 蔭官으로 부름을 받았으나 나가지 않음. 《知言》·《皇王大紀》·《五峰集》 등이 있으며 《宋史》(435) 儒林傳 胡安國傳에 그의 전이 함께 들어 있음.

【移】 옮김. 문예를 배워 벼슬길을 구하는 마음을 옮겨 放心을 찾는 데에 사용함.

【文藝】 문장의 기예. 과거 시험을 위해 공부하는 것을 말함.

【干】 '求'와 같음. 벼슬 따위를 구하고자 함.

【仕進】벼슬길로 나서서 진급을 거듭함.

【放心】《孟子》告子(上)에 "孟子曰:「仁, 人心也; 義, 人路也. 舍其路而不由, 放其心而不知求, 哀哉! 人有雞犬放, 則知求之; 有放心, 而不知求. 學問之道 無他, 求其放心而已矣.」"라 한 말을 뜻함.

＊〈集註〉에 "言今之儒者, 學文藝而干仕進, 其用心最勤 能移此心, 以存心修養, 雖古人亦可及也. 往而不返, 謂心馳逐於文藝仕進, 而不知返也. 心者, 萬事之 本心, 旣荒, 故萬事之成, 皆不及古之人矣"라 함.

1. 《胡氏知言》에 실려 있음.

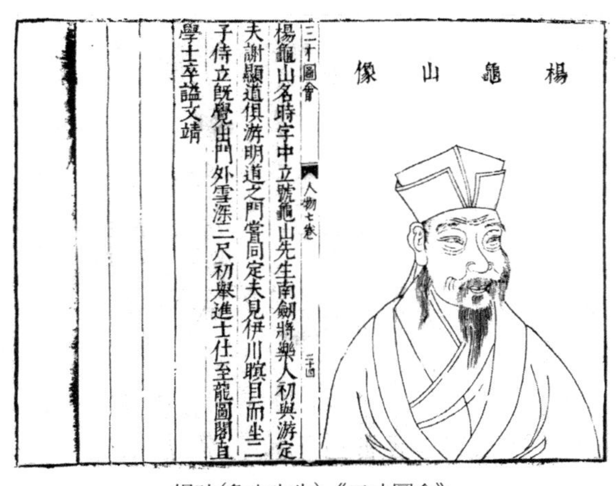

三才圖會　人物七卷

楊龜山名時字中立號龜山先生南劍將樂人初與游定
夫謝顯道俱游明道之門嘗同定夫見伊川瞑目而坐二
子侍立既覺出門外雪深二尺初舉進士仕至龍圖閣直
學士卒諡文靖

楊時(龜山先生)《三才圖會》

독서와 학문의 목적

○《안씨가훈顔氏家訓》에 말하였다.

"무릇 독서하고 학문하는 이유는, 본래 마음을 열고 눈을 밝혀 행동에 이익이 되고자 함에 있을 뿐이다.

어버이를 봉양할 줄 모르던 자가, 옛 사람이 먼저 부모 뜻을 살펴 그 얼굴빛에 의해 행하며, 부드러운 소리로 기를 낮추고, 힘들고 어려움을 꺼리지 않으며, 맛있는 육식으로 대접하면서도 안타깝게 여겨 부끄러워하고 두려워하였음을 보게 되면 일어나 이를 실행하려 할 것이다.

또 임금을 섬길 줄 모르던 자가, 옛 사람이 직무를 지켜 남의 일을 침범함이 없고, 위험을 보면 목숨을 내놓으며, 성실한 간언은 잊지 않아 사직에 이로움을 주면서도 모자란다고 여겨, 스스로 염려하였음을 보게 되면 이를 본받고자 생각하게 될 것이다.

평소 거만하고 사치하는 자가, 옛 사람이 공검恭儉하고 절용하며, 스스로 낮추어 자신을 기르며 예禮를 가르침의 근본으로 하고, 공경을 자신의 기본으로 삼으면서도 혹시 과실이 있을까 두려워하였음을 보게 되면 용모를 여미고 뜻을 억제케 될 것이다.

평소 비루하고 인색한 자가, 옛 사람이 의를 귀히 여기고 재물을 가벼이 여기며 사욕을 적게 하고 욕심을 줄이며, 가득 찬 것을 꺼리고 싫어하며, 궁한 사람, 없는 자를 구휼하면서도 얼굴이 붉도록 후회하고 부끄러워하였음을 보게 되면, 모았다가도 이를 능히 흩어 쓰고자 할 것이다.

평소 포악하고 못된 짓 하는 자가, 옛 사람이 조심하여 자신을 낮추고 이가 부러져도 혀가 있으면 된다 하고, 더러운 때를 머금고 병을 지닌 채 어진 이를 존경하고 무리를 용납하면서도 의기가 모자랐다고 상심하였음을 보게 되면, 스스로도 마치 옷의 무게를 이겨낼 수 없을 듯이 여길 것이다.

평소 겁 많고 나약한 자라면 옛 사람이 삶에 통달하여 목숨을 맡기고, 강의彊毅하고 정직하여 약속한 말은 반드시 지키며, 복을 구하겠다고 되돌아옴이 없음에도 발연히 분려奮厲하였음을 보게 되면, 두려움과 겁을 갖지 않게 될 것이다.

이상의 여러 가지 외에 백 가지 행동이 모두 그런 것이니, 비록 능히 온전히 그렇게는 못한다 해도 지나침이나 심한 것은 없앨 수 있다. 배워서 아는 바는 베풂에 통달하지 못할 것이 없다. 세상 사람들 중에 독서하는 자로서 단지 말로만 능히 그렇게 할 뿐, 이를 능히 실행하지 못하고 있다. 무인武人이나 속리俗吏들에게조차 한결같이 비웃음을 사는 것은 진실로 여기에서 말미암은 것이다.

또 수십 권의 책을 읽기만 해도 문득 스스로 높고 위대하다 여겨, 어른을 능멸하며 같은 등급을 경시하고 거만하게 구는 경우를 볼 수 있다. 그래서 남이 그런 자를 질시하기를 원수 같이 여기며, 미워하기를 부엉이나 올빼미처럼 여긴다. 학문은 이익을 구하기 위한 것인데, 지금 그것이 도리어 스스로를 손상시키는 일이라면, 이는 배우지 아니함만 같지 못하다."

○《顔氏家訓》曰:「夫所以讀書學問, 本欲開心明目, 利於行耳.

未知養親者, 欲其觀古人之先意承顔, 怡聲下氣不憚劬勞, 以致甘腝, 惕然慙懼, 起而行之也.

未知事君者, 欲其觀古人之守職無侵, 見危授命, 不忘誠諫, 以利社稷, 惻然自念, 思欲效之也.

素驕奢者, 欲其觀古人之恭儉節用, 卑以自牧, 禮爲敎本, 敬者身基, 瞿然自失, 歛容抑志也.

素鄙恪者, 欲其觀古人之貴義輕財, 少私寡慾, 忌盈惡滿, 賙窮卹匱, 赧然悔恥, 積而能散也.

素暴悍者, 欲其觀古人之小心黜己, 齒弊舌存, 含垢藏疾. 尊賢容衆, 繭然沮喪, 若不勝衣也.

素怯懦者, 欲其觀古人之達生委命, 强毅正直, 立言必信, 求福不回, 勃然奮厲, 不可恐懼也.

歷茲以往, 百行皆然, 縱不能淳, 去泰去甚. 學以所知, 施無不達, 世人讀書, 但能言之, 不能行之, 武人俗吏, 所共嗤詆, 良由是耳.

又有讀數十卷書, 便自高大, 凌忽長者, 輕慢同列, 人疾之如讐敵, 惡之如鴟梟, 如此, 以學求益, 今反自損, 不如無學也.」

【先意承顔】부모의 마음을 헤아려 순종함을 뜻함.《禮記》祭義에「先意承志, 諭父母於道」라 함. 盧文弨의 補注에《晉書》孝友傳을 인용하여「柔色承顔, 怡怡以樂」이라 함.

【怡聲下氣】《禮記》內則에「下氣怡聲, 問衣燠寒」이라 함.

【齒弊舌存】이는 닳아 빠져도 혀는 남아 있음.《老子》의「柔弱勝剛强」의 뜻. 《說苑》敬愼篇에「……常摐有疾, 老子往問焉, 張其口而示老子曰:『吾舌存乎?』老子曰:『然』曰:『吾齒存乎?』老子曰:『亡』常摐曰:『子知之乎?』老子曰:『夫舌之存也, 豈非以其柔耶? 齒之亡也, 豈非以其剛耶?』常摐曰:『嘻, 是已. 天下之事已盡, 無以復語子哉!』」라 함.

【含垢藏疾】어려움을 참아냄을 뜻함.《左傳》宣公 15년에「川澤納汗, 山藪藏疾, 瑾瑜匿瑕, 國君含垢, 天之道也」라 함.

【尊賢容衆】어진 이를 높이고 무리를 용납함.《論語》子張篇에『子夏之門人問交於子張. 子張曰:「子夏云何?」對曰:「子夏曰:『可者與之, 其不可者拒之』」子張曰:「異乎吾所聞: 君子尊賢而容衆, 嘉善而矜不能. 我之大賢與, 於人何所不容? 我之不賢與, 人將拒我, 如之何其拒人也?」」라 하였다.

【求福不回】복을 구하되 正道로써 함.《詩經》大雅 旱麓의 구절.

【去泰去甚】지나치거나 심한 것을 제거하여 中庸의 도를 지킴.《老子》29장에『將欲取天下而爲之, 吾見其不得已. 天下神器, 不可爲也, 不可執也. 爲者敗之, 執者失之. 故物或行或隨, 或歔或吹, 或强或羸, 或載或隳. 是以聖人去甚, 去奢, 去泰』라 함.

【鴟梟】올빼미·부엉이 등의 맹금류. 그 어미를 잡아먹는 새라 믿었음.

1. 《顔氏家訓》勉學篇

夫所以讀書學問, 本欲開心明目, 利於行耳. 未知養親者, 欲其觀古人之先意承顔, 怡聲下氣, 不憚劬勞, 以致甘腰, 惕然慚懼, 起而行之也; 未知事君者, 欲其觀古人之守職無侵, 見危授命, 不忘誠諫, 以利社稷, 惻然自念, 思欲效之也; 素驕奢者, 欲其觀古人之恭儉節用, 卑以自牧, 禮爲敎本, 敬者身基, 瞿然自失, 斂容抑志也; 素鄙吝者, 欲其觀古人之貴義輕財, 少私寡慾, 忌盈惡滿, 賙窮卹匱, 赧然悔恥, 積而能散也; 素暴悍者, 欲其觀古人之小心黜己, 齒弊舌存, 含垢藏疾, 尊賢容衆, 苶然沮喪, 若不勝衣也; 素怯懦者, 欲其觀古人之達生委命, 彊毅正直, 立言必信, 求福不回, 勃然奮厲, 不可恐懾也.

歷玆以往, 百行皆然. 縱不能淳, 去泰去甚. 學之所知, 施無不達. 世人讀書者, 但能言之, 不能行之, 忠孝無聞, 仁義不足; 加以斷一條訟, 不必得其理; 宰千戶縣, 不必理其民; 問其造屋, 不必知楣橫而梲豎也; 問其爲田, 不必知稷早而黍遲也; 吟嘯談謔, 諷咏辭賦, 事旣優閑, 材增迂誕, 軍國經綸, 略無施用: 故爲武人俗吏所共嗤詆, 良由是乎!

夫學者所以求益耳. 見人讀數十卷書, 便自高大, 凌忽長者, 輕慢同列; 人疾之如讎敵, 惡之如鴟梟. 如此以學自損, 不如無學也.

대학과 논어, 맹자

○ 이천伊川 선생이 말하였다.

"〈대학大學〉은 공씨孔氏가 남긴 글로써 초학자가 덕으로 들어가는 문이다. 지금에 있어서 옛 사람들이 학문을 한 차례를 볼 수 있는 것은 바로 오직 이 글이 존재함에 힘입은 것이며, 그 외에 것이라면 《논어》·《맹자》만 한 것이 없다. 그러므로 학자라면 반드시 이 책들을 통하여 공부하여야만 거의 큰 놓침이 없기를 기대할 수 있다."

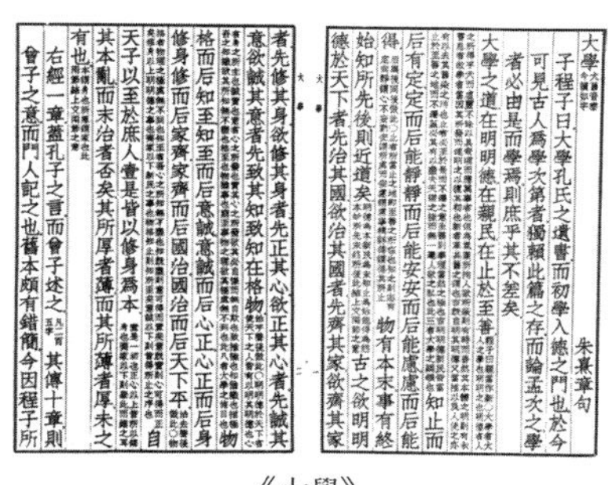

《大學》

○ 伊川先生曰:「〈大學〉孔氏之遺書, 而初學入德之門也, 於今可見古人爲學次第者, 獨賴此篇之存, 而其他則未有如《論》·《孟》者. 故學者必由是而學焉, 則庶乎其不差矣.」

【伊川】程頤(1033~1107). 자는 正叔, 廣平先生이라 불렀으나 이천(伊川, 지금의 洛陽 남쪽)에 살아 흔히 伊川先生이라 불렸음. 그의 형 程顥(明道先生)와 더불어 北宋 理學 四派 즉, 濂溪學派(周敦頤)·百源學派(邵雍)·關學派(張載)와 더불어 洛學派의 대표적인 인물이며 小程子로 불림. 이들 학통이 南宋 閩學派(朱熹)에게로 이어진 것임.

【大學】《禮記》 제42번째 편명. 鄭玄의 《三禮目錄》에 "名曰大學者, 以其記博學可以爲政也"라 하였고, 孔穎達의 《禮記正義》에는 "此大學之篇, 論學成之事,

能治其國, 章明其德於天下"라 하였음. 주로 三綱領, 八條目을 순서대로 정리한 것임. 三綱領은 '明德, 親民(新民), 止於至善'이며, 八條目은 '格物·致知·誠意·正心·修身·齊家·治國·平天下'임. 南宋 朱熹가 〈中庸〉과 더불어 분리하여 다시 《論語》·《孟子》와 묶어 '四書'로 편정하고 〈集註〉와 章句를 정리하여 오늘에 이름.

【孔氏】 공자의 학통을 말함. 원래 〈대학〉은 孔子가 曾子에게, 증자가 子思에게 전한 것으로 보아 이렇게 표현한 것임.

【次第】 차례. 〈大學〉의 八條目 즉 格物·致知·誠意·正心·修身·齊家·治國·平天下의 순서를 뜻함.

【庶乎】 기대함. 바람.

【不差】 差失이 없음. 놓치거나 잘못된 경우를 당하지 아니함.

참고 및 관련 자료

1. 《伊川雜錄》(唐彦思)에 실려 있음.

2. 《大學集註》讀大學法

朱子曰:「語孟隨事問答, 難見要領. 惟大學, 是曾子述孔子說古人爲學之大方, 而門人又傳述以明其旨, 前後相因, 體統都具, 翫味此書, 知得古人爲學所向, 却讀語孟便易入, 後面工夫雖多, 而大體已立矣.」○看這一書, 又自與看語孟不同, 語孟中只一項事是一箇道理. 如孟子說仁義處, 只就仁義上說道理; 孔子答顏淵以克己復禮, 只就克己復禮上說道理. 若大學却只統說, 論其功用之極, 至於平天下. 然天下所以平却先須治國; 國之所以治却先須齊家; 家之所以齊却先須修身; 身之所以修却先須正心; 心之所以正却先須誠意; 意之所以誠却先須致知; 知之所以至却先須格物. ○大學是爲學綱目, 先讀大學, 立定綱領. 他書皆雜說在裏許, 通得大學了, 去看他經, 方見得此是格物致知事. 此是誠意正心事, 此是修身事, 此是齊家治國平天下事. ○今且熟讀大學, 作間架却以他書塡補去. ○大學是通言學之初終; 中庸是指本原極致處. ○問:「欲專看一書, 以何爲先?」曰:「先讀大學, 可見古人爲學首末次第, 不比他書. 他書非一時所言, 非一人所記.」又曰:「看大學固是着逐句看去也須先統讀傳文敎熟, 方好從頭仔細看, 若專不識傳文大意, 便看前頭亦難.」又曰:「嘗欲作一說敎人, 只將大學, 一日去讀一遍, 看他如何是大人之學, 如何是小學, 如何是明明德, 如何是新民,如何是止於至善. 日日如是讀, 月來日去, 自見所謂溫故而知新; 須是知新, 日日看得新, 方得却不是道理解新, 但自家這箇意思長長地新.」○讀大學初間也只如此讀, 後來也只如此讀, 只是初間讀得似不與自家相關, 後來看熟, 見許多說須着如此做, 不如此做自不得.」○讀書不可貪多, 當且以大學爲先, 逐段熟讀精思, 須令了了分明, 方可改讀後段. 看第二段, 却思量前段, 令文意連屬却不妨. ○問:「大學稍通, 方要讀論語?」曰:「且未可. 大學稍通, 正好着心精讀, 前日讀時, 見得前未見得後面; 見得後未見得前面. 今識得大綱體統, 正好熟看, 讀此書功深, 則用博. 昔尹和靖見伊川半年, 方得大學西銘看, 今人半年要讀多少書? 某且要人讀此是如何? 緣此書却不多而規模周備. 凡讀書初一項, 須着十分工夫了. 第二項只費得八九分工夫, 第三項便只費得六七分工夫. 少間讀漸多自通貫, 他書自著不得多工夫.」○看大學俟見大指, 乃及他書. 但看時須是更將大段, 分作小段, 字字句句, 不可容易放過. 常時暗誦默思, 反覆研究, 未上口時, 須教上口, 未通透時, 須教通透, 已通透後, 便要純熟, 直待不思索時, 此意常在心胸之間, 驅遣不去, 方是此一段了, 又換一段看. 令如此數段之後, 心安理熟, 覺工夫省力時, 便漸得力也. 又曰:「大學是一箇腔子, 而今却要塡敎他實, 如他說格物, 自家須是去格物後塡敎他實, 著誠意亦然. 若只讀得空殼子, 亦無益也. 讀大學, 豈在看他言語? 正欲驗之於心如何. 如好好色, 惡惡臭, 試驗之吾心, 果能好善惡惡如此乎? 閒居爲不善, 是果有此乎? 一有不至, 則勇猛奮躍不已, 必有長進, 今不知如此, 則書自書我自我, 何益之有?」又曰:「某一生只看得這文字, 透見得前賢所未到處, 溫公作《通鑑》, 言:『平生精力盡在此書.』某於大學亦然. 先須通此, 方可讀他書.」又曰:「伊川舊日教人, 先看大學. 那時未解說, 而今有註解, 覺大段分曉了, 只在仔細看.」又曰:「看大學, 且逐章理會, 先將本文念得, 次將章句來解本文. 又將或問來參章句, 須逐一令記得, 反覆尋究, 待他浹洽, 既逐段曉得却統看溫尋過.」又曰:「大學一書, 有正經, 有章句, 有或問. 看來看去, 不用或問, 只看章句便了; 久之, 又只看正經便了; 又久之, 自有一部大學在我胸中 而正經亦不用矣. 然不用某許多工夫, 亦看某底不出, 不用聖賢許多工夫, 亦看聖賢底不出」又曰:「大學解本文未詳者, 於或問中詳之. 且從頭逐句理會, 到不通處, 却看或問, 乃註脚之註脚」○某解書不合太多, 又先准備學者, 爲他設疑說了. 所以致得學者看得容易了. ○人只說某說大學等不略說, 使人自致思. 此事大不然. 人之爲學, 只爭箇肯與不肯耳. 他若不肯向這裏, 略亦不解致思, 他若肯向此一邊, 自然有味, 愈詳愈有味.

295(5-3-27)
논어와 맹자

○ 무릇 《논어》와 《맹자》를 볼 때에는 장차 모름지기 그 숙독하고 그 맛을 즐기되, 성인의 언어를 자신에게 절실한 것으로 여겨야 한다. 그저 한 바탕의 말씀으로 여겨서는 안 된다. 이 두 책을 자신에게 절실하게 보게 되면 종신토록 다 할 수 있는 것을 많이 얻게 될 것이다.

○ 凡看《語》·《孟》, 且須熟讀玩味, 將聖人之言語切己, 不可只作一場話說, 看得此二書切己, 終身儘多也.

【看得】 '得'은 '해내다, 해낼 수 있다'의 뜻이 있음. 白話語 용법.
【儘】 다 써도 또 있을 정도로 풍부함. 얻을 바의 내용이 무궁무진함을 말함.
＊〈集註〉에 "孔孟之言, 皆實理也. 熟讀其辭, 玩味其理, 而著之於己, 則終身用之不能盡矣"라 함.

1. 《伊川雜錄》(唐彦思)을 볼 것.
2. 《四書集註》 讀論語孟子法
程子曰:「學者當以論語·孟子爲本. 論語·孟子旣治, 則六經可不治而明矣. 讀書者當觀聖人所以作經之意, 與聖人所以用心, 聖人之所以至於聖人, 而吾之所以未至者, 所以未得者. 句句而求之, 晝誦而味之, 中夜而思之, 平其心, 易其氣, 闕其疑, 則聖人之意可見矣.」 程子曰:「凡看文字, 須先曉其文義, 然後可以求

其意. 未有不曉文義而見意者也.」程子曰:「學者須將論語中諸弟子問處便作
自己問, 聖人答處便作今日耳聞, 自然有得. 雖孔孟復生, 不過以此教人. 若能
於語孟中深求玩味, 將來涵養成甚生氣質!」程子曰:「凡看語孟, 且須熟讀玩味.
須將聖人言語切己, 不可只作一場話說. 人只看得二書切己, 終身儘多也」程子
曰:「論孟只剩讀着, 便自意足. 學者須是玩味, 若以語言解着, 意便不足」或問:
「且將論孟緊要處看, 如何?」程子曰:「固是好, 但終是不浹洽耳」程子曰:「孔子
言語句句是自然, 孟子言語句句是事實」程子曰:「學者先讀論語孟子, 如尺度
權衡相似, 以此去量度事物, 自然見得長短輕重.」程子曰:「讀論語孟子而不
知道, 所謂『雖多, 亦奚以爲?』」

296(5-3-28)
논어 읽는 방법

○《논어論語》를 읽는 자는 단지 제자들이 질문하는 것만 있어도 곧바로 이를 자신의 질문으로 삼으며, 성인이 답을 말해 준 것은 곧 지금 귀로 들은 것으로 여기면 저절로 터득함이 있게 된다. 만약 능히 《논어》·《맹자》 속에서 깊이 찾아보고 완미해 낼 수 있다면 장차 그 어떤 기질氣質도 함양하여 성취해 낼 수 있게 될 것이다.

○ 讀《論語》者, 但將弟子問處, 便作已問, 將聖人答處, 便作今日耳聞, 自然有得. 若能於《論》·《孟》中, 深求玩味, 將來涵養成甚生氣質.

【將】白話語의 '把'와 같음. 뒤에 오는 말을 묶어 目的語, 目的句 目的節을 만드는 구문을 형성함.
【便】백화어의 취와 같음. '곧바로' 등으로 해석하며 강조의 의미를 지님.
【甚】백화어 '甚麼, 什麼'의 줄인 말. '그 어떤'의 뜻.
＊〈集註〉에 "輔氏曰:「將來涵養成, 謂後來涵養成就也.」新安陳氏曰:「甚生氣質, 謂愚者明, 柔者强. 生, 出好氣質也.」"라 함.

참고 및 관련 자료

1.《伊川雜錄》(唐彦思)을 볼 것.
2.《論語集註》 앞장 참고란을 볼 것.

중용 읽는 법

○ 횡거橫渠 장재張載 선생이 말하였다.

"〈중용中庸〉의 문자들은 곧바로 모름지기 구절마다 이해를 거친 다음, 그 말들이 서로 연관을 지어 전체의 뜻을 밝혀낼 수 있도록 읽어야 한다."

○ 橫渠先生曰:「〈中庸〉文字輩, 直須句句理會過, 使其言互相發明.」

《中庸》

【橫渠】張載(1020~1077). 자는 子厚, 關中의 郿縣 橫渠鎭에 살아 橫渠先生이라 부름. 저서로는 《正蒙》·《東銘》·《西銘》·《理窟》 등이 있으며, 北宋 理學 四派 즉, 濂溪學派(周敦頤)·百源學派(邵雍)·關學派(張載)·洛學派(程顥, 程頤) 의 하나를 이루었음.

【中庸】 원래 《禮記》 제31번째 편명. 朱子가 이를 42번째 〈大學〉과 함께 분리하여 《論語》·《孟子》와 함께 史書로 編定하여 注를 모으고 句를 정리하여 〈四書集註章句〉를 펴낸 것임.

【輩】 무리. 들. 복수를 나타내는 접미어.

【發明】 뜻과 내용을 펴서 명확히 알아냄.

＊〈集註〉에 "朱子曰:「張子之言, 眞讀書之要法, 不但可施於〈中庸〉也.」"라 함.

1. 《語錄》(張載)에 실려 있음.

2. 《中庸集註》〈讀中庸法〉

朱子曰:「中庸一篇, 某妄以己意, 分其章句. 是書豈可以章句求哉? 然學者之於經, 未有不得於辭而能通其意者」又曰:「中庸, 初學者未當理會」○中庸之書難看, 中間說鬼說神都無理會, 學者須是見得箇道理了, 方可看此書將來印證. ○讀書之序, 須是且著力去看大學; 又著力去看論語; 又著力去看孟子, 看得三書了, 這中庸, 半截都了不用問人, 只略略恁看過, 不可掉了易底, 却先去攻那難底. 中庸多說無形影, 說下學處少; 說上達處多. 若且理會文義, 則可矣. ○讀書先須看大綱, 又看幾多間架: 如「天命之謂性, 率性之謂道, 脩道之謂敎」, 此是大綱. 「夫婦所知所能, 與聖人不知不能處」, 此類是間架. 譬人看屋, 先看他大綱, 次看幾多間, 間內又有小間, 然後方得貫通. 又曰:「中庸自首章以下, 多對說將來, 直是整齊, 某舊讀中庸, 以爲子思做, 又時復有箇子曰字, 讀得熟, 後方見得是子思參夫子之說, 著爲此書. 自是沈潛反覆, 遂漸得其旨趣, 定得今章句擺布得來, 直恁麼細密.」○近看中庸, 於章句文義間, 窺見聖賢述作傳授之意, 極有條理, 如繩貫棊局之不可亂. ○中庸當作六大節看: 首章是一節, 說「中和」. 「自君子中庸」以下十章, 是一節, 說「中庸君子之道」. 「費而隱」以下八章, 是一節, 說「費隱」. 「哀公問政」以下七章, 是一節, 說「誠」. 「大哉聖人之道」以下六章, 是一節, 說「大德小德」. 末章是一節, 復申首章之義. 問:「中庸大學之別」曰:「如讀中庸求義理, 只是致知功夫. 如謹獨脩省, 亦只是誠意」問:「只是中庸, 直說到聖而不可知處」曰:「如大學裏, 也有如前王不忘, 便是篤恭而天下平底事」

○육경六經은 모름지기 서로 순환循環하면서 읽어 이해하여야 한다. 그리해야 그 뜻의 무궁함에 이를 것이다. 스스로 한 격조 성장할 때가 되면 그 격조만큼 또 다른 것을 얻게 될 것이다.

○ 六經須循環理會, 儘無窮. 待自家長得一格, 則又見得別.

【六經】儒家의 가장 중요한 경전. 주로 堯·舜·禹·湯·文王·武王·周公·孔子에 이르는 언론과 철학을 담은 책. 구체적으로 《易》·《詩》·《書》·《禮》·《樂》·《春秋》를 가리킴.
【儘】다함. 끝까지 이르러 봄.
【待】'기다리다, 그러한 때에 이르다'의 뜻.
【一格】한 段階, 格調, 課程.
＊〈集註〉에 "學進, 則所見益高矣"라 함.

참고 및 관련 자료

1.《張橫渠語錄》(張載)에 실려 있으며 張載의 《理窟》,《二程全書》에도 실려 있음.

299(5-3-31)
경서와 자서, 그리고 사서까지

○ 여사인呂舍人이 말하였다.

"무릇 후생들이 학문을 함에는 먼저 모름지기 학문에는 무엇을 배울 것인가를 이해하여야 한다. 한 번 가고 한 번 멈추고, 한 번 말하고 한 번 침묵을 지키는 일 모두가, 반드시 모은 것이 도리에 합당하여야 한다. 학업에는 반드시 엄격하게 과정課程을 세워 하루라도 방일하거나 태만하여서는 안 된다. 매일 모름지기 일반 경서經書를 읽어야 하며, 일반 자서子書는 많이 읽을 필요가 없으나 단지 모두 정독하고 숙독해야 하며, 반드시 조용한 실내에 똑바로 곧은 자세로 앉아 2, 3백 번은 읽되 글자마다 구절마다 분명히 그 뜻을 알아야 한다. 또한 매일 모름지기 앞서 사흘 전, 닷새 전에 가르침을 받은 것을 50번 내지 70번은 통독하여 외워지도록 하여, 단 한 글자도 허투루 지나쳐서는 안 된다. 사서史書는 매일 반드시 한 권 혹 반 권 이상을 읽어야 비로소 그 성과를 볼 수 있다. 모름지기 남으로부터 읽는 법을 받아 배울 때는 의문 나는 것이 있으면 곧바로 질문을 하여 옛 성현들의 마음 씀씀이를 찾아 온 힘을 다하여 이를 따라야 한다. 무릇 지도하고 인도하는 것은 스승이 할 일이며, 이를 실행하되 목표에 도달하지 못함이 있을 때는 조용히 고쳐주어야 하는 것은 붕우의 임무이다. 그러나 의지를 결정하여 앞으로 나아가는 일이라면, 이는 모름지기 자신의 힘으로 해야 하며, 남을 우러러 힘을 빌려서 하기에는 어려운 것이다."

○ 呂舍人曰：「大抵後生爲學, 先須理會所以爲學者何事. 一行一住, 一語一黙, 須要盡合道理. 學業則須是嚴立課程, 不可一日

放慢. 每日須讀一般經書, 一般子書不須多, 只要令精熟, 須靜室
危坐讀取二三百遍, 字字句句須要分明, 又每日須連前三五授通
讀五七十遍, 須令成誦, 不可一字放過也. 史書每日須讀取一卷或
半卷以上, 始見功. 須是從人授讀, 疑難處便質問, 求古聖賢用心,
竭力從之. 夫指引者, 師之功也, 行有不至, 從容規戒者, 朋友之
任也, 決意而往, 則須用己力, 難仰他人矣.」

【呂舍人】宋나라 때 인물 呂本中(1084~1145). 자는 居仁. 東萊先生이라 불렸
　으며 高宗 紹興 6년에 進士에 올라 起居舍人, 中書舍人兼侍講, 權直學士院
　등을 역임함. 시와 문장에도 뛰어나 陳思道, 黃庭堅 등과 교유하였음. 시호는
　文淸. 재상 正獻公 呂公著의 증손. 저술로는 《童蒙訓》·《江西詩社宗派圖》·
　《紫薇詩話》·《師友淵源錄》·《東萊先生詩集》 등이 있음.
【放慢】 방종하게 굴며 게으름.
【經書】 儒家의 경전 일체. 六經, 뒤에 十三經으로 늘어난 경전들.
【子書】 제자백가들의 책. 흔히 九流十家를 들고 있으며 이들 역시 필히 읽어야
　할 책으로 여겼음. 흔히 經書는 聖人의 기록이며 自序는 賢人의 책이라 구분
　하였음. 〈集註〉에 "經書, 聖人之書; 子書, 賢人之書"라 함.
【危坐】 오똑하게 바르게 앉음. 〈集註〉에 "危坐, 猶正坐也"라 함.
【放過】 제대로 익히지 아니하고 그대로 넘어감.
【史書】 일체의 역사서. 編年體 역사와 紀傳體 역사책들.
【見功】 효과를 봄. 효과가 드러남.
【從容】 '조용히, 차분히' 등의 뜻을 나타내는 疊韻連綿語.
【難仰他人】 남에게 의지할 수 없는 것으로 자신이 해내어야 함. 〈集註〉에
　"仰, 資也"라 함.

참고 및 관련 자료

1.《童蒙訓》(呂本中)을 출처라 하였으나 지금의 〈四庫全書〉본 《童蒙訓》에는
이 구절이 들어 있지 않음.

300(5-3-32)
날로 이치를 변별하면

○ 여씨呂氏의 《동몽훈童蒙訓》에 말하였다.

"오늘 한 가지 일을 기억하고, 내일 한 가지 일을 기억하여 오래되면 자연히 꿰뚫게 될 것이다. 오늘 하나의 이치를 변별하고, 내일 하나의 이치를 변별하여 오래 지나면 저절로 이치에 젖게 될 것이다. 오늘 하나의 어려운 일을 실천하고, 내일 하나의 어려운 일을 해결해 내어 오래 지나면 저절로 견고해질 것이다. 이처럼 시원하게 얼음을 가르듯 하여 편안히 이치가 순조로워, 오래 지나면 스스로 터득하게 되는 것이니, 이러한 것은 우연으로 그렇게 되는 것이 아니다."

○ 呂氏《童蒙訓》曰:「今日記一事, 明日記一事, 久則自然貫穿; 今日辨一理, 明日辨一理, 久則自然浹洽; 今日行一難事, 明日行一難事, 久則自然堅固. 渙然冰釋, 怡然理順, 久自得之, 非偶然也」

【童蒙訓】《呂氏童蒙訓》이라고도 하며 宋 呂本中이 찬술한 책으로 어린이를 훈계하기 위한 것임. 3권으로 되어 있으며 南宋 紹定 연간에 이미 판각이 되었고, 1925년 陶氏涉園飜刻本이 전함. 〈四庫全書〉에도 들어 있음.
【記】꼭 익혀야 될 사안을 잘 기억하고 있음.
【貫穿】꿰뚫음.
【浹洽】푹 젖어 하나가 됨. 雙聲連綿語.
【渙然·怡然】'渙然'은 녹아서 시원하게 풀어지는 모습. '怡然'은 마음에 즐겁게

느끼는 상태. 〈集註〉에 "林氏曰:「渙然, 解散如春冰之釋; 怡然, 喜悅而衆理皆順"이라 함.

1. 《童蒙訓》(呂本中) 지금의 〈四庫全書〉본에는 이 구절이 들어 있지 않음.

301(5-3-33)
두려워해야 할 후배

○ 선배들이 일찍이 이렇게 말하였다.

"후배들로서 재능과 성품이 남보다 뛰어난 자는 두려워할 것이 없다. 다만 독서하고 찾아 생각하고 미루어 연구하는 자라면 가히 두려워할 만하다."

또 이렇게 말하였다.

"독서하면서 늘 생각하는 자가 오직 두렵다고 한 것은, 대체로 그러한 자는 의리義理가 정밀하고 깊기 때문이며, 오직 늘 생각하면서 뜻을 사용하면 가히 터득할 수 있기 때문이다. 그저 엉성하게 하거나 번거롭다고 싫증을 내는 자라면, 결코 아무것도 성취해 낼 수가 없다.

○ 前輩嘗說:「後生才性過人者, 不足畏, 惟讀書尋思推究者, 爲可畏耳」 又云:「讀書只怕尋思, 蓋義理精深, 惟尋思用意, 爲可以得之. 鹵莽厭煩者, 決無有成之理」

【前輩】 先輩와 같음. 그러나 가까운 시간의 선배가 아닌 먼 옛날부터 같은 분야를 공부한 사람들을 지칭하는 말임.
【尋思】 찾아보고 생각함.
【鹵莽】 '대충 엉성하게 처리하다. 조악하고 거칠다'의 뜻을 가진 連綿語. 〈集註〉에 "鹵音魯, 莽, 母黨切. 鹵莽, 不用心也"라 함.
＊〈集註〉에 "熊氏曰:「人有才貴乎有學, 非學無以充其才; 有學貴乎有思, 非思

無以充其學. 故後生可畏者, 非以其才之難, 旣能學而又能思者爲難也. 夫義
理散在簡冊之中, 聖賢之言, 不可以粗看, 不可以淺窺. 若鹵莽厭煩, 則何由知
聖賢用心而窮其義理乎?"라 함.

1. 〈漢文大系〉본에 출전을 《童蒙訓》이라 하였으나 지금의 〈四庫全書〉본
에는 이 구절을 찾을 수 없음.

302(5-3-34)
남에게 빌린 책

○《안씨가훈顔氏家訓》에 말하였다.

"남에게 전적典籍을 빌렸을 때 모두가 모름지기 아끼고 잘 보관하여, 우선 먼저 찢어지거나 온전치 못한 부분이 있으면 이를 보수하여야 하니, 이 역시 사대부로서 해야 할 백행百行 중의 하나이다. 제양濟陽 사람 강록江祿은 독서를 하다가 아직 마치지 않았을 때는 비록 급한 일이 있어도 반드시 책을 잘 말아 묶고 가지런히 하기를 기다린 연후에야 일어서 행동하였다. 그 때문에 그 어떤 손패損敗도 없어, 그 누구도 책 빌려달라는 그의 요구를 싫어하지 않았다.

간혹 책상 위에 낭자하게 흩어놓고 부질部帙을 분산해 놓는 경우가 있다. 이렇게 되면 어린아이나 비첩이 더럽히거나, 비바람·벌레·쥐 등에 의해 훼상을 입게 된다. 이는 사실 덕에 누累를 끼치게 되는 것이다. 나는 매번 성인의 글을 읽을 때면 숙연하고 공경하게 대하지 아니한 경우가 없었다. 그 고지故紙에 오경五經의 사의詞議와 성현聖賢의 성명이 적혀 있으니, 감히 다른 용도에 쓸 수 없었던 것이다.

○《顔氏家訓》曰:「借人典籍, 皆須愛護, 先有缺壞, 就爲補治, 此亦士大夫百行之一也. 濟陽江祿, 讀書未竟, 雖有急速, 必待卷束整齊, 然後得起, 故無損敗, 人不厭其求假焉. 或有狼藉几案, 分散部帙, 多爲童幼婢妾所點汚, 風雨蟲鼠所毀傷, 實爲累德, 吾每讀聖人書, 未嘗不肅敬對之, 其故紙有五經詞義及聖賢姓名, 不敢他用也.」

【典籍】 학업에 필요한 도서를 뜻함.

【百行】 여러 가지 품덕. 효도는 온갖 행동의 근본임을 뜻함.《白虎通》考黜
  에「孝道之美, 百行之本也」라 함.〈集註〉에 "百行, 大而忠君孝親, 小而手容
  恭足容重皆是. 借人器物, 皆須保護, 況書籍乎? 或先損壞, 卽爲修補完好, 實
  士君子之一行也"라 함.

【濟陽】 晉나라 때 설치했던 郡. 지금의 山東省 定陶縣.

【江祿】 江夷의 玄孫으로 자는 彦遐. 南朝 宋나라 때 인물.《南史》江夷傳
  참조.

【狼藉】 마구 흐트러진 모습을 나타내는 연면어.〈集註〉에 "狼藉, 草而臥去,
  則穢亂, 故物之散亂曰狼藉"라 함.

【累德】 德에 累가 됨을 말함.

【五經】 儒家의 經典을 말함. 구체적으로는 흔히《易》·《詩》·《書》·《禮》·《春秋》
  를 들고 있음.

【聖賢】《顔氏家訓》에는 '賢達'로 되어 있으며, 이는 현인과 달인. 학업과 덕을
  이룬 선인을 뜻함.

> 참고 및 관련 자료

1.《顔氏家訓》治家篇

借人典籍, 皆須愛護, 先有缺壞, 就爲補治, 此亦士大夫百行之一也. 濟陽 江祿,
讀書未竟, 雖有急速, 必待卷束整齊, 然後得起, 故無損敗, 人不厭其求假焉.
或有狼籍几案, 分散部帙, 多爲童幼婢妾之所點汙, 風雨蟲鼠之所毀傷, 實爲累德.
吾每讀聖人之書, 未嘗不肅敬對之; 其故紙有五經詞義, 及賢達姓名, 不敢穢
用也.

303(5-3-35)
가르침의 순서

○ 명도明道 선생이 말하였다.

"군자로서 사람을 가르침에 차례가 있으니, 먼저 작고 가까운 것을 전수해 주고 그 뒤에 크고 원대한 것을 가르쳐야 한다. 이는 근소한 것을 가르치고 그 뒤 원대한 것을 가르치지 않는다는 것이 아니다."

○ 明道先生曰:「君子敎人有序, 先傳以小者近者, 而後敎以大者遠者. 非是先傳以近小, 而後不敎以遠大也」

【明道】北宋 理學의 대가 程顥(1032~1085). 자는 伯淳이며 明道先生이라 부름. 저서로는 《識仁篇》과 《定性》 등이 있으며 아우 伊川(程頤)과 구분하여 大程子라 하며, 두 사람을 합해 二程이라 부름. 北宋 理學 四派 즉, 濂溪學派(周敦頤)·百源學派(邵雍)·關學派(張載)와 더불어 洛學派의 대표적인 인물. 이들의 저술과 어록을 묶은 《二程集》이 있음. 그 학통이 南宋 閩學派(朱熹)에게로 이어진 것임.
【小近】사소하고 비근한 것. 일상생활. 〈集註〉에 "小者近者, 謂灑掃應對進退之節"이라 함.
【遠大】멀고 큰 것. 도와 덕 등 큰 의리. 〈集註〉에 "大者遠者, 謂明德新民之事"라 함.

參고 및 관련 자료

1. 《二程遺書》에 실려 있음.

304(5-3-36)
고금의 이단

○ 명도明道 선생이 말하였다.

"도가 밝혀지지 않음은 이단異端이 해를 끼치기 때문이다. 옛날에는 가까운 것에 해를 주어 알아보기가 쉬웠으나, 지금의 해로움은 깊고 변별하기도 어렵다. 옛날에 사람을 혹하게 함에는 그 미혹하고 우매한 것을 틈타고 들어왔으나, 지금에 사람에게 파고드는 것은 고명高明하다는 것을 근거로 하고 있다. 그리하여 스스로 신과 조화를 끝까지 다 안다고 하지만, 만물을 열고 힘써야 할 것을 이루지는 못한다. 그런가 하면 두루 그 이론이 적용되지 않는 곳이 없다고 말하지만, 사실은 윤리에 벗어난 것들이며, 깊이의 끝까지 가고 미세함의 지극함까지 간다고 하나, 이것으로써는 요순堯舜의 도에 들어갈 수 없다. 천하에 학문하는 사람이라면 천루淺陋하고 고체固滯한 사람이거나, 그것이 아니면 나머지는 모두 틀림없이 여기에 빠져들고 말 것이다. 스스로의 도가 밝혀지지 않으니, 할 수 없이 사악하고 방탄하며 요망한 논리가 다투어 일어나서, 살아 있는 백성들의 귀와 눈을 덧칠하고 천하를 더럽고 탁한 곳으로 빠뜨리고 있다. 비록 높은 재능과 밝은 지혜를 가졌다 할지라도, 견문에 아교처럼 달라붙어 취생몽사醉生夢死하면서도 이를 스스로 깨닫지 못하고 있다. 이는 정로正路가 황폐해져 있고 성문聖門이 닫혀 있기 때문이다. 이들을 열어 준 다음에야 가히 도의 길로 들어갈 수가 있다."

〈堯임금〉宋 馬麟(畫)

○明道先生曰:「道之不明, 異端害之也. 昔之害近而易知, 今之害深而難辨; 昔之惑人也, 乘其迷暗; 今之入人也, 因其高明. 自謂之窮神知化, 而不足以開物成務; 言爲無不周徧, 實則外於倫理; 窮深極微, 而不可以入堯舜之道. 天下之學, 非淺陋固滯, 則必入於此. 自道之不明也, 邪誕妖妄之說競起, 塗生民之耳目, 溺天下於汚濁. 雖高才明智, 膠於見聞, 醉生夢死, 不自覺也. 是皆正路之蓁蕪, 聖門之蔽塞, 闢之而後, 可以入道.」

【明道】北宋 理學의 대가 程顥(1032~1085). 자는 伯淳이며 明道先生이라 부름. 저서로는 《識仁篇》과 《定性》 등이 있으며 아우 伊川(程頤)과 구분하여 大程子라 하며, 두 사람을 합해 二程이라 부름. 北宋 理學 四派 즉, 濂溪學派(周敦頤)·百源學派(邵雍)·關學派(張載)와 더불어 洛學派의 대표적인 인물. 이들의 저술과 어록을 묶은 《二程集》이 있음. 그 학통이 南宋 閩學派(朱熹)에게로 이어진 것임.

【異端】송대 유학자들이 유가 이외의 다른 종교나 학설을 일컫는 말로 썼으며, 흔히 楊朱·墨翟·老子·莊子·佛敎 등을 말함. 〈集註〉에 "異端, 非聖人之道, 而別爲一端, 如楊墨老佛是也. 昔之害, 謂楊墨; 今之害, 謂佛氏. 葉氏曰: 「淺近, 故迷暗者爲所惑; 深微, 故高明者, 反陷其中.」 朱子曰: 「楊墨, 只是硬恁地做爲我兼愛做得來也. 淺不能惑人. 佛氏最有精微, 動人處, 從他說愈深愈害人.」 又曰: 「他劈初頭, 便錯了如天命之謂性, 他把這箇便都做空虛, 說了吾儒見得都是實.」"이라 함.

【開物成務】開物은 새로운 것을 알아내는 것, 成務는 이미 알고 있는 것을 더욱 힘써 이루어 내는 것.

【膠於見聞】보고 들은 것에 고착됨.

【醉生夢死】사실을 제대로 파악하지 못한 채 죽음. 〈集註〉에 "言其迷溺之深, 如醉如夢, 自生至死而不悟也"라 함.

【正路】성인의 도. 유가의 가르침.

【蓁蕪】풀이나 나무가 우거지듯 함. 〈集註〉에 "蓁, 草盛貌; 蕪, 荒也"라 함.

【闢之】열어서 개척해 나감. 〈集註〉에 "闢, 開也"라 함.

1. 《二程遺書》에 실려 있음.

右廣敬身

이상은 경신敬身을 넓히는 내용이다.

* 〈集註〉에 "李氏曰:「首十六章, 廣心術之要. 次十四章, 廣威儀之則. 次三章, 廣衣服之制及飮食之節. 後十三章, 通論爲學之道.」"라 함.

磁州窯〈白釉黑花嬰戲瓷罐〉(元) 1994 遼寧 綏中 출토

第六 선행善行

　‘선행善行’은 ‘아름답고 훌륭한 행동’이라는 뜻이다. 이 편은 한 漢나라 이후 현자賢者들이 한 훌륭한 선행들을 들어 입교立敎·명륜明倫·경신敬身의 내용을 실제적으로 실천할 수 있도록 유도한 것이다. 앞의 〈가언嘉言〉은 아름다운 언어를, 여기에서는 아름다운 행동을 들어 가언선행嘉言善行의 언행言行이 일치하도록 수미쌍관首尾雙關의 구조를 마련한 것이다.

　그 때문에 세부 편목도 (1)실입교實立敎 (2)실명륜實明倫 (3)실경신實敬身으로 삼고 있다.

　〈실입교〉(8장)·〈실명륜〉(45장)·〈실경신〉(28장) 등 모두 81장이다.

　＊〈集註〉에 “此篇紀漢以來賢者所行之善行, 以實立敎·明倫·敬身也. 凡八十一章”이라 함.

1. 실입교 實立敎

　여기에서는 한漢나라 이후 현자賢者들의 선행을 들어 내편의 입교立敎·명륜明倫·경신敬身 3편 중의 〈입교立敎〉에 관한 아름다운 말과 그 일화·예화·고사 등을 들어 〈입교〉의 취지에 부합하는 행동을 어린이 스스로 실천해 나갈 수 있도록 한 것이다.

　모두 8장이다.

〈鍾子期聽琴圖〉

305(6-1-1)
형공 여희철

　여형공呂滎公은 이름은 희철希哲이며 자는 원명原明으로, 신국정헌공申國正獻公 여공저呂公著의 맏아들이다. 정헌공은 평소 집안에서 간엄하고 신중하며 과묵하여 세속의 사물로 마음을 쓰지 않았으며, 신국부인申國夫人은 성품이 엄격하고 법도가 있어 비록 희철을 심히 사랑하였지만 그를 가르침에는 일마다 규구規矩를 차례로 밟아 실천하도록 하였다.

　그가 겨우 열 살이었을 때, 큰 추위나 덥고 비 오는 날일지라도 하루 종일 서서 모시고 있으면서, 앉으라는 명령이 없으면 감히 앉지 아니하였다. 날마다 반드시 의관을 갖추고 띠를 두르고 어른을 뵈었으며, 평소 생활에도 비록 아무리 더워도 부모나 어른 곁에서 모자나 버선, 전縛이나 바지를 벗는 일이 없이 오직 조심하였다.

　출입에서의 행보는 찻집이나 술집에 드나드는 일이 없었으며, 시정市井이나 이항里巷의 말 또는 정위鄭衛의 음악은 일체 귀에 들어오지 않도록 하였다. 그리고 바르지 못한 내용이 담긴 책이나 예에 어긋난 색은 일찍이 그 눈에 접해 본 적이 없었다.

　정헌공이 영주穎州의 통판通判으로 있을 때 구양수歐陽脩가 마침 지주사知州事였다. 그 때 초천지焦千之 백강伯强 선생이 문충공(文忠公, 구양수)의 식객으로 있었는데 단의端毅하고 방정하였다. 정헌공이 그를 초청하여 그로 하여금 자기 아들들을 가르치도록 하였다. 그러자 제자들이 조그만 과실이 있어도 초천지는 단정하게 앉아 이들을 불러 서로 마주하게 하여 해가 마치거나 저녁이 다하도록 아무런 말을 하지 않았다. 제자들이 두려워하여 굴복하면 선생은 그제야 비로소 말과 얼굴을 약간 누그러뜨리는 것이었다.

당시 희철은 겨우 열 살 남짓하였는데, 안으로는 정헌공과 신국부인의
교훈이 이처럼 엄격하였고, 밖으로는 초선생의 교화와 인도가 이처럼 독실
하였던 것이다. 그 때문에 공은 덕의 그릇을 성취시켜 크게 보통 사람과
다를 수 있었던 것이다. 공은 일찍이 이렇게 말한 적이 있다.
 "사람으로 태어나 안으로 어진 부형父兄이 없고, 밖으로 엄한 사우師友가
없으면서 능히 성공을 거둔 자는 적으리라."

　呂滎公, 名希哲, 字原明, 申國正獻公之長子. 正獻公居家, 簡重
寡黙, 不以事物經心, 而申國夫人, 性嚴有法度, 雖甚愛公, 然教公
事事循蹈規矩.
　甫十歲, 祁寒暑雨, 侍立終日, 不命之坐, 不敢坐也. 日必冠帶,
以見長者, 平居雖甚熱, 在父母·長者之側, 不得去巾襪縛袴衣服,
唯謹.
　行步出入, 無得入茶肆·酒肆; 市井里巷之語·鄭衛之音, 未嘗一
經於耳; 不正之書·非禮之色, 未嘗一接於目.
　正獻公通判潁州, 歐陽公適知州事, 焦先生千之伯强, 客文忠公所,
嚴毅方正, 正獻公招延之, 使教諸子. 諸生小有過差, 先生端坐,
召與相對, 終日竟夕, 不與之語. 諸生恐懼畏伏, 先生方略降辭色.
　時公方十餘歲, 內則正獻公與申國夫人, 教訓如此之嚴, 外則焦
先生化導如此之篤. 故公德器成就, 大異衆人, 公嘗言:「人生內
無賢父兄, 外無嚴師友, 而能成者, 少矣.」

【呂滎公】呂希哲(1039~1116). 자는 原明. 壽州 사람으로 呂公著의 아들. 처음
에는 石介, 胡瑗 등을 스승으로 하였다가 뒤에 다시 程顥·程頤·張載를 따라
배움. 과거를 포기하고 古學에 힘써 蔭官으로 벼슬길에 오름. 元祐黨籍으로
몰려 좌천되었다가 뒤에 光祿少卿에 올랐으며 滎陽郡公을 지내어 滎公

이라 부름. 저술로 《呂氏雜記》가 있음. 《宋史》(336) 呂公著에 전이 함께 들어 있음.

【正獻公】 呂公著(1018~1089). 자는 晦叔. 시호는 正獻. 宋나라 때 壽州 사람으로 哲宗을 도와 申國公에 봉해짐. 재상 呂夷簡의 아들이며 呂公弼의 아우. 司馬光과 함께 王安石의 新法을 반대하였으며 뒤에 司空, 同平章軍國事 등을 역임함. 《宋史》(336)에 전이 있음.

【申國夫人】 參政 宗道 魯公의 딸이며 정헌공의 아내. 여희철의 어머니.

【不經心】 마음에 이를 경영하려 하지 않음. 염두에 두지 않음.

【規矩】 척도. 규칙. 원래 ‘規’는 원으로 그리는 자이며, ‘矩’는 모남을 그리는 자. 〈集註〉에 “規, 所以爲圓之器; 矩, 所以爲方之器”라 함.

【祁寒】 큰 추위. ‘祁’는 ‘大’와 같음.

【巾襪】 두건과 버선. ‘襪’은 ‘말’로 읽음.

【縛袴】 바지를 감는 띠.

【鄭衛之音】 고대 정위 지역의 음악. 매우 음란한 음악으로 널리 알려짐. 《論語》 衛靈公篇에 “顔淵問爲邦. 子曰:「行夏之時, 乘殷之輅, 服周之冕, 樂則韶舞. 放鄭聲, 遠佞人. 鄭聲淫, 佞人殆.」”이라 함. 〈集註〉에 “熊氏曰:「足不妄行, 耳不妄聽, 目不妄視」”라 함.

【通判】 벼슬 이름. 州郡의 행정을 감독하는 직책을 띰.

【歐陽公】 歐陽修(1007~1072)를 가리킴. 자는 永叔, 호는 醉翁, 六一居士. 시호는 文忠. 어려서 가난하여 어머니 鄭氏에게 학문을 익힘. 宋代 古文運動의 대가이며 唐宋八大家의 하나. 문장과 시, 역사 등에 모두 뛰어났음. 宋祁 등과 《新唐書》를 찬수하였고, 스스로 《新五代史》를 지음. 문집으로 《歐陽文忠公集》과 《集古錄》, 《六一詞》 등이 있음. 《宋史》 (319)에 전이 있음.

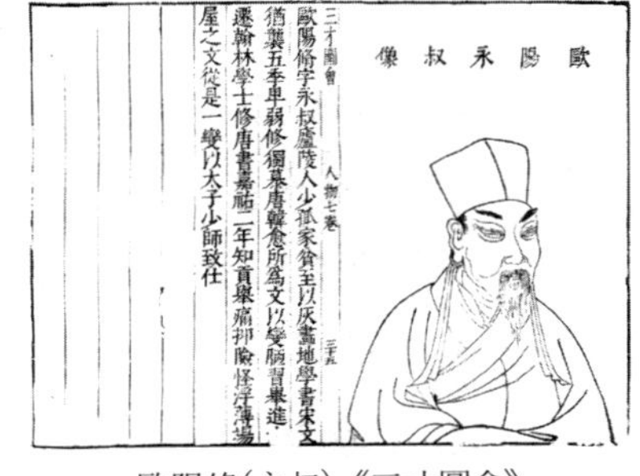

歐陽脩(永叔) 《三才圖會》

【焦先生】 焦千之. 자는 伯强. 구양수를 따라 배워 高弟子가 됨. 벼슬에 뜻을 두지 않고 학업에 전념하여 國子監直講이 됨. 《京口耆舊傳》(1)과 《宋元學案》(4)에 그에 관한 기록이 있음. 정헌공 집의 자제 교육을 맡았던 인물.

【畏伏】 두려워 결국 복종함. 잘못을 자복함.

【德器】 德과 器量. 〈集註〉에 “行成曰德, 才成曰器”라 함.

1. 제1편부터 5편까지는 각 제목 다음에 小序가 있으나, 이 6편 〈善行篇〉은 小序가 없이 바로 本文을 제시하고 있음.

2. 《呂氏家訓》을 참조할 것.

3. 《童蒙訓》卷上

正獻公敎子旣有法而申國魯夫人簡肅. 公諱宗道之女, 閨門之內, 擧動皆有法則. 滎陽公年十歲, 夫人命對正獻公則不得坐; 命之坐則坐. 不問, 不得對. 諸子出入不得入酒肆茶肆, 每諸婦侍立, 諸女少者, 則宗婦傍.

4. 《明心寶鑑》訓子篇(10-9)

呂滎公曰:「內無賢父兄, 外無嚴師友, 而能有成者, 鮮矣.」

5. 《說苑》談叢篇

賢師良友在其側, 詩書禮樂陳其前, 棄而爲不善者, 鮮矣.

306(6-1-2)
여희철의 어머니

○ 여형공呂榮公의 장부인張夫人은 대제待制 장온지張昷之의 막내딸로서 가장 사랑을 많이 받았었다. 그러나 평소 생활에는 아주 미세한 일일지라도 이를 가르칠 때에는 반드시 법도가 있었으니, 이를테면 음식 등에 있어서 밥과 국은 더 먹을 수 있도록 허락했지만 어육魚肉은 더 주지 않았다. 당시 장온지는 이미 대제 벼슬에 하북도전운사河北都轉運使라는 높은 지위에 있었다.

그가 여씨 집안에 시집갔을 때, 부인의 친정어머니는 시어머니 신국부인申國夫人의 언니였는데 어느 날 딸을 보러 오게 되었다. 그가 뒤뜰에 솥단지 따위가 있는 것을 보고, 매우 언짢아하면서 신국부인에게 이렇게 말하였다.

"어찌 어린아이로 하여금 사사롭게 음식을 만들게 하여 가법을 깨뜨리는가?"

그의 엄하기가 이와 같았다.

○ 呂滎公張夫人, 待制諱昷之之幼女也, 最鍾愛. 然居常至微細事, 敎之必有法度, 如飮食之類, 飯羹許更益, 魚肉不更進也. 時張公已爲待制河北都轉運使矣.

及夫人嫁呂氏, 夫人之母, 申國夫人姊也, 一日來視女, 見舍後有鍋釜之類, 大不樂, 謂申國夫人曰: 「豈可使小兒輩私作飮食, 壞家法耶?」 其嚴如此.

【呂滎公】呂希哲(1039~1116). 자는 原明. 壽州 사람으로 呂公著의 아들. 처음에는 石介, 胡瑗 등을 스승으로 하였다가 뒤에 다시 程顥·程頤·張載를 따라 배움. 과거를 포기하고 古學에 힘써 蔭官으로 벼슬길에 오름. 元祐黨籍으로 몰려 좌천되었다가 뒤에 光祿少卿에 올랐으며 滎陽郡公을 지내어 滎公이라 부름. 저술로 《呂氏雜記》가 있음. 《宋史》(336) 呂公著에 전이 함께 들어 있음.

【張夫人】여희철의 아내. 張昷之의 딸.

【諱】돌아가신 이후에 그 이름을 사용할 때 앞에 붙임. 〈集註〉에 "生曰名, 死曰諱"라 함.

【張昷之】자는 景山(985~1062). 송나라 때 廣陵 사람이며 張秘의 아들. 天章閣待制와 河北都運按察使 등 여러 벼슬을 거쳐 퇴임하여 스스로 知幸老人이라 호를 삼음. 《知幸詩集》이 있으며 《宋史》(303)에 전이 있음.

〈集註〉에 "張公已貴顯矣, 而示女子以儉約如此. 非特敎子者所當法, 亦守官者 所當法也"라 함.

【鍾愛】사랑을 독차지 함. 鍾은 동사로 '모으다, 집중되다'의 뜻. 〈集註〉에 "鍾, 聚"라 함.

【私作】사사롭게 자신이나 일부 가족을 위해 음식을 따로 만듦.

참고 및 관련 자료

1. 《童蒙訓》 卷上 呂本中

滎陽公張夫人, 待制諱昷之之女也, 自少每事有法, 亦魯簡肅公外孫也. 張公性嚴, 毅不屈全類簡肅. 簡肅深愛之, 家事一委張公夫人, 張公幼女最鍾愛. 然居常至微細事, 敎之必有法度, 如飮食之類, 飯羹許更益, 魚肉不更進也. 時張公已爲待制河北都轉運使矣. 及夫人嫁呂氏, 夫人之母, 申國夫人姊也, 一日來視女, 見舍後有鍋釜之類, 大不樂, 謂申國夫人曰:「豈可使小兒輩私作飮食, 壞家法耶?」其嚴如此.

307(6-1-3)
태학생을 내쫓은 양성

○ 당唐나라 때 양성陽城이 국자사업國子司業이 되어 여러 생도들을 인견引見하며 이렇게 고하였다.

"무릇 학자가 배우는 것이란 바로 충忠과 효孝이다. 여러 생도들은 오래도록 부모님을 뵙지 못한 자가 있는가?"

그러자 이튿날 양성을 뵙고 어버이를 모시고자 돌아가기를 청하는 자가 20여 명이나 되었다. 그 중 3년 동안이나 어버이를 뵈러 가지 않은 채 있었던 자는 내쫓아버렸다.

○ 唐陽城爲國子司業, 引諸生告之曰:「凡學者所以學爲忠與孝也, 諸生有久不省親者乎?」

明日謁城還養者二十輩, 有三年不歸侍者, 斥之.

【陽城】 자는 亢宗(736~805). 唐나라 때 定州 사람. 재상 李泌이 추천하여 著作郞이 되었으며 德宗 때 諫議大夫가 됨. 《舊唐書》(192) 隱逸傳과 《新唐書》(194) 卓行傳에 전이 있음.

【國子司業】 벼슬 이름. 국자좨주(國子祭酒)와 같음. 國子學 교수직으로 學長 다음의 직급. 국자학은 國立大學과 같음.

【斥】 내쫓아버림. 국자학에서 퇴학시켰음을 말함.

1. 《舊唐書》(192) 隱逸傳 陽城

陽城字亢宗, 北平人也. 代爲宦族, 家貧不能得書, 乃求爲集賢寫書吏, 竊官書讀之, 晝夜不出房, 經六年, 乃無所不通. ……城旣至國學, 乃召諸生, 告之曰: 「凡學者所以學爲忠與孝也, 諸生寧有久不省親者乎?」明日, 告城歸養者二十人.

2. 《新唐書》(194) 卓行傳 陽城

陽城字亢宗, 定州北平人. 徙陝州夏縣, 世爲官族, 資好學, 貧不能得書, 求爲吏隷集賢院, 竊院書讀之, 晝夜不出戶, 六年, 無所不通. ……坐是下遷國子司業. 引諸生, 告之曰: 「凡學者, 所以學爲忠與孝也, 諸生有久不省親者乎?」明日, 謁城還養者二十輩, 有三年不歸侍者斥之.

안정 선생 호원

○ 안정安定 선생 호원胡瑗은 자가 익지翼之이다. 그는 수당隋唐 이래 벼슬 길에 나가는 자가 문사文辭는 숭상하면서 경학經學에 대한 수업은 버리며, 구차하게 녹리를 향해서 내닫는 것을 걱정하였다.

그리하여 소주蘇州와 호주湖州 두 주의 교수敎授가 되어 조약을 엄격히 하고 자신부터 이에 솔선하였다. 비록 한여름 더위일지라도 반드시 해가 지도록 공복公服을 입고, 여러 생도들을 접견하여 사제지간의 예를 엄하게 하였다. 경經을 풀이하다가 요의要義가 있는 곳에 이르면, 간곡히 여러 생도 들에게 자신을 잘 다스린 뒤라야 남에게 다스림을 베풀 수 있는 이유를 설명해 주었다. 그를 따라 배우고자 따르는 생도가 수천 명이나 되었으며, 날로 달로 긁어내고 다듬고 하여 문장을 지을 때는, 모두 경서의 의리에 의거하여 반드시 이치가 드러나야 하였다. 그들은 스승의 설을 믿었으며, 실제 행동을 돈독히 숭상하였다. 뒤에 그가 태학太學의 교수가 되자, 사 방에서 인재들이 몰려들어 상사庠舍가 좁아 그들을 모두 수용할 수 없을 정도였다. 그가 호주湖州에서 강학할 때에는 경의재經義齋와 치사재治事齋를 설치하였다. 경의재란 사물에 널리 소통하고 기량과 재질을 가진 자를 선발하여 거주하게 하는 곳이며, 치사재란 사람마다 각기 하나씩을 전공을 다루되 다시 거기에 한 가지 과목을 겸하여 공부하는 이들을 모은 곳이다. 이를테면 치민治民·치병治兵·수리水利·산수算數 등의 유이다. 그는 태학에 있을 때에도 그와 똑같이 하였다.

그의 제자들은 사방으로 흩어져 그들 자신이 가지고 있는 현우賢愚의 능력에 따라 모두가 순순히 아름다움과 수식을 수행하였으며, 그들의 말 과 행동거지는 그들을 만나는 사람들이 물어보지 않고도 그들이 안정 선생의 제자라는 것을 알 수 있었으며, 학자들이 서로 '선생'이라고 칭하는 사람이란 묻지 않아도 호공胡公, 胡瑗을 가리키는 것임을 알 수 있을 정도였다.

○ 安定先生胡瑗, 字翼之. 患隋唐以來, 仕進尙文辭, 而遺經業, 苟趨祿利. 及爲蘇湖二州敎授, 嚴條約, 以身先之, 雖大暑, 必公服終日, 以見諸生, 嚴師弟子之禮. 解經, 至有要義, 懇懇爲諸生, 言其所以治己而後治乎人者. 學徒千數, 日月刮劘, 爲文章, 皆傳經義, 必以理勝, 信其師說, 敦尙行實. 後爲大學, 四方歸之, 庠舍不能容.

其在湖學, 置經義齋·治事齋, 經義齋者, 擇疏通有器局者居之; 治事齋者, 人各治一事, 又兼一事, 如治民治兵水利算數之類, 其在大學亦然.

其弟子散在四方, 隨其人賢愚, 皆循循雅飭. 其言談擧止, 遇之不問可知爲先生弟子. 其學者相語稱先生不問可知爲胡公也.

【安定】지명. 송대에 泰州에 속했으며 지금의 陝西省에 있음. 胡瑗이 살던 곳이어서 그를 안정 선생이라 부름.

【胡先生】胡瑗(993~1059)을 가리킴. 자는 翼之. 范仲淹의 추천으로 벼슬길에 올라 鐘律을 정리하였으며, 天章閣待制·太常博士 등을 지냄. 뒤에 敎學에 힘써 제자가 수백 명에 이르렀음. 저술로 《周易口議》·《洪範口議》·《皇祐新樂圖記》 등이 있으며 《宋史》(432) 儒林傳에 전이 있음.

【尙文辭】학문의 이치보다는 글을 잘 짓는 것을 숭상함.

【刮劘】때나 잘못된 것을 긁어내어 심신을 연마함.

【傳經義】經義에 의거함. '傳'는 '의거하다'의 뜻.

【湖學】湖州의 학교. 胡瑗이 知湖州 滕宗諒의 초청으로 湖州의 州學 敎授가 되었음.

＊〈集註〉에 "言動皆雅飭, 故遇之, 則知其爲安定弟子. 學者皆尊師, 故稱先生, 則知其爲安定"이라 함.

1. 《歐陽文忠公全集》을 참조할 것.

2. 《童蒙訓》卷上

安定胡先生, 主湖州學也, 天下之人謂之湖學, 學者最盛. 先生使學者各治一事, 如邊事·河事之類, 各居一齋, 日夕講究. 其後從學者多爲時用. 蓋先生敎人務有實效, 不爲虛言也.

309(6-1-5)
명도 선생의 교육에 대한 건의

○ 명도明道 선생이 이렇게 조정에 진언하였다.

"천하를 다스림에 풍속을 바로잡기에는 똑똑한 인재를 얻는 것을 근본으로 하여야 합니다. 의당 먼저 가까이 임금을 모시고 있는 어진 선비들과 온갖 업무를 맡은 이들에게 예를 갖추어 명하시어, 마음을 모아 덕업을 충분히 갖춘 자로써 족히 사표師表가 될 만한 자를 찾도록 하십시오. 그 다음으로 뜻을 독실히 하여 배움을 좋아하며, 재능과 양식을 가지고 수행을 실천하는 자를 초빙하여 파견, 서울에 모으도록 하십시오. 그리하여 그들로 하여금 아침저녁으로 서로 정학正學을 강론하여 밝히도록 하십시오. 그들의 학문은 반드시 인륜人倫에 근본을 두고, 물리物理를 밝히는 것이어야 합니다. 그 가르침은 《소학小學》의 쇄소灑掃·응대應對로부터 시작하여, 나아가 그 효제孝悌와 충신忠信을 닦아 예악禮樂을 주선周旋하는 것이어야 합니다. 이로써 유액誘掖하고 격려하여 점차 성취하는 길을 연마하도록 하는 데에는 모두가 차례와 순서가 있어야 하며, 그 요체는 좋은 것을 택하고 자신을 수양하여 천하의 교화를 이루는 데에 이르도록 함에 있어야 합니다. 그렇게 하면 시골 사람이라도 그로부터 성인의 도에 이를 수 있을 것입니다.

그 학행學行이 모두 이에 맞는 자라면 덕을 이룰 수 있을 것이니, 이들의 재질을 취하여 직책에 맞도록 하고, 드러나게 통달할 수 있도록 하여 선한 곳으로 나아갈 수 있도록 하며, 날마다 스승에게 수업을 받도록 합니다. 그 중 학문이 뛰어나고 덕이 높아진 자를 택하여 태학太學의 스승으로 삼고, 그 다음 정도라면 이들을 분산시켜 천하의 모든 학교에서 가르치도록 하면 됩니다.

선비를 뽑아 입학시키되 현학縣學에서 이들을 주학州學으로 올려 보내고, 주학에서는 다시 이들을 빈흥實興의 자격을 주어 태학에 올려 보내며, 태학에서는 이들을 모아 가르쳐 해마다 그들의 어진 정도를 논하여 능히 성취를 이룬 자는 조정에 올립니다. 무릇 선비를 뽑는 방법은 모두가 성행性行의 단정하고 깨끗하여야 하며, 집안에서의 효제孝悌하고, 염치와 예양禮讓이 있으며, 학업에 통명通明하고, 치도治道에 효달曉達한 자여야 합니다."

○ 明道先生言於朝曰:「治天下, 以正風俗, 得賢才爲本. 宜先禮命近侍賢儒, 及百執事, 悉心推訪, 有德業充備, 足爲師表者. 其次有篤志好學, 材良行修者, 延聘敦遣, 萃於京師, 俾朝夕相與講明正學. 其學必本於人倫, 明乎物理, 其敎自《小學》灑掃·應對以往, 修其孝悌·忠信, 周旋禮樂. 其所以誘掖激勵, 漸摩成就之道, 皆有節序, 其要在於擇善修身, 至於化成天下. 自鄕人而可至於聖人之道.

其學行皆中於是者爲成德, 取材職明達可進於善者, 使日受其業, 擇其學明德尊者, 爲太學之師, 次以分敎天下之學.

擇士入學, 縣升之州, 州賓興於太學, 太學取而敎之, 歲論其賢者能者於朝. 凡選士之法, 皆以性行端潔, 居家孝悌, 有廉恥禮讓, 通明學業, 曉達治道者」

【明道】北宋 理學의 대가 程顥(1032~1085). 자는 伯淳이며 明道先生이라 부름. 저서로는 《識仁篇》과 《定性》 등이 있으며 아우 伊川(程頤)과 구분하여 大程子라 하며, 두 사람을 합해 二程이라 부름. 北宋 理學 四派 즉, 濂溪學派(周敦頤)·百源學派(邵雍)·關學派(張載)와 더불어 洛學派의 대표적인 인물. 이들의 저술과 어록을 묶은 《二程集》이 있음. 그 학통이 南宋 閩學派(朱熹)에게로 이어진 것임.
【禮命】예를 갖추어 명령을 내리거나 부름.
【鄕人】시골의 서민. 평범한 사람.

【縣·州】縣學과 州學.

【賓興】鄕의 大夫가 鄕飮酒禮를 시행하여 鄕三物의 우수한 자를 손님으로
대접하고 이를 太學에 추천하는 일. ‘興’은 ‘擧’와 같음. 〈集註〉에 “謂以鄕三
事敎成萬民, 鄕大夫論其賢者·能者, 以鄕飮酒禮, 尊之爲賓, 而獻其書於王也”
라 함.
＊〈集註〉에 “朱子曰:「明道論學制, 最爲有本. 讀之未嘗不慨然發嘆也.」”
라 함.

참고 및 관련 자료

1. 《明道文集》(2)과 《近思錄》을 참조할 것.

310(6-1-6)
이천 선생의 학제에 대한 심의

○이천伊川 선생이 학제學制를 자세히 살펴보고는 이렇게 큰 줄기를 생각하였다.

"학교學校란 예禮와 의義를 무엇보다 먼저 앞세워야 하는 장소인데, 매월 이들을 경쟁을 시키고 있으니, 교육하고 양육하는 도리에 아주 잘못된 것입니다. 청컨대 이들에게 보이는 시험을 바꾸어 과제課題로 대신해야 할 것입니다. 그리고 목표에 미달한 학생이 있으면 학관學官이 이들을 불러 가르치며, 다시는 시험으로써 고하를 결정하는 일은 없어야 할 것입니다. 존현당尊賢堂을 지어 천하의 도덕을 갖춘 선비를 끌어들이며, 해액解額의 수를 줄여 이익으로 유혹하는 제도를 폐지해야 합니다. 교관의 번거로운 문서를 줄여 그들로 하여금 자신이 맡은 업무에 전념할 수 있도록 하며, 행검行檢을 장려하여 풍속과 교화의 질서를 바로잡아야 합니다. 아울러 대빈재待賓齋와 이사재吏師齋를 설치하고 관광법觀光法을 마련해야 합니다."

이와 같은 내용이 역시 수십 조條나 되었다.

○伊川先生看詳學制, 大槩以爲:

「學校禮義相先之地, 而月使之爭, 殊非教養之道, 請改試爲課. 有所未至, 則學官召而教之, 更不考定高下. 制尊賢堂, 以延天下道德之士, 鐫解額以去利誘. 省繁文, 以專委任; 勵行檢, 以序風教. 及置待·賓吏師齋, 立觀光法」

如是者亦數十條.

【伊川】程頤(1033~1107). 자는 正叔, 廣平先生이라 불렀으나 이천(伊川, 지금의 洛陽 남쪽)에 살아 흔히 伊川先生이라 불렸음. 그의 형 程顥(明道先生)와 더불어 北宋 理學 四派 즉, 濂溪學派(周敦頤)·百源學派(邵雍)·關學派(張載)와 더불어 洛學派의 대표적인 인물이며 小程子로 불림. 이들 학통이 南宋 閩學派(朱熹)에게로 이어진 것임.

【學制】太學의 제도를 자세히 審訂하여 검토한 것으로써, 伊川이 崇政殿說書가 되어 孫覺 등과 함께 國子監條例를 검토, 그의 불합리한 점을 낱낱이 지적하고 이를 개정할 것을 의견서로 작성하여 제출한 것임.

【大槩】大概. 大綱. 큰 綱領. 큰 틀. 큰 줄기.

【鐫】끌 등으로 파냄. 여기서는 '수를 줄이다'의 뜻.

【解額】鄕試를 말함. 이 시험에 합격해야 省試에 응시할 자격이 주어짐. 이에 합격한 사람을 '解額', 혹은 '解人'이라 함. 이렇게 합격한 것을 '發解'라 함.

【待賓齋】건물 이름. 덕행을 갖춘 이들을 모아 학습시키는 校舍. 〈集註〉에 "待賓齋, 所以待行能可賓敬者居之"라 함.

【吏師齋】관리로 내보낼 자들을 기르기 위해 학습시키는 교사. 〈集註〉에 "吏師齋, 則通於治道可爲吏之師法者居之"라 함.

【觀光法】실제 견학을 통해 그 분위기를 익혀 널리 퍼지도록 하기 위한 법을 만들도록 주장한 것. 〈集註〉에 "觀光, 謂觀見國之盛德光輝. 立觀光法, 蓋以處來學之士也"라 함.

참고 및 관련 자료

1. 《伊川文集》을 참조할 것.

311(6-1-7)
여씨향약

○ 남전藍田 여씨呂氏의 〈향약鄕約〉에 말하였다.

"무릇 이 약속에 동참하는 자는 다음 사항을 지킨다.

'덕업은 서로 권하며, 과실은 서로 고쳐주며, 예속은 서로 교류하며, 환난에는 서로 구휼한다.'

잘하는 것은 장부에 기록하며, 지나쳐 약속을 위배하는 자도 역시 기록하되, 세 번을 범하면 벌을 가하고, 그래도 고치지 아니하는 자는 퇴출시킨다."

○ 藍田呂氏〈鄕約〉曰:「凡同約者:『德業相勸, 過失相規, 禮俗相交, 患難相恤.』有善則書于籍, 有過若違約者, 亦書之, 三犯而行罰, 不悛者絶之.」

【藍田呂氏】藍田은 지명으로 지금의 陝西 西安의 서쪽에 있음. 이곳 출신의 呂大忠(자는 進伯), 呂大防(微仲: 1027~1097), 呂大約(和叔: 1031~1082), 呂大臨(與叔: 1040~1092) 등 네 형제가 모두 伊川과 橫渠에게 수학하였으며 뒤에 고향으로 돌아가 이 향약을 지어 文風과 敎化를 진작시켰음. 뒤에 우리나라에도 영향을 주어 李栗谷의 〈海州鄕約〉이 이루어지게 된 것임.

【鄕約】鄕은 고을. 鄕은 원래 1만 2천5백 집을 하나의 향으로 행정단위를 삼았으나 여기서는 고을 단위를 뜻함. 그 고을 사람들이 함께 살아가면서 지켜야 할 규약.

【德業相勸】德과 業에 대한 규약.

【過失相規】지나침과 실수에 대한 규약. 本註에 "犯義之過六: 一曰酗博鬪訟, 二曰行止踰違, 三曰行不恭遜, 四曰言不忠信, 五曰造言誣毀, 六曰營私太甚.

不修之過五: 一曰交非其人, 二曰遊戲怠惰, 三曰動止無儀, 四曰臨事不恪, 五曰用度不節”이라 함.

【禮俗相交】 예의와 풍속에 대한 규약. 本註에 “婚姻喪葬祭祀之類, 有往還書問慶弔之節”이라 함.

【患難相恤】 질환과 어려움에 대한 규약. 本註에 “一曰水火, 二曰盜賊, 三曰疾病, 四曰死喪, 五曰孤弱, 六曰誣枉, 七曰貧乏”이라 함.

【悛】 ‘전’으로 읽으며 改悛. 뉘우치고 고침.

＊〈集註〉에 本註에 “德: 謂見善必行, 聞過必改, 能治其身, 能治其家, 能事父兄, 能敎子弟, 能御童僕, 能事長上, 能睦親故, 能擇交游, 能守廉介, 能廣施惠, 能受寄託, 能救患難, 能導人爲善, 能規人過失, 能爲人謀事, 能爲衆集事, 能解鬪爭, 能決是非, 能興利除害, 能居官擧職. 業: 謂居家則事父兄·敎子弟·待妻妾; 在外則事長上·接朋友·敎後生·御童僕”이라 하였고 〈集註〉에는 “至於讀書治田·營家濟物, 如禮樂射御書數之類, 皆可爲之, 非此之類皆爲無益”이라 함.

참고 및 관련 자료

1.《宋史》(340) 呂大防傳

呂大防字微仲, 其先汲郡人. 祖通, 太常博士. 父賁, 比部郞中. ……與大忠及弟大臨同居, 相切磋論道考禮, 冠昏喪祭一本於古, 關中言禮學者推呂氏. 嘗爲〈鄕約〉曰:「凡同約者, 德業相勸, 過失相規, 禮俗相交, 患難相卹. 有善則書于籍, 有過若違約者亦書之, 三犯而行罰, 不悛者絶之.」

2.《明心寶鑑》省心篇(11-176)

《呂氏鄕約》云:「德業相勸, 過失相規, 禮俗相成, 患難相恤.」

〈舞蹈紋彩陶盆〉 1973 靑海 大通縣 출토

명도 선생의 교육관

○ 명도明道 선생이 사람을 가르치면서 치지致知로부터 지지知止에 이르게 하며, 성의誠意에서 평천하平天下에 이르도록 하였다. 소쇄灑掃·응대應對로부터 궁리窮理·진성盡性에 이르게 하니 차례대로 순서가 있었다. 그는 세속 학자들이 가까운 것은 버리고 먼 것을 쫓아가는 것과 낮은 것에 처하면서 높은 곳을 우러러보는 것, 그리고 자신은 가벼우면서 스스로 큰 척하기 때문에 마침내 얻는 것이 없음을 병폐로 여겼다.

○ 明道先生敎人, 自致知至於知止, 誠意至於平天下, 灑掃·應對 至於窮理·盡性, 循循有序, 病世之學者, 捨近而趨遠, 處下而闚高, 所以輕自大, 而卒無得也.

【明道】 北宋 理學의 대가 程顥(1032~1085). 자는 伯淳이며 明道先生이라 부름. 저서로는 《識仁篇》과 《定性》 등이 있으며 아우 伊川(程頤)과 구분하여 大程子 라 하며, 두 사람을 합해 二程이라 부름. 北宋 理學 四派 즉, 濂溪學派 (周敦頤)·百源學派(邵雍)·關學派(張載)와 더불어 洛學派의 대표적인 인물. 이들의 저술과 어록을 묶은 《二程集》이 있음. 그 학통이 南宋 閩學派(朱熹) 에게로 이어진 것임.

【致知】 이하는 〈대학〉의 八條目의 차례대로 순서를 정하여 가르쳤음을 말함. 즉 格物·致知·誠意·正心·修身·齊家·治國·平天下의 단계.

＊〈集註〉에 "吳氏曰:「行遠自近·升高自下, 學之序也. 自大小學之序, 言灑掃· 應對, 近者下者也; 窮理·盡性, 高者遠者也, 以〈大學〉之序, 言格物·致知·誠意· 正心·修身, 非近而下者乎? 齊家·治國·平天下, 非高而遠者乎?"라 함.

1. 《伊川文集》에 실려 있음.

이상은 입교立教의 실제이다.

2. 실명륜實明倫

　여기에서는 한漢나라 이후 현자賢者들의 선행을 들어 내편의
입교立教·명륜明倫·경신敬身 3편 중의 〈명륜明倫〉에 관한 아름다운
말과 그 일화·고사·예화 등을 들어 〈명륜明倫〉의 취지에 부합하는
행동을 어린이 스스로 실천해 나갈 수 있도록 한 것이다.

　모두 45장이다.

〈詩書圖〉

313(6-2-1)
효자 강혁

○ 강혁江革이 어려서 아버지를 잃고 홀로 어머니를 모시고 있었다. 그런데 천하의 대란을 만나 도적들이 일어나자 강혁은 어머니를 업고 피난 길에 올랐다. 험한 길을 경유하면서 항상 열매를 따고 주워 어머니를 봉양하였다. 그러다가 자주 도적을 만났는데 혹 강혁을 강제로 끌고 가려 하였다. 그 때마다 강혁은 문득 눈물을 흘리면서 애원하여 늙으신 어머니가 계심을 이유로 들었는데, 말과 기색이 성실하고 간곡하여 족히 사람을 감동시켰다. 도적들도 이로써 차마 그를 범하지 못하였다. 게다가 도둑 중에 혹자는 반란군을 피할 방향까지 일러주어 드디어 모자가 함께 안전을 얻을 수 있었다. 나그네로 돌고 돌아 하비下邳에 이르러서도 가난함 속에 맨발로 살면서 남의 고용살이를 하여 어머니를 모셨으며, 어머니께서 필요로 하는 물건이면 어느 것 하나 모두 공급해 드리지 않는 것이 없었다.

○ 江革, 少失父, 獨與母居. 遭天下亂, 盜賊並起. 革負母逃難, 備經險阻, 常採拾以爲養, 數遇賊, 或劫欲將去, 革輒涕泣求哀, 言有老母, 辭氣愿款, 有足感動人者, 賊以是不忍犯之. 或乃指避兵之方, 遂得俱全. 轉客下邳, 貧窮裸跣, 行傭以供母, 便身之物, 莫不畢給.

【江革】後漢 初의 孝子. 자는 次翁. 臨淄 사람. 뒤에 司空長史의 벼슬을 지냄. 《後漢書》에 전이 있음.

【天下亂】西漢 말 王莽의 新나라 건국으로 인한 천하의 대란을 의미함.
【備經險阻】〈集註〉에 "謂徧歷道路之艱危"라 함.
【採拾】〈集註〉에 "謂採取草木之可食者"라 함.
【劫欲將去】강제로 강혁을 데려가려 함. 〈集註〉에 "謂欲脅革以去也"라 함.
【愿款】〈集註〉에 "愿款, 誠慤也"라 함.
【下邳】지명. 縣 이름. 지금의 江蘇省 睢寧縣.
【裸跣】신발이 없어 맨발로 다님.
【畢給】모두 공급함. 〈集註〉에 "畢, 猶皆也; 給, 猶足也"라 함.

1.《後漢書》江革

江革字次翁, 齊國臨淄人也. 少失父, 獨與母居. 遭天下亂, 盜賊並起, 革負母
逃難, 備經阻險, 常採拾以爲養. 數遇賊, 或劫欲將去, 革輒涕泣求哀, 言有老母,
辭氣愿款, 有足感動人者. 賊以是不忍犯之, 或乃指避兵之方, 遂得俱全於難.
革轉客下邳, 窮貧裸跣, 行傭以供母, 便身之物, 莫不必給. 建武末年, 與母歸
鄉里. 每至歲時, 縣當案比, 革以母老, 不欲搖動, 自在轅中輓事, 不用牛馬, 由是
鄉里稱之曰「江巨孝」. 太守嘗備禮召, 革以母老不應. 及母終, 至性殆滅, 嘗寢
伏冢廬, 服竟, 不忍除. 郡守遣丞掾釋服, 因請以爲吏.

2.《二十四孝》行傭供母

後漢, 江革, 少喪父, 獨與母居, 遭亂, 負母逃難, 數遇賊, 或欲劫之去. 革輒泣告
有母在, 賊不忍殺. 轉客下邳. 貧窮裸跣. 行傭, 以供母. 母使身之物, 莫不畢給.
有詩爲頌. 詩曰:『負母逃危難, 窮途賊犯頻. 告哀方獲免, 傭力以供親.』

3.《蒙求》(030)

後漢, 江革字次翁, 齊國臨淄人. 少失父, 獨與母居. 遭亂負母逃難, 備歷阻險,
常採拾以爲養. 數遇賊, 或劫欲將去, 革輒涕泣言有老母. 辭氣愿款, 有足感動
人者, 賊不忍犯之. 革轉客下邳, 窮貧, 裸跣行傭以供母. 建武末, 與母歸鄉里.
至歲時, 縣當案比, 革以母老不欲搖動, 自在轅中輓車, 不用牛馬. 由是鄉里稱
江巨孝. 及母終, 舉賢良方正, 遷司空長史. 肅宗崇禮之, 拜諫議大夫, 賜告歸,
因謝病. 常以八月長史存問, 致羊酒, 以終厥身. 巨孝之稱行於天下. 舊本: '巨'作
'忠', 非.

4. 《家範》(4) 子上篇 司馬光

漢諫議大夫江革, 少失父, 獨與母居. 遭天下亂, 盜賊並起. 革負母逃難, 備經險阻, 常採拾以爲養, 遂得俱全. 於難革轉客下邳, 貧窮裸跣, 行傭以供母, 便身之物, 莫不畢給. 建武末年, 與母歸鄉里, 每至歲時, 縣當案比, 革以老母不欲搖動, 自在轅中輓車, 不用牛馬. 由是鄉里稱之曰「江巨孝」.

314(6-2-2)
설포의 효성

○ 설포薛包는 배움을 즐기고 행동을 독실히 하였다. 아버지가 후처를 얻자, 설포를 미워하여 따로 살도록 나가라고 내쫓아버렸다. 설포가 밤낮으로 울며 떠날 수 없다고 버티자, 몽둥이로 매질까지 당하여 어쩔 수 없이 그는 집 밖에 오두막을 짓고 아침이면 들어와 물 뿌리고 청소하는 일을 계속하였다. 아버지는 노하여 다시 그를 내쫓았다. 그럼에도 그는 동네 이문里門에 오두막을 짓고 혼정신성昏定晨省을 그만 두지 않았다. 이렇게 몇 해가 흐르자 부모도 부끄러움을 느끼고 그를 돌아오도록 받아주었다. 뒤에 그는 부모의 상을 당하여 과도하게 슬퍼하였다.

이윽고 아우의 아들인 조카가 재산을 나누어 분가하기를 요구하여, 설포도 더 이상 저지할 수가 없었다. 이에 그 재산을 균등하게 중간으로 나누게 되자, 노비를 나눌 때에는 가장 늙은이를 끌어당기며 이렇게 말하였다.

"이는 나와 오랫동안 함께 일을 하여 너는 이를 부릴 수 없을 것이다."

그리고 다시 토지와 농막을 나눌 때는, 가장 황폐하고 쓰러져 가는 것을 차지하면서 이렇게 말하였다.

"내가 어릴 때에 일구고 지은 것이니 미련이 남아 있구나."

그리고 기물은 그 중 낡고 어그러진 것을 가지면서 이렇게 말하는 것이었다.

"내 평소 입고 먹던 것이니 이것을 써야 내 몸과 입이 편안하단다."

조카가 자주 그 재산을 탕진하였는데, 그는 그 때마다 문득 다시 진휼賑恤해 주고 공급해 주었다.

○薛包好學篤行, 父娶後妻, 而憎包, 分出之. 包日夜號泣不能去, 至被毆杖, 不得已廬于舍外, 旦入而灑掃. 父怒又逐之, 乃廬於里門, 晨昏不廢. 積歲餘, 父母慚而還之, 後服喪過哀.

旣而弟子求分財異居, 包不能止. 乃中分其財, 奴婢引其老者曰:「與我共事久, 若不能使也」田廬取其荒頓者曰:「吾少時所理, 意所戀也」器物取其朽敗者曰:「我素所服食, 身口所安也」弟子數破其産, 輒復賑給.

【薛包】東漢 때 인물로 자는 孟嘗, 汝南 사람.《後漢書》에 전이 있음.
【被毆杖】몽둥이로 구타당함.
【晨昏】昏定晨省을 말함.《禮記》曲禮에 "凡爲人子之禮, 冬溫而夏凊, 昏定而晨省; 出必告, 反必面; 所遊必有常, 所習必有業; 恒言不稱老."라 함.
【弟子】조카. 從子에 상대되는 말로 아우의 아들. 여기서는 아우와 그 아들을 뜻함. 〈集註〉에 "弟子, 弟及其子也"라 함.
【荒頓】황폐한 농토와 기울어진 농막.
【素所服食】평소 그것을 통해 옷을 입고 먹을 것을 의지함.
【賑給】진휼하고 공급함.

1.《後漢書》(39) 劉趙淳于江劉周趙列傳(薛包)
安帝時, 汝南薛包孟嘗, 好學篤行, 喪母, 以至孝聞. 及父娶後妻而憎包, 分出之, 包日夜號泣, 不能去, 至被毆杖. 不得已, 廬於舍外, 旦入而酒掃, 父怒, 又逐之. 乃廬於里門, 昏晨不廢. 積歲餘, 父母慙而還之. 後行六年服, 喪過乎哀. 旣而弟子求分財異居, 包不能止, 乃中分其財. 奴婢引其老者, 曰:「與我共事久, 若不能使也.」田廬取其荒頓者, 曰:「吾少時所理, 意所戀也.」器物取朽敗者, 曰:「我素所服食, 身口所安也.」弟子數破其産, 輒復賑給. 建光中, 公車特徵, 至, 拜侍中. 包性恬虛, 稱疾不起, 以死自乞. 有詔賜告歸, 加禮如毛義. 年八十餘, 以壽終.

若二子者, 推至誠以爲行, 行信於心而感於人, 以成名受祿致禮, 斯可謂能以孝
養也. 若夫江革·劉般數公者之義行, 猶斯志也. 撰其行事著于篇.

2. 《家範》(5) 子下篇 司馬光

漢侍中薛包好學篤行, 喪母以至孝聞, 及父娶後妻, 而憎包, 分出之. 包日夜號
泣不能去, 至被毆杖, 不得已廬於舍外, 旦入而灑埽. 父怒又逐之, 乃廬於里門,
晨昏不廢. 積歲餘, 父母慙而還之.

3. 《家範》(6) 女孫伯叔父姪篇 司馬光

侍中薛包弟子求分財異居, 包不能止. 乃中分其財, 奴婢引其老者曰:「與我共
事久, 若不能使也.」田廬取其荒頓者曰:「吾少時所理, 意所戀也.」器物取其
朽敗者曰:「我素所服食, 身口所安也.」弟子數破其産, 輒復賑給.

315(6-2-3)
하늘을 감동시킨 왕상의 효도

○ 왕상王祥은 성품이 효성스러웠으니 일찍 어머니를 잃고 말았으며, 계모 주씨朱氏는 자애롭지 못하여 자주 아버지에게 그를 헐뜯어 이로써 아버지의 사랑조차 잃고 말았다. 매번 그에게 쇠똥 치우는 일을 시켰을 때도 그는 더욱 공손하고 조심하였다. 부모가 병이라도 나면 허리띠도 풀지 못한 채 탕약을 지어 반드시 먼저 직접 맛을 보았다. 어머니가 한때 살아 있는 물고기를 먹고 싶다고 하였다. 때는 날씨가 추워 얼음이 얼어 있었다. 왕상이 옷을 벗고 얼음을 깨고 들어가 물고기를 구하려 하자, 얼음이 갑자기 저절로 갈라지더니 두 마리 잉어가 튀어 오르는 것이었다. 왕상이 이를 가지고 어머니께 돌아갔다. 어머니는 다시 참새구이가 먹고 싶다고 하자, 참새 수십 마리가 그 장막으로 날아들어 이를 가져다 다시 어머니께 드렸다. 그러자 향리鄕里에서는 놀라움과 탄복을 금치 못하면서 효성이 이룬 것이라 여겼다. 붉은 능금 열매 맺히는 것이 있어, 어머니는 이를 지키도록 명하였다. 매번 비바람이 불 때면 왕상은 나무를 껴안고 울었다. 그의 독실한 효성과 순수함의 지극하기가 이와 같았던 것이다.

○ 王祥性孝, 蚤喪親, 繼母朱氏不慈, 數譖之, 由是失愛於父. 每使掃除牛下, 祥愈恭謹. 父母有疾, 衣不解帶, 湯藥必親嘗. 母嘗欲生魚, 時天寒冰凍, 祥解衣, 將剖冰求之, 冰忽自解, 雙鯉躍出, 持之而歸. 母又思黃雀炙, 復有雀數十, 飛入其幕, 復以供母. 鄕里驚歎, 以爲孝感所致. 有丹柰結實, 母命守之, 每風雨, 祥輒抱樹而泣. 其篤孝純至如此.

【王祥】자는 休徵(184~268). 晉나라 때 琅邪 臨沂 사람. '剖冰得鯉'의 孝道 고사로 널리 알려진 인물. 벼슬이 太保에 이름.《晉書》(63) 王祥傳이 있음. 《太平御覽》과《晉諸公贊》에 "祥子休徵, 琅邪覽沂人"이라 하였음. '呂虔 佩刀' 및 '王覽友弟' 등 참조.

【蚤喪親】일찍 어머니를 여읨. '蚤'는 '早'와 같음.

【牛下】牛糞. 쇠똥.

【衣不解帶】옷을 입은 채 허리띠도 풀지 못함. 편히 잠을 자거나 쉬지 못하고 간호함을 뜻함.

【丹柰】붉은 능금.

1.《晉書》(33) 王祥傳

王祥字休徵, 琅邪臨沂人, 漢諫議大夫吉之後也. 祖仁, 靑州刺史. 父融, 公府辟不就. 祥性至孝. 早喪親, 繼母朱氏不慈, 數譖之, 由是失愛於父. 每使掃除牛下, 祥愈恭謹. 父母有疾, 衣不解帶, 湯藥必親嘗. 母常欲生魚, 時天寒氷凍, 祥解衣將剖氷求之, 氷忽自解, 雙鯉躍出, 持之而歸. 母又思黃雀炙, 復有黃雀數十飛入其幙, 復以供母. 鄕里驚歎, 以爲孝感所致焉. 有丹柰結實, 母命守之, 每風雨, 祥輒抱樹而泣. 其篤孝純至如此.

2.《搜神記》(11)「王祥剖冰」

王祥字休徵, 瑯邪人. 性至孝. 早喪親, 繼母朱氏不慈, 數譖之. 由是失愛於父, 每使掃除牛下. 父母有疾, 衣不解帶. 母常欲生魚, 時天寒氷凍, 祥解衣, 將剖氷求之, 氷忽自解, 雙鯉躍出, 持之而歸. 母又思黃雀炙, 復有黃雀數十入其幙, 復以供母. 鄕里驚歎, 以爲孝感所致.

3.《蒙求》(222)

王祥性孝, 蚤喪親, 繼母朱氏不慈, 數譖之, 由是失愛於父, 每使掃除牛下, 祥愈恭謹; 父母有疾, 衣不解帶, 湯藥必親嘗. 母嘗欲生魚, 時天寒冰凍, 祥解衣, 將剖冰求之, 冰忽自解, 雙鯉躍出, 持之而歸. 母又思黃雀炙, 復有雀數十, 飛入其幕, 復以供母. 鄕里驚嘆, 以爲孝感所致. 有丹柰結實, 母命守之, 每風雨, 祥輒抱樹而泣. 其篤孝純至如此.

4. 《二十四孝》臥冰求鯉

東晉, 王祥母喪, 繼母朱氏, 不慈, 於父前數譖之. 由是失愛於父, 一日, 母欲食鮮魚. 時天寒地凍, 祥解衣, 臥冰求之. 冰忽自解. 雙鯉躍出. 持歸供母. 有詩爲頌. 詩曰:『繼母人間有, 王祥天下無. 至今河水上, 留得臥冰模.』

5. 《藝文類聚》(9)

孫盛《雜語》曰: 王祥字休徵. 性至孝. 後母苛虐, 欲危害祥. 祥色養無怠, 盛寒之月, 後母曰:「吾思生魚.」祥脫衣, 將剖冰求之, 有少處冰解, 下有魚出, 因以奉養.

6. 《初學記》(3) 冬

師覺《孝子傳》曰: 王祥少有德行, 失母. 後母憎而譖之. 祥孝彌謹. 盛寒河氷. 網置不施. 母欲得生魚. 祥解褐叩氷求之, 忽氷少開, 有雙鯉出游, 祥垂綸而獲之. 于時人謂至孝所致也.』

7. 《家範》(5) 子下篇 司馬光

晉太保王祥至孝, 早喪親, 繼母朱氏不慈, 數譖之, 由是失愛於父. 每使埽除牛下, 祥愈恭謹. 父母有疾, 衣不解帶, 湯藥必親嘗. 母嘗有丹柰結實, 母命守之, 每風雨, 祥輒抱樹而泣. 其篤孝純至如此. 母終居喪, 毀悴, 杖而後起.

8. 기타 참고자료

《太平御覽》(26·863·922·970).《北堂書鈔》(145). 藏榮緒《晉書》.《孝子傳》.

316(6-2-4)
왕부와 시경

○ 왕부王裒는 자가 위원偉元이며, 아버지 왕의王儀는 위魏나라 안동장군安東將軍 사마소司馬昭의 사마司馬 벼슬을 하고 있었다.

사마소가 동관東關에서 패배하고 나서 여러 사람들에게 물었다.

"근래 있었던 일은 누가 그 허물의 책임을 져야 하는가?"

왕의가 대답하였다.

"그 책임은 원수元帥인 그대에게 있습니다."

사마소가 노하여 이렇게 말하였다.

"왕사마, 그대는 나에게 죄를 떠넘기려 하는가?"

그러고는 끌어내어 참수하고 말았다.

왕부는 아버지가 비명에 돌아가신 것을 애통해하였다. 이에 은거하며 교수 생활을 하였다. 그는 세 번이나 부름을 받고 일곱 번이나 발탁되었지만, 모두 거절하고 나가지 않았다. 그는 아버지 묘 곁에 초막을 짓고 아침 저녁이면 항상 묘소에 이르러, 무릎 꿇고 잣나무를 붙잡고 슬피 울었다. 그의 눈물이 나무에 묻어 나무도 그를 위해 말라죽고 말았다.

그는 《시詩》의 '슬프고 애달프도다. 부모님이시여. 나를 낳아 기르시느라 고생하셨네'라는 구절을 읽을 때마다 일찍이 세 번씩 눈물을 흘리지 아니한 적이 없었다. 문인들로서 그의 수업을 받는 자들은 모두 〈육아蓼莪〉편을 없애버리고 말았다.

그는 집이 가난하였으나 스스로 농사를 짓되 식구 수를 계산하여 밭을 일구었고, 자신의 가족의 몸을 헤아려 누에를 칠뿐이었다. 어떤 이가 몰래 그를 도와주면 왕부는 모두 거절하였다. 사마씨가 위나라를 찬탈하자,

왕부는 종신토록 몸을 서쪽을 향해 앉아본 적이 없었다. 자신은 진晉
나라에 신하가 될 수 없음을 보인 것이었다.

○ 王裒, 字偉元, 父儀爲魏安東將軍司馬昭司馬.
東關之敗, 昭問於衆曰: 「近日之事, 誰任其咎?」
對曰: 「責在元帥」
昭怒曰: 「司馬, 欲委罪於孤耶?」
遂引出斬之.
裒痛父非命, 於是, 隱居敎授. 三徵七辟, 皆不就. 盧于墓側, 旦夕,
常至墓所, 拜跪, 攀柏悲號, 涕淚著樹, 樹爲之枯.
讀《詩》之『哀哀父母, 生我劬勞』, 未嘗不三復流涕. 門人受業者,
並廢〈蓼莪〉之篇.
家貧躬耕, 計口而田, 度身而蠶. 或有密助之者, 裒皆不聽.
及司馬氏簒魏, 裒終身未嘗西向而坐, 以示不臣于晉.

【王裒】晉나라 때 인물. 자는 偉元. 王儀의 아들. 《晉書》 孝友傳에 전이 있음.
【父儀爲安東將軍司馬】司馬昭(文帝)가 魏나라 총독이 되어 吳를 공격하여
　패하고 말았음. 사마소가 그 책임 소재를 묻자 王儀가 감히 사마소를 지목
　하여 결국 사마소에게 죽음을 당하고 말았음.
【司馬昭】晉 文帝. 曹魏 때 안동장군의 벼슬을 하였으며, 뒤에 그의 아들
　司馬炎(晉 武帝)이 위나라를 찬탈하여 晉나라를 세우고 나서 자신의 아버지
　를 文帝로 추존함.
【七徵三辟】〈集註〉에 "朝廷召曰徵, 郡國擧曰辟"이라 함.
【蓼莪之篇】《詩經》 小雅 蓼莪篇. 부모가 죽은 뒤에 부모에게 효도를 다하
　고자 하나 때가 늦었음을 한스러워하는 내용임.

1.《晉書》(88) 孝友傳(王裒)

王裒字偉元, 城陽營陵人也. 祖修, 有名魏世. 父儀, 高亮雅直, 爲文帝司馬. 東關之役, 帝問於衆曰:「近日之事, 誰任其咎?」儀對曰:「責在元帥.」帝怒曰:「司馬欲委罪於孤邪!」遂引出斬之. 裒少立操尙, 行己以禮. 身長八尺四寸, 容貌絶異, 音聲淸亮, 辭氣雅正, 博學多能, 痛父非命, 未嘗西向而坐, 示不臣朝廷也. 於是隱居敎授, 三徵七辟皆不就. 廬于墓側, 旦夕常至墓所拜跪, 攀柏悲號, 涕淚箸樹, 樹爲之枯. 母性畏雷, 母沒, 每雷, 輒到墓曰:「裒在此.」及讀詩至‘哀哀父母, 生我劬勞’, 未嘗不三復流涕, 門人受業者並廢蓼莪之篇. 家貧, 躬耕, 計口而田, 度身而蠶. 或有助之者, 不聽. 諸生密爲刈麥, 裒遂棄之. 知舊有致遺者, 皆不受. 門人爲本縣所役, 告裒求屬令, 裒曰:「卿學不足以庇身, 吾德薄不足以蔭卿, 屬之何益! 且吾不執筆已四十年矣.」乃步擔乾飯, 兒負鹽豉草屬, 送所役生到縣, 門徒隨從者千餘人. 安丘令以爲詣己, 整衣出迎之. 裒乃下道至士牛旁, 磬折而立, 云:「門生爲縣所役, 故來送別.」人執手涕泣而去. 令卽放之, 一縣以爲恥.

2.《搜神記》(11)「王裒泣墓」

王裒字偉元, 城陽營陵人也. 父儀, 爲文帝所殺. 裒廬於墓側, 旦夕常至墓所拜跪, 攀柏悲號. 涕泣著樹, 樹爲之枯. 母性畏雷, 母沒, 每雷, 輒到墓曰:「裒在此.」

3.《二十四孝》聞雷泣墓

魏, 王裒, 事母至孝. 母存日, 性畏雷, 旣卒, 殯葬於山林. 每遇風雨, 聞阿香. 響震之聲, 卽奔墓所拜跪. 泣告曰:「裒在此, 母親勿懼.」有詩爲頌. 詩曰:『慈母怕聞雷, 冰魂宿夜臺. 阿香時一震, 到墓繞千廻.』

4.《蒙求》(148)

《晉書》: 王裒字偉元, 城陽營陵人. 少立操尙, 博學多能. 其父儀爲文帝司馬見殺. 裒痛父非命, 未嘗西向而坐, 示不臣朝廷也. 隱居敎授. 廬于墓側, 旦夕常至墓所拜跪, 攀柏悲號. 涕淚著樹, 樹爲之枯. 母性畏雷, 母沒, 每雷輒到墓曰:「裒在此!」及讀《詩》至『哀哀父母, 生我劬勞』, 未嘗不三復流涕. 門人受業者, 竝廢〈蓼莪〉之篇. 家貧, 躬耕, 計口而田, 度身而蠶. 或有助之者, 不聽. 舊本: 裒作褒非.

5.《詩經》小雅 蓼莪篇

蓼蓼者莪, 匪莪伊蒿. 哀哀父母, 生我劬勞. 蓼蓼者莪, 匪莪伊蔚. 哀哀父母, 生我勞瘁. 缾之罄矣, 維罍之恥. 鮮民之生, 不如死之久矣. 無父何怙, 無母何恃. 出則銜恤, 入則靡至. 父兮生我, 母兮鞠我. 拊我畜我, 長我育我, 顧我復我,出入腹我. 欲報之德, 昊天罔極. 南山烈烈, 飄風發發. 民莫不穀, 我獨何害. 南山律律, 飄風弗弗. 民莫不穀, 我獨不卒.

6. 기타 참고자료

王隱《晉書》. 敦煌本《孝子傳》.

317(6-2-5)
왕연의 효성

○ 진晉나라 하서西河 사람 왕연王延은 어버이를 섬기면서 즐거운 표정
으로 봉양하였다. 여름이면 베개와 자리를 부채질하여 시원하게 해 드렸고,
겨울이면 자신의 체온으로 이불을 따뜻하게 해 드렸다. 한겨울 매서운
추위에 몸에는 항상 온전한 옷을 입지 못하면서도, 어버이에게는 맛있는
음식을 구해 극진히 대접해 드렸다.

○ 晉西河人王延, 事親色養, 夏則扇枕席, 冬則以身溫被, 隆冬
盛寒, 體常無全衣, 而親極慈味.

【西河】 지명.
【王延】 晉나라 때 효자로 자는 延元.
【色養】 즐거운 표정으로 봉양함. 〈集註〉에 "色養, 以和悅之顔色而奉養也"라 함.
【滋味】 맛있는 음식. 〈集註〉에 "滋味, 猶甘旨"라 함.

참고 및 관련 자료

1. 《晉書》孝友傳

王延, 字延元, 西河人也. 九歲喪母, 泣血三年, 幾至滅性. 每至忌日, 則悲涕至旬,
繼母卜氏遇之無道, 恒以蒲穰及敗麻頭與延貯衣. 其姑聞而問之, 延知而不言,
事母彌謹. 卜氏嘗盛冬思生魚, 敕延求而不獲, 扶之有血. 延尋汾叩凌而哭, 忽有
一魚長五尺, 踊出水上, 延取以進母. 卜氏食之, 積日不盡, 於是心悟, 撫延如己生.

延事親色養, 夏則扇枕席, 冬則以身溫被, 隆冬盛寒, 體無全衣, 而親極滋味.
晝則庸賃, 夜則誦書, 遂究覽經史, 皆通大義. 州郡禮辟, 貪供養不起. 父母終後,
廬于墓側, 非其蠶不衣, 非其耕不食. 屬天下喪亂, 隨劉元海遷于平陽, 農蠶之暇,
訓誘宗族, 侃侃不倦. 家牛生一犢, 他人認之, 延牽而授與, 初無吝色. 其人後
自知妄認, 送犢還延, 叩頭謝罪, 延仍以與之, 不復取也. 年六十, 方仕於劉聰,
稍遷尙書左丞, 至金紫光祿大夫. 聰死後, 靳準將作亂, 謀之于延, 延不從. 準旣
誅劉氏, 自號漢天王, 以延爲左光祿大夫, 延又大罵不受, 準遂殺之.

2.《家範》(4) 子上篇 司馬光

晉西河人王延, 事親色養, 夏則扇枕席, 冬則以身溫被, 隆冬盛寒, 體常無全衣,
而親極慈味.

318(6-2-6)
효부 당부인

○ 유빈柳玭이 말하였다.

"최산남崔山南은 형제와 자손이 아주 번성하여 향리의 종족 중에 그 집안에 비할 자가 드물 정도이다. 산남의 증조모 큰 어른 장손부인長孫夫人은 나이가 많아 치아가 없었다. 그러자 조모 당부인唐夫人이 그 시어머니를 모시면서 효성이 지극하여, 매번 아침이면 머리를 빗고, 검은 천으로 머리를 묶고, 비녀를 꽂고서 섬돌 아래에서 절을 올린 다음, 곧 당에 올라 그 시어머니에게 젖을 먹여드렸다. 이리하여 장손부인은 곡기를 먹지 않은 채 몇 년을 건강하고 편히 살아갈 수 있었다. 어느 날 장손부인이 병이 위독하여 어른 아이들이 모두 모이자, 이렇게 선언하였다.

"새 며느리의 은혜를 갚을 길이 없구나. 원컨대 새 며느리의 아들과 후손들이 모두가 이 며느리처럼 효성과 공경을 다하기를 바라노니, 그렇게 한다면 최씨 가문에 어찌 크게 창성함이 없겠는가?"

○ 柳玭曰：「崔山南, 昆弟子孫之盛, 鄕族罕比. 山南曾祖王母長孫夫人, 年高無齒, 祖母唐夫人, 事姑孝, 每旦櫛縰笄, 拜於階下, 卽升堂乳其姑. 長孫夫人, 不粒食數年而康寧. 一日疾病, 長幼咸萃, 宣言：「無以報新婦恩, 願新婦有子有孫, 皆得如新婦孝敬, 則崔之門, 安得不昌大乎?」

【柳玭】자는 直淸. 唐나라 때 인물로 柳公綽의 손자이며 柳仲郢의 아들. 僖宗 때 吏部侍郎修國史를 거쳐 御史大夫에 올랐으며, 昭宗 때 宦官과 알력으로 瀘州刺史로 폄직되기도 하였음.《續貞陵遺事》를 남겼으며《舊唐書》(165), 《新唐書》(163)의 柳公綽傳에 함께 傳이 실려 있음.

【崔山南】唐나라 때 崔琯(?~843, 845). 자는 從律. 河北 博陵 사람으로 崔頲 의 아들. 德宗 때 進士에 올라 給事中 등을 거쳐 山南西道節度使를 지내어 崔山南이라 부른 것임.《舊唐書》(177)와《新唐書》(182) 崔琪傳에 그의 전이 함께 실려 있음.

【櫛縰笄】빗질과 머리를 묶는 검은 천, 그리고 비녀를 꽂음.

【咸萃】모두 모여듦.〈集註〉에 "萃, 聚也"라 함.

참고 및 관련 자료

1.《柳氏家訓》참조.

2.《舊唐書》(177) 崔琪傳

崔琪, 博陵安平人. 父頲, 有子八人, 皆至達官, 時人比漢之荀氏, 號曰「八龍」. 長曰琯, 貞元十八年進士擢第. 會昌中, ……充山南西道節度使. 以弟琪罷相貶官, 琯亦罷鎭歸東都, 五年卒.

3.《新唐書》(182) 崔琪傳

崔琪, 其先博陵人. 父頲, 官同州刺史, 生八子, 皆有才, 世以擬漢荀氏「八龍」. 琪爲人有威重, 精吏治, 以拔萃異等, 累擢至泗州刺史. ……琯字從律, 琪兄. 擧進士, 賢良方正, 皆高第. ……會昌中, 終山南西道節度使, 贈尙書左僕射.

319(6-2-7)
유검루의 효성

○ 남제南齊의 유검루庾黔婁가 잔릉孱陵의 현령縣令이 되어 그 현에 부임한 지 아직 열흘도 되기 전이었다. 그런데 고향에 두고 온 아버지 유이庾易가 병이 들었다. 검루는 갑자기 심장이 뛰어 놀라 온몸에 땀이 흐르는 것이었다. 이에 즉시 그날로 관직을 포기하고 집으로 돌아갔다. 그가 갑자기 나타나자, 가족들은 모두가 놀랐다. 당시 유이가 병든 지는 겨우 이틀이 되었을 뿐이었다. 의원이 이렇게 말하였다.

"차도가 있을지 더 심해질지를 알고자 한다면 단지 대변이 달고 쓴지를 맛보는 수밖에 없습니다."

유이가 설사를 하자, 검루는 그 때마다 문득 대변을 취하여 맛을 보았는데 맛이 자꾸 달고 미끄러워지는 것이었다. 그 때마다 검루의 마음은 근심과 고통으로 얼룩졌다. 밤이 되면 그 때마다 매번 북극성을 향하여 이마를 조아리며, 자신의 몸으로 아버지의 병을 대신해 달라고 빌었다.

○ 南齊庾黔婁, 爲孱陵令, 到縣未旬. 父易在家遘疾, 黔婁忽心驚, 擧身流汗, 卽日棄官歸家, 家人悉驚其忽至. 時易疾始二日, 醫云:「欲知差劇, 但嘗糞甛苦」

易泄利, 黔婁輒取嘗之, 味轉甛滑, 心甚憂苦. 至夕, 每稽顙北辰, 求以身代.

【南齊】 남조 齊나라. 蕭道成이 劉宋을 이어 세운 나라이며, 建康(지금의 南京)을 도읍으로 하여 479~502년까지 이어짐.

【庾黔婁】인명. 남조 梁나라 때 新野 사람. 庾易의 아들. 자는 子貞, 혹은
　貞正. 어려서 학문을 좋아하였고 효성이 지극하였다 함. 蜀郡太守, 散騎侍郎
　등을 역임함.《梁書》(47) 孝行篇과《南史》(50) 庾易傳에 그의 전이 있음.
【孱陵】지명. 荆州 公安縣.
【易】유검루 아버지의 이름. 庾易.
【遘疾】갑작스럽게 병을 만남.
【泄利】설사를 함.《梁書》에는 ‘泄痢’로 되어 있음.
【稽顙】이마가 머리에 닿도록 엎드려 절을 함.〈集註〉에 “稽顙, 叩頭也”라 함.
【北辰】北斗星. 北辰. 사람의 생명을 관장하는 별이라 믿었음.

참고 및 관련 자료

1.《梁書》(47) 孝行傳 庾黔婁

庾黔婁, 字子貞, 新野人也. 齊永元初, 除孱陵令, 到縣未旬. 易在家遘疾, 黔婁忽
心驚, 舉身流汗, 卽日棄官歸家, 家人悉驚其忽至. 時易疾始二日, 醫云:「欲知
差劇, 但嘗糞甛苦.」易泄痢, 黔婁輒取嘗之, 味轉甛滑, 心愈憂苦, 至夕, 每稽
顙北辰, 求以身代. 俄聞空中有聲曰:「徵君壽命盡, 不復可延. 汝誠禱旣至,
止得申至月末.」及晦而易亡, 黔婁居喪過禮, 廬于冢側. 和帝卽位, 將起之, 鎭軍
蕭穎胄手書敦譬, 黔婁固辭. 服闋, 除西臺尙書儀曹郎.

2.《南史》庾易傳 庾黔婁

黔婁字子貞, 一字貞正, 少好學, 多所講誦, 性至孝. ……從孱陵令, 到縣未旬.
易在家遘疾, 黔婁忽心驚, 舉身流汗, 卽日棄官歸家. 家人悉驚其忽至. 時易疾始
二日, 醫云:「欲知差劇, 但嘗糞甛苦.」易泄利, 黔婁輒取嘗之, 味轉甛滑, 心愈
憂苦, 至夕, 每稽顙北辰, 求以身代. 俄聞空中有聲曰:「徵君壽命盡, 不復可延.
汝誠禱旣至, 政得至月末.」及晦而易亡, 黔婁居喪過禮, 廬于冢側.

3.《家範》(4) 子上篇 司馬光

南齊庾黔婁, 爲孱陵令, 到縣未旬. 父易在家遘疾, 黔婁忽心驚, 舉身流汗, 卽日
棄官歸家, 家人悉驚其忽至. 時易疾始二日, 醫云:「欲知差劇, 但嘗糞甛苦.」
易泄利, 黔婁輒嘗取之, 味轉甛滑, 心愈憂苦, 至夕每稽顙北辰求以身代. 俄聞
空中有聲曰:「徵君壽命, 盡不可延. 汝誠禱, 旣至, 改得至月末.」晦而易亡.

320(6-2-8)
어머니 장례를 치르지 못한 하자평

○ 해우海虞 현령縣令 하자평何子平은 어머니의 상을 당하자, 벼슬을 버리고 슬픔에 겨워 예를 넘어설 정도였다. 매번 곡을 하며 펄펄 뛰어 돈절하다가 바야흐로 깨어나곤 하였다. 마침 대명大明 말기여서 동쪽 땅 회계 지역에 기황이 들고 계속하여 전란이 일어나 8년이 지나도록 장례를 치르지 못하였다. 그는 밤낮으로 호곡하여 항상 마치 처음 초상을 당하던 그날같이 하였다. 겨울에는 솜옷을 입지 않았고 여름에는 시원한 그늘로 몸을 피하지도 않았으며, 하루에 쌀 두어 홉合으로 죽을 끓여 소금과 채소도 없이 연명하였다. 사는 집이 허물어져 바람과 햇볕조차 가릴 수 없게 되자, 조카 하백흥何伯興이 지붕을 덮어 수리하고자 하였다. 그러자 하자평은 이를 거부하며 이렇게 말하였다.

"내 뜻한 일을 아직 펴지 못하고 있으니, 나는 천지에 하나의 죄인일 뿐이다. 그런데 지붕은 덮어 무얼 하겠는가?"

채흥종蔡興宗이 당시 회계태수會稽太守였는데 심히 안타깝게 여기며 아울러 가상히 여겨 그를 위해 무덤을 만들어 주었다.

○ 海虞令何子平, 母喪去官, 哀毁踰禮, 每哭踊, 頓絶方蘇. 屬大明末, 東土饑荒, 繼以師旅, 八年不得營葬. 晝夜號哭, 常如袒括之日. 冬不衣絮, 夏不就淸凉, 一日以米數合爲粥, 不進鹽菜. 所居屋敗, 不蔽風日, 兄子伯興, 欲爲葺理, 子平不肯, 曰:「我情事未申, 天地一罪人耳, 屋何宜覆?」蔡興宗爲會稽太守, 甚加矜賞, 爲營塚壙.

【海虞】고을 이름. 江蘇 常熟縣.

【何子平】남조 宋나라 때 廬江 사람(418~477)으로 본 고사로 인해 그의 효성이 널리 이름이 났음. 《宋書》(91) 孝義傳 및 《南史》(73) 孝義傳에 전이 실려 있음.

【大明】남조 宋나라 孝武帝의 연호. 457~464년까지 8년간.

【東土】동쪽 지역. 여기서는 建康의 동쪽인 會稽(지금의 紹興) 지역을 말함.

【師旅】전란을 의미함. 원래는 군대 조직으로 사는 2천5백 인을 '師'라 하고, 5백 인을 '旅'라 함.

【袒括】'袒'은 肉袒. '括'은 머리를 삼베로 묶는 것. 부모의 초상을 만나 거상을 시작함을 말함. 〈集註〉에 "袒, 露臂, 括, 括髮. 人子初喪之禮也"라 함.

【伯興】《宋書》何子平傳에는 '伯與'로 되어 있으며 《南史》에는 '伯興', 《建康實錄》에는 '伯與'로 되어 있음.

【葺理】지붕에 이엉을 덮고 집을 수리함. 〈集註〉에 "葺, 修補也"라 함.

【情事未申】아직 장례를 치르지 못하고 있음을 말함. 〈集註〉에 "情事未申, 謂親未葬也"라 함. 司馬光 《家範》에는 '情事未伸'으로 되어 있음.

【矜賞】불쌍히 여김과 아울러 가상히 여김. 〈集註〉에 "矜者, 憫其苦; 賞者, 嘉其孝"라 함. 《宋書》에는 '旌賞'으로 되어 있음.

【塚壙】'冢壙'과 같음. 墓穴을 마련하여 무덤을 만듦.

1. 《宋書》(92) 孝友傳(上) 何子平

何子平, 廬江灊人也. ……母喪去官, 哀毀踰禮, 每至哭踊, 頓絶方蘇. 値大明末, 東土飢荒, 繼以師旅, 八年不得營葬. 晝夜號絶擗踊, 不闋俄頃, 叫慕之音. 常如袒括之日. 冬不衣絮, 暑避淸涼, 日以數合米爲粥, 不進鹽菜. 所居屋敗, 不蔽風日, 兄子伯與與採伐茅竹, 欲爲葺治, 子平不肯, 曰:「我情事未申, 天地一罪人耳, 屋何宜覆?」蔡興宗爲會稽太守, 甚加旌賞. 泰始六年, 爲營塚槨. 子平居喪毀甚, 困瘠踰久, 及至免喪, 支體殆不相屬. 順帝昇明元年, 卒, 時年六十.

2. 《南史》孝友傳(上) 何子平

何子平, 廬江灊人也. 曾祖楷, 晉侍中. 祖友, 會稽王道子驃騎諮議參軍, 父子先, 建安太守. ……母喪去官, 哀毀踰禮, 每至哭踊, 頓絶方蘇. 屬大明末, 東土饑荒,

繼以師旅, 八年不得營葬. 晝夜號絶, 常如袒括之日. 冬不衣絮, 暑避清涼, 一日
以數合米爲粥, 不進鹽菜. 所居屋敗, 不蔽風日, 兄子伯興, 欲爲葺理, 子平不肯,
曰:「我情事未申, 天地一罪人耳, 屋何宜覆?」蔡興宗爲會稽太守, 甚加矜賞.
爲營冢壙. 子平居喪毀甚, 及免喪, 殆至不立. 幼持操檢, 敦厲名行, 雖處闇室,
如接大賓. 學義堅明, 處之以黙, 安貧守善, 不求榮進. 好退之士彌以此貴之.
卒年六十.

3.《家範》(5) 子下篇 司馬光

海虞令何子平, 母喪去官, 哀毀踰禮, 每至哭踊, 頓絶方蘇. 屬大明末, 東土饑荒,
繼以師旅, 八年不得營葬. 晝夜號哭, 常如袒括之日. 冬不衣絮, 暑不就清涼, 一日
以數合米爲粥, 不進鹽菜. 所居屋敗, 不蔽風日, 兄子伯興, 欲爲葺理, 子平不
肯曰:「我情事未伸, 天地一罪人耳, 屋何宜覆?」蔡興宗爲會稽太守, 甚加矜賞,
爲營冢壙.

321(6-2-9)
50년 만에 찾은 어머니

○ 주수창朱壽昌은 나이 일곱이었을 때, 아버지가 옹주태수雍州太守가 되어 어머니 유씨劉氏를 내쫓아 그를 민간에게 시집보내는 일을 당하였다. 이리하여 모자가 서로 만나지도 알지도 못한 채 50년이 넘게 되었다. 수창은 사방을 돌아다니며 어머니를 찾았지만 찾을 수 없었다. 그는 음식을 먹을 때도 술이나 고기를 들지 않았으며, 다른 사람과 이야기를 나눌 때도 문득 눈물을 흘리곤 하였다.

희녕熙寧 초, 그는 관직을 버리고 진秦나라로 들어가며, 가족과도 결별하며 어머니를 찾지 못하면 다시 돌아오지 않겠노라 서약하였다. 그가 동주同州에 이르러 머물렀을 때 어머니를 찾게 되었는데, 그 때 유씨는 나이가 이미 일흔이 넘었다. 당시 옹주태수 전명일錢明逸이 이 사실을 임금에게 알리자, 임금이 조서를 내려 수창을 다시 본래의 관직에 돌아오도록 하였다. 이 일로 인해 천하 사람이 모두 그의 효성을 알게 된 것이다.

수창은 다시 군수郡守에 올랐다가 이때에 이르러 어머니를 이유로 하중부河中府의 통판通判으로 옮겨 그 어머니와 아우, 여동생까지 맞이하여 몇 해를 함께 살게 되었다. 어머니가 돌아가시자, 그는 울기를 심히 하여 거의 눈이 멀 뻔하기도 하였다. 그는 아우와 여동생을 더욱 다독거리며 돈독히 하여 전지와 주택을 사서 그들을 살도록 해 주었다. 그리고 종족들에게도 더욱 은의恩意를 다하여 형과 아우의 고아가 된 조카딸 둘을 시집보내 주었으며, 종족 중에 장례를 치르지 못한 수십 초상을 모두 장례를 치러 주었다. 대체로 그의 천성이 이와 같았던 것이다.

○ 朱壽昌, 生七歲, 父守雍, 出其母劉氏嫁民間, 母子不相知者五十年, 壽昌行四方, 求之不已, 飲食罕御酒肉, 與人言輒流涕.

熙寧初, 棄官入秦, 與家人訣, 誓不見母不復還. 行次同州得焉, 劉氏時年七十餘矣. 雍守錢明逸, 以事聞, 詔壽昌, 還就官, 由是天下, 皆知其孝.

壽昌再爲郡守, 至是以母故, 通判河中府, 迎其同母弟妹以歸, 居數歲. 母卒, 涕泣幾喪明. 拊其弟妹益篤, 爲買田宅居之, 其於宗族, 尤盡恩意, 嫁兄弟之孤女二人, 葬其不能葬者十餘喪. 蓋其天性如此.

【朱壽昌】 자는 康叔. 송나라 때 揚州 天長縣 사람. 朱巽의 아들로 蔭官으로 장작감주부에 올랐으며 岳州, 閬州의 知州가 되어 政績을 남김. 어머니 劉氏가 주손의 첩이 되어 壽昌을 임신하자 그를 민간으로 시집보내어 수창을 낳자 바로 주손이 데리고 가 50여 년을 어머니를 만나지 못함. 그는 神宗 때 관직을 버리고 피로써 《金剛經》을 베끼며 어머니를 찾을 수 있도록 빌었고 뒤에 同州에서 어머니를 만나 두 여동생을 데리고 함께 살게 되었으며, 이로써, 그 효성이 널리 알려졌다 함. 《宋史》(456) 孝義傳에 그 전이 있음.
【守雍】 雍州의 太守. 그의 아버지 이름은 朱巽이었음.
【熙寧】 北宋 神宗의 연호. 1068~1077년까지 10년간.
【次同州】 同州는 지명. '次'는 3일 이상 외지에 머물거나 숙영하는 것을 의미함.
【錢明逸】 당시의 옹주태수. 자는 子飛.
【河中府】 山西 平陽府 蒲州. 同州와 아주 가까운 곳이었음.
【孤女】 아버지를 여읜 딸을 말함.

참고 및 관련 자료

1. 《宋史》(456) 孝義傳 朱壽昌

朱壽昌字康叔, 揚州天長人. 以父巽蔭守將作監主簿, 累調州縣, 通判陝州·荊南, 權知岳州. ……壽昌母劉氏, 巽妾也. 巽守京兆, 劉氏方娠而出. 壽昌生數歲始歸父家, 母子不相聞五十年. 行四方求之不置, 飮食罕御酒肉, 言輒流涕. 用浮屠法灼背燒頂, 刺血書佛經, 力所可致, 無不爲者. 熙寧初, 與家人辭訣, 棄官入秦, 曰:「不見母, 吾不反矣.」遂得之於同州. 劉時年七十餘矣, 嫁党氏有數子, 悉迎以歸. 京兆錢明逸以其事聞, 詔還就官, 由是以孝聞天下. 自王安石·蘇頌·蘇軾以下, 士大夫爭爲詩美之. 壽昌以養母故, 求通判河中府. 數歲母卒, 壽昌居喪幾喪明. 旣葬, 有白烏集墓上. 拊同母弟妹益篤. 又知鄂州, 提擧崇禧觀, 累官司農少卿, 易朝議大夫, 遷中散大夫, 卒, 年七十. 壽昌勇於義, 周人之急無所愛, 嫁兄弟兩孤女, 葬其不能葬者十餘喪, 天性如此.

2. 《朱壽昌遺事》 참조.

322(6-2-10)
불교 의식을 거부한 이천 선생

○ 이천伊川 선생 집안에서는 치상治喪에 불교 의식을 사용하지 않았다. 그가 사는 낙읍雒邑의 한두 집안도 그에게 감화하여 역시 불교 의식을 사용하지 않았다.

○ 伊川先生家, 治喪不用浮屠. 在雒, 亦有一二人家化之.

【伊川】 程頤(1033~1107). 자는 正叔, 廣平先生이라 불렀으나 이천(伊川, 지금의 洛陽 남쪽)에 살아 흔히 伊川先生이라 불렸음. 그의 형 程顥(明道先生)와 더불어 北宋 理學 四派 즉, 濂溪學派(周敦頤)·百源學派(邵雍)·關學派(張載)와 더불어 洛學派의 대표적인 인물이며 小程子로 불림. 이들 학통이 南宋 閩學派(朱熹)에게로 이어진 것임. 그는 洛陽 남쪽 伊川에 살았음.

【浮屠】 '浮圖'로도 표기하며 원래는 탑. 梵語 '窣堵波'를 역음한 것. 처음에는 佛骨을 보관하여 모시는 것으로 사용하였으나, 뒤에 불상이나 불경·사리 혹은 불구·유물·승려의 유골 등을 보관하는 것으로 사용함. 여기서는 佛敎를 말함. 당시 理學家들은 불교에 대하여 부정적인 인식을 가지고 있었음.

【雒】 '洛'과 같음. 洛陽 지역을 가리킴. 고대 '雒邑'으로도 표기하였음.《博物志》(6)에 "舊洛陽字作水邊各. 漢, 火行也, 忌水, 故去水而加隹. 又魏於行次爲土, 水得土而流, 上得水而柔, 故復去隹加水, 變雒爲洛焉"라 함.

1. 《二程遺書》蘇季明(錄)에 실려 있음.

〈白雙咀造石塔〉 十六國 甘肅 酒泉 출토

곽광의 빈틈없는 행동

○ 곽광霍光이 금달禁闥을 출입하기 20여 년, 마음을 조심하고 근신하여 일찍이 과실을 저지른 적이 없었다. 그는 사람됨이 침정沈靜하고 상심詳審하여 매번 출입에 전문殿門에서 수레를 내릴 때 나가고 물러섬에 항상 일정한 자리가 있었는데 낭관郎官과 복야僕射가 몰래 위치를 표시해 두고 살펴보았더니 한 치도 어긋남이 없었다.

○ 霍光出入禁闥二十餘年, 小心謹愼, 未嘗有過. 爲人沈靜詳審, 每出入下殿門, 進止有常處. 郎僕射竊識視之, 不失尺寸.

【霍光】 자는 子孟, 河東 平陽人. 霍去病의 異腹 동생. 武帝 때 奉車都尉를 지냈으며 昭帝 때 大司馬大將軍이 됨. 《漢書》에 전이 있음.
【禁闥】 황제의 궁궐의 작은 문.
【沈靜】 침착하고 조용함. '沈'은 '沉'으로도 표기함.
【詳審】 자상하고 심사숙고하여 일을 처리하거나 행동함.
【僕射】 벼슬 이름. 〈集註〉에 "僕, 主也. 古者, 重射, 故有是官. 關中語, 轉'射'爲'夜'耳"라 함.
【寸尺】 아주 작은 차이.

> 참고 및 관련 자료

1.《漢書》霍光傳
乃將光西至長安, 時年十餘歲, 任光爲郎, 稍遷諸曹侍中. 去病死後, 光爲

奉(常)(車)都尉光祿大夫, 出則奉車, 入侍左右, 出入禁闥二十餘年, 小心謹愼,
未嘗有過, 甚見親信. ……光爲人沈靜詳審, 長財七尺三寸, 白晳, 疏眉目, 美須髯.
每出入下殿門, 止進有常處, 郞僕射竊識視之, 不失尺寸, 其資性端正如此.

324(6-2-12)
강직한 급암

○ 급암汲黯이 경제景帝 때에 태자세마太子洗馬가 되어 너무 엄격하여 남으로부터 꺼림을 받았다. 무제武帝가 즉위하자 그를 주작도위主爵都尉로 삼았는데, 잦은 직간으로 그 지위에 오래 머물지 못하였다.

당시 태후太后의 아우 무안군武安侯 전분田蚡이 승상이었는데, 중이천석中二千石의 지위에 있는 자가 그에게 배알拜謁을 할 때면 전분은 예도 표하지 않을 정도였다. 그러나 급암은 전분을 만날 때면 절을 해 본 적이 없었고 단지 읍揖만 할 뿐이었다.

무제가 바야흐로 문학이 있는 유학자들을 초청해 놓고 이렇게 말하였다.

“나는 이렇게 이렇게 하고자 한다.”

그러자 급암이 대꾸하였다.

“폐하께서는 마음속으로는 욕심이 많으면서 겉으로는 인의를 베푸는 척하십니다. 그러면서 어찌 당우唐虞의 정치를 본받고자 하십니까?”

임금은 노하여 얼굴색을 바꾼 채 조회를 파하고 말았다. 공경들은 모두가 급암을 대신하여 두려움을 느꼈다. 무제는 물러나 사람들에게 이렇게 말하였다.

“심하도다, 급암의 외고집이여!”

漢 武帝(劉徹: B.C.156~B.C.87)

여러 신하들이 혹 급암에게 따지자 급암은 이렇게 말하였다.

“천자가 공경과 보필할 신하를 두셨는데 어찌 그 뜻을 따르겠다고 아첨만 하여 임금을 불의不義에 빠뜨린단 말이오! 또 이미 그 지위에 있으면서

제 몸을 아낀다고 해서 어찌 조정을 욕되게 할 수 있겠소?"

급암은 병이 많았다. 병이 석 달 지속되면 임금은 항상 그에게 쉴 것을 고하기를 자주 하였다. 그렇지만 급암의 병은 끝내 낫지 않았다. 최후로 엄조嚴助가 그를 위해 휴가를 청하자 임금이 물었다.

"급암은 어떤 사람인가?"

엄조가 대답하였다.

"급암으로 하여금 직무를 맡겨 관직에 있게 하면 그의 병을 낫게 할 수 없습니다. 그러나 어린 임금을 보좌하여 왕업을 지켜 이루는 일에 이르러서라면 비록 맹분孟賁이나 하육夏育이라 자처하는 자라 할지라도 능히 그의 뜻을 빼앗지 못할 것입니다."

임금이 말하였다.

"그렇소. 옛날 사직社稷의 신하가 있었다 하더니 급암 같은 이가 그에 가까울 것이다."

대장군大將軍 위청衛靑이 시중侍中이었는데, 임금은 그를 대할 때면 걸상에 걸터앉아 그를 보았으며, 승상丞相 공손홍公孫弘을 접견할 때면 임금은 혹 때로는 관을 쓰지 않고 만나기도 하였다. 그러나 급암을 만날 때면 평상시라도 관을 쓰지 않고는 접견하지 않을 정도였다. 무제가 일찍이 무장武帳에 앉아 있었는데 급암이 일을 아뢰고자 다가오게 되었다. 임금은 미처 관을 쓰지 않고 있었는데 급암이 오는 것을 보고는 얼른 장막 안으로 피하여 사람을 시켜 그의 상주上奏를 재가하였으니 그를 공경하는 예로 접견하기가 이와 같았던 것이다.

○ 汲黯, 景帝時爲太子洗馬, 以嚴見憚. 武帝卽位, 召爲主爵都尉, 以數直諫, 不得久居位. 時是, 太后弟武安侯田蚡爲丞相, 中二千石拜謁, 蚡弗爲禮, 黯見蚡, 未嘗拜, 揖之.

上方招文學儒者, 上曰:「吾欲云云」

黯對曰:「陛下內多欲, 而外施仁義, 奈何欲效唐虞之治乎?」

上怒變色而罷朝, 公卿皆爲黯懼.

上退謂人曰:「甚矣, 汲黯之戇也!」

群臣或數黯, 黯曰:「天子置公卿輔弼之臣, 寧令從諛承意, 陷主於不義乎! 且已在其位, 縱愛身奈辱朝廷何?」

黯多病, 病且滿三月, 上常賜告者數, 終不瘉.

最後嚴助爲請告, 上曰:「汲黯何如人也?」

曰:「使黯任職居官, 亡以瘉人, 然至其輔少主守成, 雖自謂賁育, 弗能奪也」

上曰:「然, 古有社稷之臣, 至如汲黯近之矣」

大將軍靑, 侍中, 上踞廁視之, 丞相弘宴見, 上或時不冠. 至如見黯, 不冠不見也. 上嘗坐武帳, 黯前奏事, 上不冠, 望見黯避帷中, 使人可其奏, 其見敬禮如此.

【汲黯】자는 長儒(?~B.C.112). 西漢 濮陽人. 景帝 때 太子洗馬를 거쳐 武帝 때 謁者가 됨. 東海太守 때 선정을 베풀었으며 九卿에 오름. 무제가 '社稷之臣'이라 칭할 정도로 신임을 받았으며, 淮陽太守에 올랐다가 그 직위에서 생을 마침.《史記》(120)와《漢書》(50)에 傳이 있음.

【景帝】西漢 4대 황제. 劉啓. B.C.156~B.C.141년까지 16년간 재위함. 文帝의 아들이며 梁孝王(劉武)의 형. 文景之治를 이루어 한나라 기반을 다짐.

【太子洗馬】벼슬이름. 태자의 외출에 그 앞에서 선도하는 직무를 담당함. 〈集註〉에 "洗之言, 先也. 太子出, 則前導也"라 함.

【以嚴見憚】너무 엄격하여 꺼림을 당함. 〈集註〉에 "以嚴見憚, 以正直爲景帝 所敬憚也"라 함.

【武帝】西漢 5대 황제 劉徹. 景帝(劉啓)의 아들이며 B.C.140~B.C.87년까지 54년간 재위함. 대내외적으로 학술·강역·문학·문물제도 등 여러 방면에 걸쳐 많은 치적을 남겨 강력한 帝國을 건설함.

【不得久居位】급암이 지나치기 강직하고 직언을 잘 하여 벼슬자리에 오래 있지 못함.

【武安侯田蚡】景帝의 皇后인 王氏의 같은 배에서 난 아우. 무제가 즉위하여 그에게 武安侯의 작위를 주었음. 뒤에 승상에 올랐으며 竇嬰 등과 함께 심한 횡포를 부렸음. 〈集註〉에 "蚡負貴而驕人, 黯獨不爲之屈, 但揖之而已"라 함.

【中二千石】九卿의 벼슬은 연봉이 二千石이었음. 中은 滿과 같음. 〈集註〉에 "中, 滿也. 中二千石, 謂九卿之官, 歲俸滿二千石也"라 함.

【云云】〈集註〉에 "云云, 猶言如此如此, 蓋言效唐虞之治也"라 함.

【內欲多】무제가 다른 욕심만 많이 품고 있음. 〈集註〉에 "心多欲, 如好征伐ㆍ好神仙之類"라 함.

【唐虞之治】唐은 唐堯, 虞는 虞舜. 고대 이상적인 정치를 베풀었던 聖王들.

【戇】어리석고 고집스러우며 우직함. 꽉 막힘.

【嚴助】朱買臣의 同鄕인 會稽 사람으로 주매신을 추천했던 인물. 당시 侍中이었음.

【不愈】병이 낫지 않음. 愈는 瘉, 愈와 같음. 〈集註〉에 "瘉音愈, 下同. 瘉通作愈, 病瘉也"이라 함,

【亡以瘉人】남을 넘어설 정도의 뛰어난 면은 없음. '亡'는 '無'와 같으며 '무'로 읽음. 瘉는 愈, 踰, 癒 등과 같으며 모두 '넘어서다'의 뜻. 위의 '不瘉'의 '瘉'와는 다른 뜻임. 〈集註〉에 "亡, 無同. 瘉, 當作愈, 過也"라 함.

【賁育】孟賁과 夏育. 모두 고대 힘이 세며 용맹하기로 이름이 났던 力士. 〈集註〉에 "孟賁夏育, 皆古之有力者. 言黯之正直, 若託之擁輔幼君, 以保守成業, 雖自謂有賁育之勇者, 亦不能奪其大節也"라 함.

【大將軍靑】衛靑을 가리킴. 자는 仲卿(?~B.C.106). 河東 平陽 출신으로 衛皇后의 아우이며 이름난 장군. 漢 武帝에게 重用되어 大將軍에 올랐으며 長平侯에 봉해짐. 元朔 2년(B.C.127) 흉노를 정벌하고 다시 元狩 4년(B.C.119) 霍去病과 함께 흉노의 주력부대를 격파함. 그의 아들 衛伉ㆍ衛不疑ㆍ衛登도 공을 세워 이름을 날림. 《史記》와 《漢書》에 모두 전이 있음.

【踞廁】'踞厠'으로도 표기하며 예를 차리지 아니하고 책상 끝에 걸터앉는 자세를 말함. 〈集註〉에 "踞, 蹲坐也; 厠, 牀邊側"이라 함.

【丞相弘】公孫弘을 가리킴. 자는 季(B.C.200~B.C.121). 菑川 薛(지금의 山東省 滕縣) 출신. 처음 獄吏였으나 나이 마흔에 《春秋公羊傳》을 공부하여 元光 5년(B.C.130)에 賢良文學科에 올라 博士가 됨. 뒤에 武帝에게 신임을 얻어 元朔 초에 御史大夫에서 丞相에까지 올랐으며 平津侯에 봉해짐. 《史記》와 《漢書》에 傳이 있음.

【宴見】'宴'은 '燕'과 같으며 평상시를 뜻하는 말임. 〈集註〉에 "宴見, 閑時進
　見也"라 함.
【武帳】호위병이 둘러쳐져 있는 장막. 〈集註〉에 "武帳, 帳中置兵衛者"라 함.
【可】決裁. 裁可. 〈集註〉에 "可, 猶是也. 從其奏, 則稱制曰可"라 함.

1. 《史記》 汲鄭列傳

汲黯字長孺, 濮陽人也. 其先有寵於古之衛君. 至黯七世, 世爲卿大夫. 黯以父任,
孝景時爲太子洗馬, 以莊見憚. 孝景帝崩, 太子卽位, 黯爲謁者. 東越相攻, 上使
黯往視之. 不至, 至吳而還, 報曰:「越人相攻, 固其俗然, 不足以辱天子之使.」
河內失火, 延燒千餘家, 上使黯往視之. 還報曰:「家人失火, 屋比延燒, 不足
憂也. 臣過河南, 河南貧人傷水旱萬餘家, 或父子相食, 臣謹以便宜, 持節發河南
倉粟以振貧民. 臣請歸節, 伏矯制之罪.」上賢而釋之, 遷爲滎陽令. 黯恥爲令,
病歸田里. 上聞, 乃召拜爲中大夫. 以數切諫, 不得久留內, 遷爲東海太守. 黯學
黃老之言, 治官理民, 好清靜, 擇丞史而任之. 其治, 責大指而已, 不苛小. 黯多病,
臥閨閤內不出. 歲餘, 東海大治. 稱之. 上聞, 召以爲主爵都尉, 列於九卿. 治務
在無爲而已, 弘大體, 不拘文法. 黯爲人性倨, 少禮, 面折, 不能容人之過. 合己
者善待之, 不合己者不能忍見, 士亦以此不附焉. 然好學, 游俠, 任氣節, 內行
脩絜, 好直諫, 數犯主之顏色, 常慕傅相·袁盎之爲人也. 善灌夫·鄭當時及宗
正劉弃. 亦以數直諫, 不得久居位. 當是時, 太后弟武安侯蚡爲丞相, 中二千石來
拜謁, 蚡不爲禮. 然黯見蚡未嘗拜, 常揖之. 天子方招文學儒者, 上曰吾欲云云,
黯對曰:「陛下內多欲而外施仁義, 奈何欲效唐虞之治乎!」上黙然, 怒, 變色而
罷朝. 公卿皆爲黯懼. 上退, 謂左右曰:「甚矣, 汲黯之戇也!」羣臣或數黯, 黯曰:
「天子置公卿輔弼之臣, 寧令從諛承意, 陷主於不義乎? 且已在其位, 縱愛身,
奈辱朝廷何!」黯多病, 病且滿三月, 上常賜告者數, 終不愈. 最後病, 莊助爲請告.
上曰:「汲黯何如人哉?」助曰:「使黯任職居官, 無以踰人. 然至其]輔少主, 守城
深堅, 招之不來, 麾之不去, 雖自謂賁育亦不能奪之矣.」上曰:「然. 古有社稷
之臣, 至如黯, 近之矣.」大將軍靑侍中, 上踞廁而視之. 丞相弘燕見, 上或時不冠.
至如黯見, 上不冠不見也. 上嘗坐武帳中, 黯前奏事, 上不冠, 望見黯, 避帳中,
使人可其奏. 其見敬禮如此. 張湯方以更定律令爲廷尉, 黯數質責湯於上前,

曰：「公爲正卿, 上不能襃先帝之功業, 下不能抑天下之邪心, 安國富民, 使圄圉空虛, 二者無一焉. 非苦就行, 放析就功, 何乃取高皇帝約束紛更之爲? 公以此無種矣.」黯時與湯論議, 湯辯常在文深小苛, 黯伉厲守高不能屈, 忿發罵曰：「天下謂刀筆吏不可以爲公卿, 果然. 必湯也, 令天下重足而立, 側目而視矣!」是時, 漢方征匈奴, 招懷四夷. 黯務少事, 乘上閒, 常言與胡和親, 無起兵. 上方向儒術, 尊公孫弘. 及事益多, 吏民巧弄. 上分別文法, 湯等數奏決讞以幸. 而黯常毀儒, 面觸弘等徒懷詐飾智仁阿人主取容, 而刀筆吏專深文巧詆, 陷人於罪, 使不得反其眞, 以勝爲功. 上愈益貴弘·湯, 弘·湯深心疾黯, 唯天子亦不說也, 欲誅之以事. 弘爲丞相, 乃言上曰：「右內史界部中多貴人宗室, 難治, 非素重臣不能任, 請徙黯爲右內史.」爲右內史數歲, 官事不廢. 大將軍靑旣益尊, 姊爲皇后, 然黯與亢禮. 人或說黯曰：「自天子欲羣臣下大將軍, 大將軍尊重益貴, 君不可以不拜.」黯曰：「夫以大將軍有揖客, 反不重邪?」大將軍聞, 愈賢黯, 數請問國家朝廷所疑, 遇黯過於平生. 淮南王謀反, 憚黯, 曰：「好直諫, 守節死義, 難惑以非. 至如說丞相弘, 如發蒙振落耳.」天子旣數征匈奴有功, 黯之言益不用. 始黯列爲九卿, 而公孫弘·張湯爲小吏. 及弘·湯稍益貴, 與黯同位, 黯又非毀弘·湯等. 已而弘至丞相, 封爲侯; 湯至御史大夫; 故黯時丞相史皆與黯同列, 或尊用過之. 黯褊心, 不能無少望, 見上, 前言曰：「陛下用羣臣如積薪耳, 後來者居上.」上黙然. 有閒黯罷, 上曰：「人果不可以無學, 觀黯之言也日益甚.」居無何, 匈奴渾邪王率衆來降, 漢發車二萬乘. 縣官無錢, 從民貰馬. 民或匿馬, 馬不具. 上怒, 欲斬長安令. 黯曰：「長安令無罪, 獨斬黯, 民乃肯出馬. 且匈奴畔其主而降漢, 漢徐以縣次傳之, 何至令天下騷動, 罷獘中國而以事夷狄之人乎!」上黙然. 及渾邪至, 賈人與市者, 坐當死者五百餘人. 黯請閒, 見高門, 曰：「夫匈奴攻當路塞, 絶和親, 中國興兵誅之, 死傷者不可勝計, 而費以巨萬百數. 臣愚以爲陛下得胡人, 皆以爲奴婢以賜從軍死事者家; 所鹵獲, 因予之, 以謝天下之苦, 塞百姓之心. 今縱不能, 渾邪率數萬之衆來降, 虛府庫賞賜, 發良民侍養, 譬若奉驕子. 愚民安知市買長安中物而文吏繩以爲闌出財物于邊關乎? 陛下縱不能得匈奴之資以謝天下, 又以微文殺無知者五百餘人, 是所謂『庇其葉而傷其枝』者也, 臣竊爲陛下不取也.」上黙然, 不許, 曰：「吾久不聞汲黯之言, 今又復妄發矣.」後數月, 黯坐小法, 會赦免官. 於是黯隱於田園. 居數年, 會更五銖錢, 民多盜鑄錢, 楚地尤甚. 上以爲淮陽, 楚地之郊, 乃召拜黯爲淮陽太守. 黯伏謝不受印, 詔數彊予, 然後奉詔. 詔召見黯, 黯爲上泣曰：「臣自以爲塡溝壑, 不復見陛下, 不意陛下復收用之. 臣常有狗馬病, 力不能任郡事, 臣願爲中郎, 出入禁闥, 補過拾遺, 臣之

願也.」上曰:「君薄淮陽邪? 吾今召君矣. 顧淮陽吏民不相得, 吾徒得君之重,
臥而治之.」黯既辭行, 過大行李息, 曰:「黯弃居郡, 不得與朝廷議也. 然御史
大夫張湯智足以拒諫, 詐足以飾非, 務巧佞之語, 辯數之辭, 非肯正爲天下言,
專阿主意. 主意所不欲, 因而毁之;主意所欲, 因而譽之. 好興事, 舞文法, 内懷
詐以御主心, 外挾賊吏以爲威重. 公列九卿, 不早言之, 公與之俱受其僇矣.」
息畏湯, 終不敢言. 黯居郡如故治, 淮陽政清. 後張湯果敗, 上聞黯與息言,
抵息罪. 令黯以諸侯相秩居淮陽. 七歲而卒. 卒後, 上以黯故, 官其弟汲仁至九卿,
子汲偃至諸侯相. 黯姑姊子司馬安亦少與黯爲太子洗馬. 安文深巧善宦, 官四至
九卿, 以河南太守卒. 昆弟以安故, 同時至二千石者十人. 濮陽段宏始事蓋侯信,
信任宏, 宏亦再至九卿. 然衛人仕者皆嚴憚汲黯, 出其下.

2.《漢書》張馮汲鄭傳

汲黯字長孺, 濮陽人也. 其先有寵於古之衛君也. 至黯十世, 世爲卿大夫. 以父任,
孝景時爲太子洗馬, 以嚴見憚. 武帝卽位, 黯爲謁者. 東粤相攻, 上使黯往視之.
至吳而還, 報曰:「家人失火, 屋比延燒, 不足憂. 臣過河内, 河内貧人傷水旱萬
餘家, 或父子相食, 臣謹以便宜, 持節發河内倉粟以振貧民. 請歸節, 伏矯制罪.」
上賢而釋之, 遷爲滎陽令. 黯恥爲令, 稱疾歸田里. 上聞, 乃召爲中大夫. 以數切諫,
不得久留内, 遷爲東海太守. 黯學黃老言, 治官民, 好清靜, 擇丞史任之, 責大指
而已, 不細苛. 黯多病, 臥閤内不出. 歲餘, 東海大治, 稱之. 上聞, 召爲主爵都尉,
列於九卿. 治務在無爲而已, 引大體, 不拘文法. 爲人性倨, 少禮, 面折, 不能容
人之過. 合己者善待之, 不合者弗能忍見, 士亦以此不附焉. 然好游俠, 任氣節,
行修潔. 其諫, 犯主之顏色. 常慕傅伯·爰盎之爲人. 善灌夫·鄭當時及宗正劉
棄疾. 亦以數直諫, 不得久居位. 是時, 太后弟武安侯田蚡爲丞相, 中二千石拜謁,
蚡弗爲禮. 黯見蚡, 未嘗拜, 揖之. 上方招文學儒者, 上曰吾欲云云, 黯對曰:
「陛下内多欲而外施仁義, 柰何欲效唐虞之治乎!」上怒, 變色而罷朝. 公卿皆爲
黯懼. 上退, 謂人曰:「甚矣, 汲黯之戇也!」羣臣或數黯, 黯曰:「天子置公卿輔
弼之臣, 寧令從諛承意, 陷主於不誼虖? 且已在其位, 縱愛身, 柰辱朝廷何!」
黯多病, 病且滿三月, 上常賜告者數, 終不瘉. 最後, 嚴助爲請告. 上曰:「汲黯
何如人也?」曰:「使黯任職居官, 亡以瘉人, 然至其輔少主守成, 雖自謂賁育弗
能奪也.」上曰:「然. 古有社稷之臣, 至如汲黯, 近之矣.」大將軍青侍中, 上踞
廁視之. 丞相弘宴見, 上或時不冠. 至如見黯, 不冠不見也, 上嘗坐武帳, 黯前
奏事, 上不冠, 望見黯, 避帷中, 使人可其奏. 其見敬禮如此. 張湯以更定律令
爲廷尉, 黯質責湯於上前, 曰:「公爲正卿, 上不能襃先帝之功業, 下不能化天下之

邪心, 安國富民, 使囹圄空虛, 何空取高皇帝約束紛更之爲? 而公以此無種矣!」
黯時與湯論議, 湯辯常在文深小苛, 黯憤發, 罵曰:「天下謂刀筆吏不可(謂)
[爲]公卿, 果然. 必湯也, 令天下重足而立, 仄目而視矣!」是時, 漢方征匈奴,
招懷四夷. 黯務少事, 間常言與胡和親, 毋起兵. 上方鄉儒術. 尊公孫弘, 及事
益多, 吏民巧. 上分別文法, 湯等數奏決讞以幸. 而黯常毀儒, 面觸弘等徒懷詐
飾智以阿人主取容, 而刀筆之吏專深文巧詆, 陷人於罔, 以自爲功. 上愈益貴弘·
湯·弘·湯心疾黯, 雖上亦不說也, 欲誅之以事. 弘爲丞相, 乃言上曰:「右內史界
部中多貴人宗室, 難治, 非素重臣弗能任, 請徙黯爲右內史.」數歲, 官事不廢.
大將軍靑旣益尊, 姊爲皇后, 然黯與亢禮. 或說黯曰:「自天子欲令羣臣下大將軍,
大將軍尊貴, 誠重, 君不可以不拜.」黯曰:「夫以大將軍有揖客, 反不重耶?」大將
軍聞, 愈賢黯, 數請問以朝廷所疑, 遇黯加於平日. 淮南王謀反, 憚黯, 曰:「黯好
直諫, 守節死義; 至說公孫弘等, 如發蒙耳.」上旣數征匈奴有功, 黯言益不用.
始黯列九卿矣, 而公孫弘·張湯爲小吏. 及弘·湯稍貴, 與黯同位, 黯又非毀弘·湯.
已而弘至丞相封侯, 湯御史大夫, 黯時丞史皆與同列, 或尊用過之. 黯褊心, 不能
無少望, 見上, 言曰:「陛下用羣臣如積薪耳. 後來者居上.」黯罷, 上曰:「人果
不可以無學, 觀汲黯之言, 日益甚矣.」居無何, 匈奴渾邪王帥衆來降, 漢發車二
萬乘. 縣官亡錢, 從民貰馬. 民或匿馬, 馬不具. 上怒, 欲斬長安令. 黯曰:「長安
令亡罪, 獨斬臣黯, 民乃肯出馬. 且匈奴畔其主而降漢, 徐以縣次傳之, 何至令
天下騷動, 罷中國, 甘心夷狄之人乎!」上默然. 後渾邪曰至, 賈人與市者, 坐當死
五百餘人. 黯入, 請間, 見高門, 曰:「夫匈奴攻當路塞, 絶和親, 中國擧兵誅之,
死傷不可勝計, 而費以鉅萬百數. 臣愚以爲陛下得胡人, 皆以爲奴婢, 賜從軍死
者家; 鹵獲, 因與之, 以謝天下, 塞百姓之心. 今縱不能, 渾邪帥數萬之衆來, 虛
府庫賞賜, 發良民侍養, 若奉驕子. 愚民安知市買長安中而文吏繩以爲闌出財
物如邊關乎? 陛下縱不能得匈奴之贏以謝天下, 又以微文殺無知者五百餘人,
臣竊爲陛下弗取也.」上弗許, 曰:「吾久不聞汲黯之言, 今又復妄發矣.」後數月,
黯坐小法, 會赦, 免官. 於是黯隱於田園者數年. 會更立五銖錢, 民多盜鑄錢者,
楚地尤甚. 上以爲淮陽, 楚地之郊也, 召黯拜爲淮陽太守. 黯伏謝不受印綬, 詔數
強予, 然後奉詔. 召上殿, 黯泣曰:「臣自以爲塡溝壑, 不復見陛下, 不意陛下復
收之. 臣常有狗馬之心, 今病, 力不能任郡事. 臣願爲中郎, 出入禁闥, 補過拾遺,
臣之願也.」上曰:「君薄淮陽邪? 吾今召君矣. 顧淮陽吏民不相得, 吾徒得君重,
臥而治之.」黯旣辭, 過大行李息, 曰:「黯棄逐居郡, 不得與朝廷議矣. 然御史
大夫湯智足以距諫, 詐足以飾非, 非肯正爲天下言, 專阿主意. 主意所不欲, 因而

毁之；主意所欲, 因而譽之. 好興事, 舞文法, 內懷詐以御主心, 外挾賊吏以爲重.
公列九卿不早言之何? 公與之俱受其戮矣!」息畏湯·終不敢言. 黯居郡如其故治,
淮陽政淸. 後張湯敗, 上聞黯與息言, 抵息罪. 令黯以諸侯相秩居淮陽. 居淮陽
十歲而卒. 卒後, 上以黯故, 官其弟仁至九卿, 子偃至諸侯相. 黯姊子司馬安亦
少與黯爲太子洗馬. 安文深巧善宦, 四至九卿, 以河南太守卒. 昆弟以安故, 同時
至二千石十人. 濮陽段宏始事蓋侯信, 信任宏, 官亦再至九卿. 然衛人仕者皆嚴
憚汲黯, 出其下.

3.《十八史略》(2)

汲黯獨以嚴見憚, 數切諫不得留內, 爲東海守. 好淸淨, 臥閣內不出, 而郡中大治.
入爲九卿. 上方招文學, 嘗曰:「吾欲云云.」黯曰:「陛下內多欲, 而外施仁義,
奈何欲效唐虞之治乎?」上怒罷朝, 曰:「甚矣! 黯之戇也.」他日又曰:「古有社
稷臣, 黯近之矣.」淮南王安謀反, 曰:「漢廷大臣, 獨汲黯好直諫, 守節死義,
如丞相弘等, 說之如發蒙耳.」黯嘗拜淮陽守, 曰:「臣病, 不能任郡事. 願爲郎中,
出入禁闥, 補過拾遺.」上曰:「君薄淮陽邪? 吾今召君矣. 顧淮陽吏民不相得,
徒得君之重, 臥而治之.」至淮陽, 十歲竟卒. 黯甚爲上所重. 大將軍衛靑雖貴,
上或踞厠見之, 如黯不冠不見也.

325(6-2-13)
정직함을 목숨과 바꾼 고윤

○ 처음, 위魏나라 때 요동공遼東公 적흑자翟黑子가 태무제太武帝에게 총애
가 있었으나, 병주幷州에 사신으로 갔다가 베 천 필匹을 받았다가 일이
발각되자 저작랑著作郎 고윤高允과 모책을 강구하였다.

"주상께서 나에게 물으면 마땅히 사실대로 대답해야 하오, 아니면 이를
숨겨야 하오?"

고윤이 말하였다.

"그대는 유악帷幄의 총신이니 죄가 있으면 사실대로 자수하면 혹 용서를
받을 수도 있을 것이오. 거듭 속일 수는 없소."

중서시랑中書侍郎 최감崔鑒과 공손질公孫質이 말하였다.

"만약 사실대로 자수하였다가는 그 죄를 예측할 수 없으니 잠시 숨기느
니만 못합니다."

적흑자는 고윤을 원망하여 이렇게 말하였다.

"그대는 어찌 사람을 사지로 유인하는가?"

그러고는 들어가 임금을 뵙자 사실대로 대답하지 아니하였다. 임금은
노하여 그를 죽여 버렸다.

임금은 고윤으로 하여금 태자에게 경학을 가르치도록 하였는데, 그만
최호崔浩가 역사 사실을 잘못 기록한 필화사건으로 갇히게 되었다. 이에
태자가 고윤에게 이렇게 일러주었다.

"제가 들어가 지존至尊을 뵙게 되면 그대를 위하여 그 죄에서 벗어날
수 있도록 잘 유도하겠습니다. 지존께서 물으시면 제 말대로 하십시오."

태자는 임금을 뵙고 이렇게 말하였다.

"고윤은 조심성 있고 삼가며 치밀합니다. 게다가 신분도 비천합니다. 그

글은 최호에 의해 쓰인 것이니 청컨대 고윤은 죽음에서 사면해 주십시오.”

임금이 고윤을 불러 물었다.

“국서國書는 모두가 최호에 의해 쓰인 것이오?”

고윤이 대답하였다.

“신이 최호와 더불어 쓴 것입니다. 그러나 최호는 다스리는 일이 많아 단지 총괄하는 정도였을 뿐입니다. 그 저술에 있어서는 제가 최호보다 더 많이 관여하였습니다.”

임금은 노하여 말하였다.

“고윤의 죄는 최호보다 더 심한데 어찌 살아날 수 있겠는가?”

태자는 두려워 임금에게 이렇게 말하였다.

“천자는 위엄이 엄중하시고 고윤은 말단 신하여서 미혹하고 혼란스러워 그 사실의 차례를 잃고 말았던 것입니다. 제가 지난번 물었을 때는 모두 최호가 한 일이라 대답하였습니다.”

임금이 물었다.

“고윤 그대는 진실로 동궁東宮이 지금 말한 것과 같은가?”

고윤이 대답하였다.

“신의 죄는 멸족滅族에 해당합니다. 감히 거짓으로 대답할 수 없습니다. 태자 전하殿下가 저에게 오랫동안 시강侍講을 받으신 터라 신을 애처롭게 여겨 저를 살려주고자 빌기 위한 것일 뿐입니다. 사실 저에게 그런 것을 물은 적도 없었고 저 역시 그렇게 대답한 적도 없었으며 감히 미혹하거나 혼란 때문에 그렇게 한 것도 아닙니다.”

임금이 태자를 돌아보며 이렇게 말하였다.

“정직하도다! 이는 사람의 정으로써 해내기 어려운 것이건만 고윤은 능히 해내었다. 죽음에 임하여 말을 바꾸지 않은 것은 믿음이요, 신하가 되어 임금을 속이지 않은 것은 곧음이로다. 의당 특별히 그 죄를 면해 주고 그 집안에 정표旌表를 내리노라.”

그러고는 드디어 사면해 주었다.

다른 날에 태자가 고윤을 꾸짖어 말하였다.

“내 그대를 죽음에서 벗어나게 해 주고자 한 일이었는데, 그대는 어찌 내 말을 따르지 않았소?"

고윤은 이렇게 말하였다.

"저는 최호와 사실 국사를 편찬하는 일을 함께하였습니다. 생사와 영욕은 의리로 보아 나 홀로 그와 달리 할 수가 없는 것입니다. 진실로 전하의 자비로움을 두 번이나 만났으나 양심을 위배하여 구차스럽게 죽음을 면하는 것은 제가 바라던 바가 아니었습니다."

태자는 감동한 빛을 띠며 감탄하고 칭찬하였다.

고윤은 물러나와 사람들에게 이렇게 말하였다.

"내가 동궁의 지도를 받들지 않은 것은, 내가 적흑자에게 했던 말을 내 자신이 저버리는 것을 두려워하였기 때문이었다."

○ 初, 魏遼東公翟黑子, 有寵於太武, 奉使幷州, 受布千匹, 事覺. 黑子謀於著作郎高允曰:「主上問我, 當以實告? 爲當諱之?」

允曰:「公帷幄寵臣, 有罪首實, 庶或見原, 不可重爲欺罔也.」

中書侍郎崔鑒·公孫質曰:「若首實, 罪不可測, 不如姑諱之.」

黑子怨允曰:「君奈何誘人就死地?」

入見帝, 不以實對, 帝怒殺之.

帝使允授太子經, 及崔浩以史事被收, 太子謂允曰:「入見至尊, 吾自導卿. 脫至尊有問, 但依吾語.」

太子見帝言:「高允小心愼密, 且微賤, 制由崔浩, 請赦其死.」

帝召允問曰:「國書皆浩所爲乎?」

對曰:「臣與浩共爲之, 然浩所領事多, 總裁而已, 至於著述, 臣多於浩.」

帝怒曰:「允罪甚於浩, 何以得生?」

太子懼曰:「天威嚴重, 允小臣, 迷亂失次耳, 臣曏問, 皆云浩所爲.」

帝問:「允信如東宮所言乎?」

對曰:「臣罪當滅族, 不敢虛妄, 殿下以臣侍講日久, 哀臣欲丐其生耳. 實不問臣, 臣亦無此言, 不敢迷亂.」

帝顧謂太子曰:「直哉! 此人情所難, 而允能爲之. 臨死不易辭, 信也; 爲臣不欺君, 貞也. 宜特除其罪, 以旌之.」

遂赦之.

他日太子讓允曰:「吾欲爲卿脫死, 而卿不從何也?」

允曰:「臣與崔浩實同史事, 死生榮辱, 義無獨殊. 誠荷殿下再造之慈, 違心苟免, 非臣所願也.」

太子動容稱嘆. 允退謂人曰:「我不奉東宮指導者, 恐負翟黑子故也.」

【魏】 남북조시대의 北魏. 386~534년까지 존속하였으며, 鮮卑族 道武帝 拓跋珪가 세운 왕조. 처음 山西 大同에 도읍을 정하였다가 洛陽으로 천도하였으며, 급속히 漢化하여 拓跋氏 성을 元氏로 바꿈. 그 때문에 흔히 元魏라고도 칭함. 뒤에 西魏와 東魏로 분리되었다가 다시 北齊와 北周에게 이어졌으며, 모두 北周 楊堅에 의해 망하고 隋나라가 들어서 천하를 통일함.

【翟黑子】 인명. 太武帝의 총신.

【太武】 太武帝. 北魏의 3대 임금 拓跋燾(424~452년 在位). 廟號는 世祖.《魏書》와《北史》를 참조할 것.

【并州】 지금의 山西 太原.

【高允】 자는 伯恭. 山東 渤海 사람.《魏書》(48)와《北史》(31) 高允傳을 참조할 것.

【帷幄寵臣】 국가의 기밀을 직접 참여하여 함께 다룰 정도의 총애하는 신하. 帷幄은 원래 휘장을 친 군영을 뜻하나, 뒤에는 국가의 기밀을 다루는 궁궐 조정을 뜻하는 말로 쓰임.

【首實】 사실대로 자수함.

【崔鑒·公孫質】 인명, 世祖의 신하이며 中書侍郎.《魏書》에는 '崔鑒'이 '崔覽'으로 되어 있으며,《北史》에는 '崔鑒'으로 되어 있음.

【太子】 太武帝의 맏아들 拓跋晃을 가리킴. 황위에 오르지는 못하였으며, 그의 아들 拓跋濬이 올라 북위 4대 황제 文成帝가 됨. 뒤에 그를 恭宗景穆皇帝로

추존함. 그 때문에 《魏書》에는 '恭宗'으로, 《北史》에는 '景穆'으로 표기하고
있음.

【崔浩】 자는 伯淵. 청하 사람으로 경사와 음양 등에 밝았으며, 박사좨주(博士
祭酒)에 올라 武城子에 봉해짐. 뒤에 국사 편찬에 참여하였다가 필화사건
으로 三族의 誅滅을 당함. 《魏書》(35)와 《北史》(21) 崔宏傳에 그의 전이 실려
있음.

【至尊】 천자를 가리키는 말.

【欲丐其生】 생명을 살려주기를 빌고자 함. '丐'는 '乞'과 같음.

【義無獨殊】 의로 보아 나 홀로 특별히 다른 것이 있을 수 없음. '殊'는 '異'와
같음.

【恐負翟黑子】 적흑자에게 했던 말을 저버릴까 두려워 그렇게 한 것임.

참고 및 관련 자료

1. 《魏書》(48) 高允傳

遼東公翟黑子, 有寵於世祖, 奉使幷州, 受布千匹, 事尋發覺. 黑子請計於允曰:
「主上問我, 爲首爲諱乎?」 允曰: 「公帷幄寵臣, 答詔宜實. 又自告忠誠, 罪必無慮.」
中書侍郎崔覽·公孫質等咸言: 「首實, 罪不可測, 宜諱之.」 黑子以覽等爲親己,
而反怒允曰: 「如君言, 誘我死, 何其不直!」 遂與允絶. 黑子以不實對, 竟爲世祖
所疏, 終獲罪戮. ……初, 浩之被收也, 允直中書省. 恭宗使東宮侍郎吳延召允,
仍劉宿宮內. 翌日, 恭宗入奏世祖, 命允驂乘. 至宮門, 謂曰: 「入當見至尊, 吾自
導卿. 脫至尊有問, 但依吾語.」 允請曰: 「爲何等事也?」 恭宗曰: 「入自知之.」
既入見帝. 恭宗曰: 「中書侍郎高允自在臣宮, 同處累年, 小心密愼, 臣所委悉.
雖與浩同事, 然允微賤, 制由於浩, 請赦其命.」 世祖召允, 謂曰: 「國書皆崔浩
作不?」 允對曰: 「《太祖記》, 前著作郎鄧淵所撰. 《先帝記》及《今記》, 臣與浩
同作, 然浩綜務處多, 總裁而已, 至於注疏, 臣多於浩.」 世祖大怒曰: 「此甚於浩,
安有生路!」 恭宗曰: 「天威嚴重, 允是小臣, 迷亂失次耳, 臣向備問, 皆云浩作.」
世祖問: 「如東宮言不?」 允曰: 「臣以下才, 謬參著作, 犯逆天威, 罪應滅族, 今已
分死, 不敢虛妄, 殿下以臣侍講日久, 哀臣欲乞命耳. 實不問臣, 臣無此言. 臣以
實對, 不敢迷亂.」 世祖謂恭宗曰: 「直哉! 此人情所難, 而能臨死不移, 不亦難乎!
且對君以實, 貞臣也. 如此言, 寧失一有罪, 宜宥之.」 允竟得免. 於是召浩前, 使人

詰浩. 浩惶惑不能對. 允事事申明, 皆有條理. 時世祖怒甚, 敕允爲詔, 自浩已下·
僮吏已上百二十八人皆夷五族. 允持疑不爲, 頻詔催切. 允乞更一見, 然後爲詔.
詔引前, 允曰:「浩之所坐, 若更有餘釁, 非臣敢知. 直以犯觸, 罪不至死」世祖怒,
命介士執允. 恭宗拜請. 世祖曰:「無此人忿朕, 當有數千口死矣」浩竟族滅,
餘皆身死. 宗欽臨刑, 歎曰:「高允其殆聖乎!」恭宗後讓允曰:「人當知機, 不知機,
學復何益? 當爾之時, 吾導卿端緒, 何故不從人言, 怒帝如此. 每一念之, 使人
心悸」允曰:「臣東野凡生, 本無宦意. 屬休延之會, 應旌弓之擧, 釋褐鳳池, 仍參
麟閣, 尸素官榮, 妨賢已久. 夫史籍者, 帝王之實錄, 將來知炯戒, 今之所以觀往,
後之所以知今. 是以言行擧動, 莫不備載, 故人君愼焉. 然浩世受殊遇, 榮曜當時,
孤負聖恩, 自貽灰滅. 卽浩之跡, 時有可論. 浩以蓬蒿之才, 荷棟梁之重, 在朝
無謇諤之節, 退私無委蛇之稱, 私欲沒其公廉, 愛憎蔽其直理, 此浩之責也. 至於
書朝廷起居之跡, 言國家得失之事, 此亦爲史之大體, 未爲多違. 然臣與浩實同
其事, 死生榮辱, 義無獨殊. 誠荷殿下大造之慈, 違心苟免, 非臣之意」恭宗動
容稱歎, 允後與人言:「我不奉東宮導旨者, 恐負崔黑子」

2. 《北史》(31) 高允傳

高允字伯恭, 渤海蓨人, 漢太傅袠之後也.……

遼東公翟黑子, 有寵於太武, 奉使幷州, 受布千疋, 事發. 黑子問允:「主上問我,
首乎? 諱乎?」允曰:「公帷幄寵臣, 答詔宜實」中書侍郎崔鑒·公孫質等咸言宜
諱之. 黑子以鑒等爲親己, 怒而絶允, 而不以實對, 終獲罪戮. ……初, 浩之被收,
允直中書省. 景穆使召允, 劉宿宮內. 翌日, 命驂乘至宮門, 謂曰:「入當見至尊,
吾自導卿. 脫至尊有問, 但依吾語」旣入見, 景穆曰:「允小心愼密, 且微賤, 制由
於浩, 請赦之」帝召允謂曰:「國書皆崔浩作不?」允曰:「《太祖記》, 前著作郎
鄧彦海所撰.《先帝記》及《今記》, 臣與浩同作, 然而臣多於浩」帝大怒曰:「此甚
於浩, 安有生路!」景穆曰:「天威嚴重, 允迷亂失次耳, 臣向問, 皆云浩作」帝問:
「如東宮言不?」允曰:「臣罪應滅族, 不敢虛妄. 殿下以臣侍講日久, 哀臣乞命耳.
實不問臣, 不敢迷亂」帝謂景穆曰:「直哉! 此亦人情所難, 而能臨死不移. 且對
君以實, 貞臣也. 寧失一有罪, 宜宥之」允竟得免. 於是召浩前, 使人詰, 惶惑
不能對. 允事事申明, 皆有條理. 時帝怒甚, 敕允爲詔, 自浩以下·僮吏以上,
一百二十八人皆夷五族. 允持疑不爲, 頻詔催切. 允乞更一見, 然後爲詔. 詔引前,
允曰:「浩之所坐, 若更有餘釁, 非臣敢知. 直以犯觸, 罪不至死」帝怒, 命介士
執允. 景穆拜請. 帝曰:「無此人忿朕, 當有數千口死矣!」浩竟族滅, 餘皆身死.
宗欽臨刑, 歎曰:「高允其殆聖乎!」景穆後讓允, 以不同己所導之言而令帝怒.

允曰:「夫史籍, 帝王之實錄, 將來知炯誡, 今之所以觀往, 後之所以知今. 是以言行舉動, 莫不備載, 故人君愼焉. 然浩世受殊遇, 榮曜當時, 私欲沒其公廉, 愛憎蔽其直理, 此浩之責也. 至於書朝廷起居之跡, 言國家得失之事, 此爲史之大體, 未爲多違. 然臣與浩實同其事, 死生義無獨殊. 誠荷殿下再造之慈, 違心苟免, 非臣之意.」景穆動容稱歎, 允後與人言曰:「我不奉東宮導旨者, 恐負崔黑子也.」

326(6-2-14)
먼저 국법부터 속인다면

○ 이군행李君行 선생은 이름은 잠潛이며 건주虔州 사람이다. 그가 서울로 가면서 사주泗州에 이르러 유숙하게 되었다. 그 때 그의 자제들이 먼저 앞서 가겠다고 청하자 이군행이 그 이유를 물었다. 그러자 자제들은 이렇게 대답하는 것이었다.

"과거 날짜가 가까워, 먼저 서울에 도착하여 개봉開封에 호적戶籍을 올려 놓고 응시할 자격을 받고자 함입니다."

이군행은 이를 허락지 않으면서 이렇게 말하였다.

"너는 건주 사람이다. 너의 호적을 개봉으로 옮겨놓는다니, 이는 임금을 섬기고자 함인데 도리어 먼저 임금을 속이는 것이 되니, 이것이 옳은 것이겠는가? 차라리 몇 해 늦어질지언정 그렇게 해서는 안 되느니라."

○ 李君行先生, 名潛, 虔州人, 入京師, 至泗州留止, 其子弟請先往, 君行問其故, 曰:「科場近, 欲先至京師, 貫開封戶籍取應.」 君行不許曰:「汝虔州人, 而貫開封戶籍, 欲求事君, 而先欺君, 可乎? 寧遲緩數年, 不可行也.」

【李君行】李潛. 자는 君行. 宋나라 때 虔州 興國 사람. 劉師正에게 수학하여 행동이 독실하였으며, 英宗 때 진사에 올라 太學博士, 校書郎을 지냄.《宋元學案》(19) 참조.
【京師】서울. 北宋 때 서울은 汴京(汴梁), 즉 開封府였음.

【泗州】지금의 安徽省 泗縣.

【貫開封戶籍】戶籍을 開封府에 실어 係留해 놓음. 개봉 사람인 양 옮겨놓고 응시 원서를 취득하고자 함을 말함. 〈集註〉에 "貫, 猶係也"라 함.

＊〈集註〉에 "冒籍以應擧, 欺君矣"라 함.

1. 《童蒙訓》卷上 呂本中

李君行先生, 自虔州入京師, 至泗州留止, 其子弟請先往, 君行問其故, 曰:「科場近, 欲先至京師, 貫開封戶籍取應.」君行不許曰:「汝虔州人, 而貫開封戶籍, 欲求事君, 而先欺君, 可乎? 寧緩數年, 不可行也.」

최원위의 어머니

○ 최원위崔元暐, 崔玄暐의 어머니 노씨盧氏가 일찍이 아들 원위에게 이렇게 경계하였다.

"내 너의 이종형 둔전랑중屯田郎中 신원어辛元馭를 만났더니 그가 이렇게 말하더구나. '아들로서 벼슬길에 있는 자가, 어떤 사람이 와서 그는 너무 가난하게 벼슬살이를 하여 스스로 생존할 수 없을 정도라고 말한다면 이는 좋은 소식이지만, 만약 물자가 충족하여 옷은 가볍고 말은 살쪄 있다는 말을 들으면 이는 나쁜 소식이다'라고 말이다. 나는 이를 틀림없는 논리라고 여겼다.

요즈음 보건대 친표親表의 친척들 중에 벼슬하는 자로써 장차 돈이나 물건을 그 부모에게 가져다 바치면, 부모는 단지 즐겁게 여길 줄만 알았지 끝내 그 물건이 어디에서 난 것인지를 묻지 않는다. 그것이 틀림없이 봉록을 받아쓰고 남은 것이라면 진실로 훌륭한 일이지만, 만약 그것이 비리를 저질러 얻은 것이라면 이는 도적과 무슨 구별이 있겠느냐? 비록 큰 허물은 없을지라도 홀로 마음속에 부끄럽지 않겠느냐?"

최원위는 어머니의 이러한 가르침과 경계를 준수하고 받들어, 청렴함과 삼감으로 칭송을 받았다.

○ 崔元暐母盧氏, 嘗誡元暐曰：「吾見姨兄屯田郎中辛元馭, 曰：『兒子從宦者, 有人來云貧乏不能存, 此是好消息；若聞貲貨充足, 衣馬輕肥, 此惡消息.』吾嘗以爲確論. 比見親表中仕宦者, 將錢

物上其父母, 父母但知喜悅, 竟不問此物從何而來, 必是祿俸餘資,
誠亦善事, 如其非理所得, 此與盜賊何別? 縱無大咎, 獨不內愧
於心?」

　元暐遵奉敎誡, 以淸謹見稱.

【崔元暐】崔玄暐(638~706). 崔曄. 당나라 때 博陵 安平사람. 中書令을 역임함.
　시호는 文獻이며《文館詞林策》 등을 남김.《舊唐書》(91),《新唐書》(120)에
　전이 있으며《舊唐書》에는 崔元暐로 되어 있음. 이는 則天武后 아버지 이름
　을 諱한 것임.《小學諺解》와 다른 판본에는 모두 ‘崔玄暐’로 되어 있음.
【姨兄】이종형. ‘辛元馭’도 역시 다른 기록에는 모두 ‘辛玄馭’로 되어 있음.
【屯田郎中】벼슬 이름. 屯田의 일을 담당하는 관직.
【比見】‘요즈음, 요 근래’이라는 뜻.
【親表】親은 같은 성씨의 사촌, 表는 外姓으로서의 사촌을 말함.
【非理所得】비리를 저질러 얻는 소득.〈集註〉에 “如竊官·物剝民財, 皆是”
　라 함.
【大咎】大罪.〈集註〉에 “咎, 罪也. 言罪雖幸免, 心實有愧矣”라 함.

　참고 및 관련 자료

1.《舊唐書》(91) 崔玄暐傳

崔玄暐, 博陵安平人也. 以字下體有則天祖諱, 改爲玄暐. ……其母盧氏嘗誡之曰:
「吾見姨兄屯田郎中辛玄馭云:『兒子從宦者, 有人來云貧乏不能存, 此是好消息;
若聞貲貨充足, 衣馬輕肥, 此惡消息.』吾常重此言, 以爲確論. 比見親表中仕
宦者, 多將錢物上其父母, 父母但知喜悅, 竟不問此物從何而來, 必是祿俸餘資,
誠亦善事. 如其非理所得, 此與盜賊何別? 縱無大咎, 獨不內愧於心? 孟母不受
魚鮓之饋, 蓋爲此也. 汝今坐食祿俸, 榮幸已多, 若其不能忠淸, 何以戴天履地?
孔子云:『雖日殺三牲之養, 猶爲不孝.』又曰:『父母惟其疾之憂.』特宜修身潔己,
勿累吾此意也.」玄暐遵奉敎誡, 以淸謹見稱. 尋授天官郎中, 天鳳閣舍人.

2.《新唐書》(120) 崔玄暐傳

崔玄暐, 博陵安平人, ……母盧, 有賢操, 常戒玄暐曰:「吾聞姨兄辛玄馭云:
『子姓仕宦, 有言其貧窶不自存, 此善也; 若貲貨盈衍, 惡也.』吾嘗以爲確論. 比見
親表仕者務多財以奉親, 而親不究所從來. 必出于祿稟則善, 如其不然, 何異
盜乎? 若今爲吏, 不能忠清, 無以戴天履地. 宜識吾意.」故玄暐所守以清白名.
母亡, 哀毁, 甘露降庭樹.

3.《家範》(3) 父母篇 司馬光

唐中書令崔玄暐, 初爲庫部員外郎, 母盧氏, 嘗戒之曰:「吾嘗聞姨兄辛玄馭,
云:『兒子從官於外, 有人來言其貧窶不能自存, 此吉語也; 言其富足車馬輕肥,
此惡語也.』吾嘗重其言. 比見中表仕宦者, 多以金帛獻遺其父母, 父母但知忻悅,
不問金帛所從來, 若以非道得之, 此乃爲盜而未發者耳. 安得不憂而更喜乎? 汝今
坐食俸祿, 苟不能忠清, 雖日殺三牲, 吾猶食之不下咽也.」玄暐由是以廉謹著名.

328(6-2-16)
제대로 알아듣지 못한 충고

○ 대제待制 유기지劉器之가 처음 등과登科하여 두 사람의 동년同年과 함께 참정參政 장관張觀을 뵈었다. 세 사람이 함께 몸을 일으켜 가르침을 청하자 장관이 이렇게 일러 주었다.

"나는 관직을 지켜온 이래 항상 네 글자를 견지하였다. 바로 부지런할 근勤·삼갈 근謹·화할 화和·느릴 완緩이다."

말씀 도중에 한 사람의 후생後生이 그 말을 맞받아 이렇게 말하였다.

"근勤·근謹·화和는 이미 가르침을 들어 알겠습니다. 그러나 완緩이라는 한 글자는 저로서는 듣지 못하였습니다."

그러자 장관이 정색을 하여 화를 내며 이렇게 말하였다.

"어찌 일찍이 똑똑한 자네들에게 느려 터져 일을 제대로 처리하지 말라고 가르치겠는가? 게다가 세상 어떤 일인들 급하게 서둘렀는데도 뒤에 일을 그르치지 않았다고 말할 수 있겠는가?"

○ 劉器之待制, 初登科, 與二同年謁張觀參政. 三人同起身請教, 張曰:「某自守官以來, 常持四字, 勤謹和緩.」

中間, 一後生應聲曰:「勤謹和旣聞命矣, 緩之一字, 某所未聞.」

張正色作氣曰:「何嘗敎賢緩不及事? 且道世間甚事不因忙後錯了?」

【劉器之】劉安世(1048~1125). 宋나라 때 大名府 元城 사람으로 元城先生이라 부름. 劉航의 아들이며 神宗 때 진사에 올랐으나 나가지 아니하고 司馬光

에게 학문을 배움. 사마광이 재상이 되자, 사마광과 呂公著의 추천으로
右正言에 오름. 寶文閣待制·諫議大夫·樞密都承旨 등에 올랐으나, 章惇의
탄핵을 입어 海州로 유배당하기도 하였음. 시호는 忠定.《盡言集》등을 남겼
으며,《宋史》(345)에 전이 있음.

【待制】유안세가 寶文閣待制를 지내어 그렇게 부른 것임.

【同年】같은 해 과거를 합격한 사람끼리 부르는 칭호.

【張觀】山西 絳州 사람이며 자는 思正(985~1050). 어려서 학문을 좋아하였으며,
인종 때 진사에 장원으로 오름. 給事中·權御史中丞 등을 역임하였으며, 戶部
尙書 등을 역임함. 평생 楷書를 잘 썼으며, 시호는 父孝.《宋史》(276)에 전이
있음.

【聞命】'명하여 가르쳐 주신대로 잘 듣겠습니다'의 뜻.

【緩不及事】너무 느려 터져 일을 제 때에 처리하지 못함.〈集註〉에 "蓋緩非
迂緩不及事之謂, 乃從容不忙迫之謂也"라 함.

【且道】'게다가 ~라고 말하다'의 뜻을 강조하는 白話語 구문. 道는 '말하다'
(說, 白)의 뜻.

【甚事】백화어 '甚麽事'를 줄인 것. '그 어떤 일'이라는 뜻.

【錯了】'착오를 일으키다. 그르치고 말다'의 백화어 표현.

참고 및 관련 자료

1.《呂氏雜錄》과《晁氏家語》를 참조할 것.

329(6-2-17)
위정에 무슨 어려움이

○ 이천伊川 정이程頤 선생이 말하였다.

"안정安定 호굉胡宏의 문인들은 왕왕 옛일을 상고하여 백성을 사랑할 줄 아니, 정사政事하는 데 무슨 어려움이 있겠는가?"

○ 伊川先生曰:「安定之門人, 往往知稽古愛民矣, 則於爲政也, 何有?」

【伊川】 程頤(1033~1107). 자는 正叔, 廣平先生이라 불렸으나 이천(伊川, 지금의 洛陽 남쪽)에 살아 흔히 伊川先生이라 불렸음. 그의 형 程顥(明道先生)와 더불어 北宋 理學 四派 즉, 濂溪學派(周敦頤)·百源學派(邵雍)·關學派(張載)와 더불어 洛學派의 대표적인 인물이며 小程子로 불림. 이들 학통이 南宋 閩學派(朱熹)에게로 이어진 것임.

【安定】 원래는 지명. 지금의 胡瑗이 그곳에 살아 그를 安定先生이라 불렸음. 胡瑗(993~1059)을 가리킴. 자는 翼之. 范仲淹의 추천으로 벼슬길에 올라 鐘律을 정리하였으며, 天章閣待制·太常博士 등을 지냄. 뒤에 敎學에 힘써 제자가 수백 명에 이르렀음. 저술로 《周易口議》·《洪範口議》·《皇祐新樂圖記》 등이 있으며 《宋史》(432) 儒林傳에 전이 있음.

【門人】 安定先生 胡瑗의 문인으로 뛰어난 이들. 劉彝·錢藻·孫覺·范純仁·錢公輔 등이 있음.

【稽古】 옛것을 상고하여 익히는 일.

【爲政】 직접 정치에 참여하여 자신이 익힌 옛 것을 실천하여 봄.

【何有】“何有之難”의 줄인 말.

 ＊〈集註〉에 “稽古經義, 齋之事; 愛民治事, 齋之事, 何有言不難也?”라 함.

1.《二程遺書》에 실려 있음.

330(6-2-18)
여희철 부자

○ 여형공呂榮公은 어려서부터 자신의 관직을 지키고 있을 뿐, 남에게 더 높은 자리를 위해 천거해 달라고 부탁을 한 적이 없었다. 그 아들 순종舜從도 회계會稽에 벼슬하고 있을 때, 어떤 이가 순종을 두고 알아주는 자를 찾지 않는 자라고 기롱하자 순종은 이렇게 대꾸하였다.

"내 직무에 근면할 뿐 그 외의 일은 감히 신중히 하지 않을 수 없는 것이오. 이것이 바로 내가 알아줄 자를 찾는 방법이라오."

○ 呂榮公自少官守處, 未嘗干人擧薦. 其子舜從守官會稽, 人或譏其不求知者, 舜從對曰:「勤於職事, 其他不敢不愼, 乃所以求知也.」

【呂榮公】呂希哲(1039~1116). 자는 原明. 壽州 사람으로 呂公著의 아들. 처음에는 石介, 胡瑗 등을 스승으로 하였다가 뒤에 다시 程顥·程頤·張載를 따라 배움. 과거를 포기하고 古學에 힘써 蔭官으로 벼슬길에 오름. 元祐黨籍으로 몰려 좌천되었다가 뒤에 光祿少卿에 올랐으며 榮陽郡公을 지내어 榮公이라 부름. 저술로 《呂氏雜記》가 있음. 《宋史》(336) 呂公著에 전이 함께 들어 있음.
【擧薦】천거와 같음. 추천을 거쳐 벼슬에 등용됨.
【舜從】여희철의 둘째 아들. 呂疑問. 자는 舜從.
【會稽】지명. 지금의 浙江省 紹興.

1.《童蒙訓》卷中 呂本中

呂滎公與諸父自少官守處, 未嘗干人擧薦, 以爲後生之戒. 仲父舜從守官會稽, 人或譏其不求知者, 仲父對詞:「甚好, 勤於職事, 其他不敢不愼, 乃所以求知也.」

331(6-2-19)
진효부의 의리

○ 한漢나라 때 진효부陳孝婦가 나이 열여섯에 시집을 가서 아직 아이가 없었는데 그 남편이 수자리를 가게 되었다.

그는 장차 떠나면서 효부에게 이렇게 부탁하였다.

"나의 생사는 알 수 없소. 다행이 노모가 계시지만 나에게는 어머니를 봉양할 다른 형제가 없구려. 내가 돌아오지 않아도 그대는 어머니를 봉양해 드리겠소?"

아내가 응답하였다.

"그렇게 하리다."

남편은 과연 죽어 돌아오지 못하였다.

부인은 시어머니를 모시기에 조금도 게을리하지 않았으며 자애로움은 갈수록 견고하였다. 길쌈과 바느질로 가업을 삼으며 끝내 개가할 뜻을 갖지 않았다. 남편의 삼년상을 치르고 나자, 그의 친정 부모는 그가 어린 나이에 아이도 없으면서 일찍 과부가 된 것을 애처롭게 여겨 장차 개가시키고자 하였다.

그러자 효부는 이렇게 말하였다.

"남편이 떠날 때 나에게 늙으신 어머니를 잘 받들어 모시도록 부탁하였습니다. 제가 이미 그리하겠노라 허락하였습니다. 그런데 무릇 늙은 시어머니를 모시면서 그 끝을 능히 마치지 못하고, 남에게 허락해 놓고 이를 능히 믿음을 저버린다면 장차 어떻게 세상에 설 수가 있겠습니까?"

그러면서 자살하고자 하였다. 부모도 두려워 감히 개가를 거론하지 못하였다. 드디어 그는 시어머니를 28년이나 모셨고, 시어머니는 여든 살에 천수를 다하고 죽었다. 그는 전답과 집, 재물을 팔아 장례를 치렀으며 끝까지 제사를 받들어 모셨다.

　회양태수淮陽太守가 이를 조종에 알리자, 조정에서는 사신을 보내어 황금 40근을 하사하면서 종신토록 세금과 부역을 면제하여, 더 이상 그러한 의무가 부과되지 않아도 되도록 해 주었다. 그리고 그에게 효부孝婦라는 호를 내려주었다.

　○ 漢陳孝婦, 年十六而嫁, 未有子, 其夫當行戍.

　且行時, 屬孝婦曰:「我生死未可知, 幸有老母, 無他兄弟備養, 吾不還, 汝肯養吾母乎?」

　婦應曰:「諾.」

　夫果死不還, 婦養姑不衰, 慈愛愈固, 紡績織紝, 以爲家業, 終無嫁意. 居喪三年, 其父母哀其少無子而早寡也, 將取嫁之.

　孝婦曰:「夫去時, 屬妾以供養老母, 妾旣許諾之, 夫養人老母, 而不能卒; 許人以諾, 而不能信, 將何以立於世?」

　欲自殺, 其父母懼而不敢嫁也. 遂使養其姑二十八年, 姑八十餘, 以天年終. 盡賣其田宅財物以葬之, 終奉祭祀.

　淮陽太守以聞, 使使者賜黃金四十斤, 復之終身無所與, 號曰孝婦.

【陳】 현 이름. 춘추시대 陳나라 영역. 秦나라가 천하를 통일한 다음 현으로 강등시켰으며, 漢나라 때는 淮陽國에 소속되었음. 지금의 河南 淮陽. 진효부란 陳縣의 孝婦라는 뜻.

【戍】 戍자리의 軍役에 나감.

【屬】 囑과 같음. 부탁함, 위촉함.

【備養】 부모의 봉양을 대비함. 원래 큰아들이 나가면 다음 아들이 그 봉양을 대비함을 뜻함.

【居喪三年】 참최(斬衰)를 가리킴. 가장 중한 상복. 참최(斬衰)는 '斬縗'와 같음. 오복 중 가장 중한 것. 거친 베로 만들며 옷 가장자리를 꿰매지 않음.

자녀가 부모의 상에 입으며 며느리가 시아버지, 남편의 상에, 장손이 조부모의 상에 입는 상복.

【太守】秦漢 시대 군의 행정장관. 梁端의 《校注》에 "(漢)文帝十年, 梁孝文自淮陽遷梁. 文帝淮陽置太守, 當在此後"라 함.

【以聞】아랫사람이 윗사람에게 사실을 알려 보고함을 뜻함.

【復】충신, 효자, 열녀나 그 자녀에게 稅金과 賦役·勞役·徭役을 면제하는 우대 정책의 하나. 〈集註〉에 "復, 謂除其家之役"이라 함.

【無所與】그에게 부과가 미치지 않도록 함. 〈集註〉에 "與, 猶及也"라 함.

1. 《列女傳》貞順篇 陳寡孝婦

孝婦者, 陳之少寡婦也. 年十六而嫁, 未有子, 其夫當行戍. 夫且行時, 屬孝婦曰: 「我生死未可知, 幸有老母, 無他兄弟, 備吾不還, 汝肯養吾母乎?」婦應曰: 「諾.」夫果死不還. 婦養姑不衰, 慈愛愈固, 紡績以爲家業, 終無嫁意. 居喪三年, 其父母哀其年少無子而早寡也, 將取而嫁之. 孝婦曰: 「妾聞之: 信者, 人之幹也; 義者, 行之節也. 妾幸得離襁褓, 受嚴命而事夫. 夫且行時, 屬妾以其老母, 旣許諾之. 夫受人之託, 豈可棄哉? 棄託不信, 背死不義, 不可也.」母曰: 「吾憐汝少年早寡也.」孝婦曰: 「妾聞寧載於義而死, 不載於地而生. 且夫養人老母而不能卒, 許人以諾而不能信, 將何以立於世? 夫爲人婦, 固養其舅姑者也; 夫不幸先死, 不得盡爲人子之禮. 今又使妾去之, 莫養老母, 是明夫之不肖, 而著妾之不孝, 不孝不信且無義, 何以生哉?」因欲自殺, 其父母懼而不敢嫁也, 遂使養其姑二十八年, 姑年八十四, 壽乃盡, 賣其田宅以葬之, 終奉祭祀. 淮陽太守以聞, 漢孝文皇帝高其義, 貴其信, 美其行, 使使者賜之黃金四十斤, 復之終身, 號曰「孝婦」. 君子謂: 「孝婦備於婦道」詩云: 『匪直也人, 秉心塞淵.』此之謂也. 頌曰: 『孝婦處陳, 夫死無子. 妣將嫁之, 終不聽母. 專心養姑, 一醮不改. 聖王嘉之, 號曰孝婦.』

2. 《家範》(8) 妻上篇 司馬光

漢陳孝婦, 年十六而嫁, 未有子, 其夫當行戍. 夫且行時, 屬孝婦曰: 「我生死未可知, 幸有老母, 無他兄弟備養, 吾不還, 汝肯養吾母乎?」婦應曰: 「諾」夫果死不還, 婦養姑不衰, 慈愛愈固, 紡績織紝, 以爲家業, 終無嫁意. 居喪三年, 其父母哀其年少無子而早寡也, 將取而嫁之. 孝婦曰:「夫行時, 屬妾以其老母, 妾旣許諾之, 夫養人老母, 而不能卒; 許人以諾, 而不能信, 將何以立于世?」欲自殺, 其父母懼而不敢嫁也. 遂使養其姑二十八年, 姑八十餘, 以天年終. 盡賣其田宅財物以葬之, 終奉祭祀. 淮陽太守以聞, 孝文皇帝使使者賜黃金四十斤, 復之終身無所與, 號曰孝婦.

3.《太平御覽》415

列女傳曰: 陳寡孝婦者, 陳之寡婦人也. 年十六而嫁, 未有子, 其夫當行戎. 屬孝婦曰:「我有老母, 吾不還, 汝肯善視吾母乎?」婦曰:「諾」夫果死. 婦養姑不衰, 父母將嫁之. 孝婦曰:「受人之託, 豈可棄哉?」因欲自殺, 父母懼不敢嫁之. 養姑二十八年, 姑年八十四, 壽乃盡, 賣其田宅以葬之.

332(6-2-20)
포선의 아내

○ 한漢나라 때 포선鮑宣의 아내 환씨桓氏의 자가 소군少君이다. 포선이
소군의 아버지에게 나아가 공부를 하였는데, 그의 아버지는 포선이 청렴
하고 고생을 견뎌내는 것을 기특하게 여겨 자신의 딸을 주어 아내로
삼도록 하였다. 그런데 그 때 혼수의 물자와 예물이 아주 풍성한 것이었다.
이에 포선은 기뻐하지 아니하면서 아내에게 이렇게 말하였다.

"그대 소군은 부유하고 교만하게 자라서 아름답게 꾸미는 것이 습관이
되었소. 그러나 나는 실로 가난하고 미천하여 감히 그러한 예절을 감당
할 수 없소."

그러자 그 아내가 말하였다.

"저의 아버지께서 그대를 덕을 닦고 검약함을 지키는 자라 여겨, 그 때문
에 천첩賤妾으로 하여금 건즐巾櫛을 잡고 그대를 모시도록 하신 것입니다.
이미 그대를 받들기로 하였으니 오직 명령에 따를 뿐입니다."

포선은 만족하여 웃으며 이렇게 말하였다.

"능히 그와 같이 한다면 그것은 나의 뜻이오."

아내는 이에 자신을 따라온 하인과 의복·장식품들을 모두 돌려보내고,
다시 짧은 베옷 치마를 입고 포선과 함께 녹거鹿車를 끌고 고향으로 돌아
왔다. 그리고 시어머니를 뵙는 예를 마치자, 물동이를 들고 나가 물을 길어
왔다. 이렇게 며느리로서의 도리를 수행하자 고을과 마을에서 그를 칭찬
하였다.

○漢鮑宣妻桓氏, 字少君. 宣嘗就少君父學, 父奇其淸苦, 故以女妻之. 裝送資賄甚盛, 宣不悅, 謂妻曰:「少君生富驕, 習美飾, 而吾實貧賤, 不敢當禮.」

妻曰:「大人以先生脩德守約, 故使賤妾侍執巾櫛. 旣奉承君子, 唯命是從.」宣笑曰:「能如是, 是吾志也.」妻乃悉歸侍御服飾, 更著短布裳, 與宣共挽鹿車, 歸鄕里. 拜姑禮畢, 提甕出汲, 修行婦道, 鄕邦稱之.

【鮑宣】漢나라 때 발해 사람. 司隷·豫州牧·諫大夫 등 벼슬을 역임하였으며 鮑永의 아버지.《漢書》王貢兩龔鮑傳(鮑宣)에 “鮑宣字子都, 渤海高城人也. 好學明經, 爲縣鄕嗇夫, 守束州丞. 後爲都尉太守功曹, 擧孝廉爲郞, 病去官, 復爲州從事. 大司馬衛將軍王商辟宣, 薦爲議郞, 後以病去. 哀帝初, 大司空何武除宣爲西曹掾, 甚敬重焉, 薦宣爲諫大夫, 遷豫州牧. 歲餘, 丞相司直郭欽奏「宣擧錯煩苛, 代二千石署吏聽訟, 所察過詔條. 行部乘傳去法駕, 駕一馬, 舍宿鄕亭, 爲衆所非.」宣坐免. 歸家數月, 復徵爲諫大夫”라 함.
【淸苦】청빈하나 그 고통을 잘 견디며 참음.〈集註〉에 “淸謂澹泊, 苦謂憂勤. 學而淸苦而成行, 以淸苦而立士, 能如此, 亦奇矣”라 함.
【裝送資賄】시집갈 때 보내는 재물들.
【大人】친정 아버지를 일컫는 말.〈集註〉에 “大人, 稱其父也”라 함.
【先生】자신의 남편을 일컫는 말.〈集註〉에 “先生, 以年君子以德稱其夫也”라 함.
【賤妾】아내가 자신을 남편 앞에서 이르는 말.
【鹿車】작은 수레.〈集註〉에 “鹿車, 小車可容一鹿者”라 함.

⟨ 참고 및 관련 자료 ⟩

1.《後漢書》(84) 列女傳 鮑宣妻

渤海鮑宣妻者, 桓氏之女也, 字少君. 宣嘗就少君父學, 父奇其淸苦, 故以女妻之. 裝送資賄甚盛, 宣不悅, 謂妻曰:「少君生富驕, 習美飾, 而吾實貧賤, 不敢當禮.」

妻曰:「大人以先生脩德守約, 故使賤妾侍執巾櫛. 旣奉承君子, 唯命是從.」
宣笑曰:「能如是, 是吾志也.」妻乃悉歸侍御服飾, 更著短布裳, 與宣共挽鹿車,
歸鄉里. 拜姑禮畢, 提甕出汲, 脩行婦道, 鄉邦稱之. 宣, 哀帝時官至司隷校尉.
子永, 中興初爲魯郡太守. 永子昱從容問少君曰:「太婦人寧復識挽鹿車時不?」
對曰:「先姑有言:『存不忘亡, 安不忘危.』吾焉敢忘乎!」

2.《家範》(7) 兄弟姑姊妹夫篇 司馬光

漢鮑宣妻桓氏, 字少君. 宣嘗就少君父學, 父奇其淸苦, 故以女妻之. 裝送資賄
甚盛, 宣不悅, 謂妻曰:「少君生富驕, 習美飾, 而吾實貧賤, 不敢當禮.」
妻曰:「大人以先生脩德守約, 故使賤妾侍執巾櫛. 旣奉承君子, 唯命是從.」
宣笑曰:「能如是, 是吾志也.」妻乃悉歸侍御服飾, 更着短布裳, 與宣共挽鹿車,
歸鄉里. 拜姑禮畢, 提甕出汲, 脩行婦道, 鄉邦稱之.

3.《家範》(9) 妻上篇 司馬光

漢鮑宣妻桓氏, 歸侍御服飾, 著短布裳, 晩鹿車.

333(6-2-21)
문숙의 아내

○ 조상曹爽의 종제從弟 문숙文叔의 아내는 초군譙郡 하후문녕夏侯文寧의 딸로서 이름은 영녀令女였다.

남편 문숙이 일찍 죽으니 그는 복상을 마치고 나서 스스로 자신은 나이도 어리고 자식도 없으니 친정에서 틀림없이 다시 개가하도록 할 것이라 여겨, 이에 머리털을 자르고 수절을 맹세하였다. 그 뒤 과연 친정에서 시집을 보내려 하자, 영녀는 이를 듣고 즉시 다시 칼로 자신의 두 귀를 자르고는 항상 조상에게 의지하여 살고 있었다. 그런데 조상이 그만 주살 당하여 조씨 집안이 모두 죽고 말았다. 영녀의 숙부가 조씨 집안과의 혼인 관계는 끊어졌다고 조정에 글을 올리고는 영녀를 강제로 데리고 갔다.

당시 아버지 하후문녕은 양梁나라 재상이었는데, 자신의 딸이 어려서 수절하는 것을 불쌍히 여기고 아울러 조씨 집안은 살아남은 이가 없다고 여겨 그의 수절하는 뜻이 바뀌기를 바라고 있었다. 이에 몰래 사람을 보내어 딸의 의중을 떠보게 하였다. 그러자 영녀는 탄식과 울음을 함께하며 이렇게 말하는 것이었다.

"저도 후회하고 있어요. 아버지의 뜻을 허락하는 것이 옳은 일이지요."

집안에서 그의 말을 믿고 그에 대한 방비를 약간 소홀히 하자 영녀는 몰래 침실로 들어가 칼로 자신의 코를 베어버리고 이불을 뒤집어쓴 채 누워 버렸다. 그의 어머니가 딸을 부르며 말을 걸었으나 아무런 응답이 없었다. 그리하여 이불을 걷고 보았더니 흐르는 피가 침상과 자리에 가득한 것이었다. 온 집안 식구들이 놀라 달려와 보고는 누구하나 코를 시큰거리지 않는 이가 없었다.

어떤 이가 그에게 이렇게 말하였다.

"사람이 태어나 세간에 사는 것은 마치 가벼운 먼지가 약한 풀에 앉은 것과 같을 뿐이오. 어찌 이리 사서 고생을 하오? 게다가 시집은 멸족당하여 모두 죽어 없어졌는데 누구를 위해 수절하는 것이오?"

이 말에 영녀는 이렇게 대답하였다.

"듣기로 인자仁者는 성쇠盛衰에 따라 절개를 바꾸지 아니하며, 의자義者는 존망存亡을 이유로 마음을 바꾸지 않는다 하더이다. 조씨 집안이 전에 성하였을 때에도 오히려 끝까지 지켜내겠다고 하였는데, 하물며 지금 그 집안이 쇠망한 이때에 어찌 차마 버린단 말이오? 금수나 할 짓을 어찌 내가 하겠소?"

○ 曹爽從弟文叔妻, 譙郡夏侯文寧之女, 名令女. 文叔蚤死, 服闋, 自以年少無子, 恐家必嫁己, 乃斷髮爲信. 其後果欲嫁之, 令女聞, 卽復以刀截兩耳, 居止常依爽. 及爽被誅, 曹氏盡死, 令女叔父上書, 與曹氏絶婚, 彊迎令女歸.

時文寧爲梁相, 憐其少執義, 又曹氏無遺類, 冀其意阻. 乃微使人風之, 令女嘆且泣曰:「吾亦惟之, 許之是也.」家以爲信, 防之少懈, 令女於是竊入寢室, 以刀斷鼻, 蒙被而臥, 其母呼與語, 不應, 發被視之, 血流滿床席, 擧家驚惶, 往視之, 莫不酸鼻.

或謂之曰:「人生世間, 如輕塵棲弱草耳, 何辛苦乃爾? 且夫家夷滅已盡, 守此欲誰爲哉?」令女曰:「聞仁者不以盛衰改節, 義者不以存亡易心. 曹氏前盛之時, 尚欲保終, 況今衰亡, 何忍棄之? 禽獸之行, 吾豈爲乎?」

【曹爽】 자는 昭伯(?~249). 三國 魏나라 曹眞의 아들이며, 明帝 때 散騎侍郎을 거쳐 城門校尉·散騎常侍·武衛將軍 등을 역임함. 齊王(曹芳)이 들어서자 司馬懿와 함께 정치를 보좌하여 大將軍에 올랐으며 武安侯에 봉해졌고,

뒤이어 侍中에 오름. 正始 연간에 夏侯玄과 蜀을 공격하여 실패한 뒤 사마의
와 알력이 생겼음. 뒤에 사마의가 정변을 일으키고 나서 그를 반란죄로 몰아
三族을 誅滅시키고 말았음. 《三國志》 魏志(9) 曹眞傳 참조.

【從弟】같은 성씨의 조카. 〈集註〉에 "從弟, 同祖之弟"라 함.

【文叔】曹爽의 종제.

【譙郡】지명. 지금의 江蘇省 북부 일대에 두었던 군.

【夏侯文寧】인명, 夏侯는 성, 文寧는 이름.

【服闋】喪期를 마쳤음을 말함.

【梁相】梁나라 재상. 梁은 郡國制에서의 제후국 이름. 그러나 일부 판본에는
 梁州로 되어 있어 그곳에서 벼슬을 하였음을 말함.

【無遺類】살아남은 사람이 없음.

【冀其意阻】그 뜻이 꺾여 그만 두었으면 하고 기대함. 수절하지 않기를 기대
 함.

【吾亦惟之】司馬光 《家範》의 원문에는 "吾亦悔之"로 되어 있음.

【酸鼻】슬픔에 겨워 코가 시큰거림.

【夷滅】모두 멸망함.

1. 《列女傳》(皇甫謐)을 참조할 것.

2. 《家範》(8) 妻上篇 司馬光

魏大將軍曹爽從弟文叔妻, 譙郡夏侯文寧之女, 名令女. 文叔早死, 服闋, 自以
年少無子, 恐家必嫁己, 乃斷髮爲信. 其後果欲嫁之, 令女聞, 卽復以刀截兩耳,
居止嘗依爽. 及爽被誅, 曹氏盡死, 令女叔父上書, 與曹氏絶婚, 强迎令女歸.
時文寧爲梁相, 憐其少執義, 又曹氏無遺類, 冀其意阻. 乃微使人諷之, 令女嘆
且泣曰:「吾亦悔之, 許之是也.」家以爲信, 防之少懈, 令女於是竊入寢室, 以刀
斷鼻, 蒙被而臥, 其母呼與語, 不應, 發被視之, 血流滿牀席, 擧家驚惶, 奔往
視之, 莫不酸鼻. 或謂之曰:「人生世間, 如輕塵棲弱草耳, 何辛苦迺爾? 且夫
家夷滅已盡, 守此欲誰爲哉?」令女曰:「聞仁者不以盛衰改節, 義者不以存亡
易心. 曹氏前盛之時, 尙欲保終, 況今衰亡, 何忍棄之? 禽獸之行, 吾豈爲乎?」
司馬宣王聞而嘉之, 聽使乞子養爲曹氏後.

334(6-2-22)
정의종의 처

○ 당唐나라 정의종鄭義宗의 처 노씨盧氏는 대략 경서經書와 사서史書를 섭렵하였으며, 며느리의 도리를 다하여 시부모를 극진히 잘 모시고 있었다. 그러던 어느 날 강도 수십 명이 밤중에 몽둥이를 들고 북을 치며 시끄럽게 들이닥쳐 담을 넘어 들어왔다. 집안 식구들은 모두가 달아나 숨었으나, 오직 시어머니만이 방에 그대로 남아 있었다. 며느리 노씨는 흰 칼날을 무릅쓰고 시어머니 곁으로 갔다가 도적에게 매를 맞아 거의 죽음에 이르게 되었다.

도적들이 물러간 뒤 식구들이 물었다.

"어찌 홀로 두려움을 몰랐는가?"

그러자 노씨는 이렇게 말하였다.

"사람이 금수와 다른 까닭은 인의가 있기 때문이다. 이웃에 급한 일이 있어도 오히려 달려가 구해 주는 법이거늘, 하물며 시어머니가 계신데 이를 내팽개칠 수가 있겠는가? 만약 위험한 재앙을 만난다면 어찌 홀로 살아갈 수 있겠는가!"

○ 唐鄭義宗妻盧氏, 略涉書史, 事舅姑甚得婦道. 嘗夜有强盜數十, 持杖鼓譟, 踰垣而入, 家人悉奔竄, 唯有姑自在室, 盧冒白刃, 往至姑側, 爲賊捶擊幾死.

賊去後, 家人問:「何獨不懼?」盧氏曰:「人所以異於禽獸者, 以其有仁義也, 鄰里有急, 尚相赴救, 況在於姑而可委棄乎? 若萬一危禍, 豈宜獨生!」

【鄭義宗】唐나라 때 인물.

【盧氏】盧彦衡의 딸이며 幽州 范陽 사람. 鄭義宗의 아내. 《舊唐書》(193),
《新唐書》(205) 列女傳 鄭義宗妻盧氏를 볼 것.

【書史】經書와 史書. 책을 많이 읽었음을 말함.

【鼓譟】〈集註〉에 “鼓譟, 鼓舞呼譟也”라 함. 매우 시끄럽게 기세를 올림을 말함.

【奔竄】달아나 숨음. 〈集註〉에 “奔竄, 奔走竄匿也”라 함.

【鄰里】隣里와 같음. 마을. 〈集註〉에 “五家爲鄰, 二十五家爲里”라 함.

【危禍·獨生】시어머니는 죽고 자신만 살아남는 경우를 말함. 〈集註〉에 “危禍
　謂姑, 獨生謂己”라 함.

1.《舊唐書》(193) 列女傳 鄭義宗妻盧氏

鄭義宗妻盧氏, 幽州范陽人. 盧彦衡之女也. 略涉書史, 事舅姑甚得婦道. 嘗夜
有强盜數十, 持杖鼓譟, 踰垣而入, 家人悉奔竄, 唯有姑獨在室, 盧冒白刃, 往至
姑側, 爲賊捶擊之, 幾至於死. 賊去後, 家人問曰:「羣凶擾橫, 人盡奔逃, 何獨
不懼?」答曰:「人所以異於禽獸者, 以其仁義也. 昔宋伯姬守義赴火, 流稱至今.
吾雖不敏, 安敢忘義? 且鄰里有急, 尙相赴救, 况在於姑, 而可委棄? 若萬一危禍,
豈宜獨生!」其姑每嘆云:「古人稱歲寒然後知松柏之後凋也. 吾今乃知盧新婦
之心矣.」貞觀中卒.

2.《新唐書》(205) 列女傳 鄭義宗妻盧氏

鄭義宗妻盧者, 范陽士族也. 涉書史, 事舅姑恭順. 夜有盜持兵劫其家, 人皆匿竄,
惟姑不能去, 盧冒刃立姑側, 爲賊捽捶幾死. 賊去, 人問:「何爲不懼?」答曰:
「人所以異禽獸者, 以其有仁義也. 今鄰里急難尙赴, 况姑可委棄邪? 若百有一危,
我不得獨生!」姑曰:「歲寒然後知松柏後凋. 吾乃今見婦之心.」

3.《家範》(10) 妻篇 司馬光

唐鄭義宗妻盧氏, 畧涉書史, 事舅姑甚得婦道. 嘗夜有强盜數十人, 持杖鼓譟,
踰垣而入, 家人悉奔竄, 唯有姑獨在堂, 盧冒白刃, 往至姑側, 爲賊捶擊幾至於死.
賊去後, 家人問:「何獨不懼?」盧氏曰:「人所以異禽獸者, 以其有仁義也, 隣里
有急, 尙相赴救, 况在於姑而可委棄? 若萬一危禍, 豈宜獨生!」其姑每云:「古人稱
歲寒然後知松柏之後凋也. 吾今乃知盧新婦之心矣!」若盧氏者, 可謂能知義矣.

봉천 두씨의 두 딸

○ 당唐나라 때 봉천奉天 두씨竇氏의 두 딸은 시골에서 태어나고 자랐지만 어려서부터 지조가 있었다. 영태永泰 연간에 무리를 이룬 도적 수천 명이 그 고을을 침범하여 노략질했다. 두 딸은 모두가 고운 용색容色을 가지고 있었으며 큰딸은 나이 열아홉, 작은딸은 열여섯이었는데 바위굴에 숨어 있었다. 그런데 도적들이 그를 끌어내어 몰아서 앞세우고 나갔다. 그들이 수백 척의 깊은 골짜기에 이르렀을 때 그 언니가 먼저 이렇게 말하였다.

"내 차라리 죽음으로 나갈지언정 의로 보아 능욕을 당할 수는 없다."

그리고 즉시 벼랑 아래로 뛰어내려 죽고 말았다. 도적들이 몹시 놀라고 있을 때 그 여동생도 계속하여 스스로 뛰어내려 다리가 부러지고 얼굴이 깨어져 피를 흘리게 되었다. 도둑들은 그제야 이들을 버리고 가 버렸다.

경조윤京兆尹 제오기第五琦가 이들의 정렬貞烈을 가상히 여겨 나라에 상주하니, 조칙에 따라 그 문려門閭에 정표를 세워주고, 그 집의 정역丁役을 영원히 면제해 주었다.

○ 唐奉天竇氏二女, 生長草野, 幼有志操. 永泰中, 羣盜數千人, 剽掠其村落. 二女皆有容色. 長者年十九, 幼者年十六, 匿巖穴間, 曳出之, 驅迫以前.

臨壑谷深數百尺, 其姉先曰:「吾寧就死, 義不受辱」卽投崖下而死. 盜方驚駭, 其妹繼之自投, 折足破面流血, 羣盜乃捨之而去.

京兆尹第五琦, 嘉其貞烈, 奏之, 詔旌表其門閭, 永蠲其家丁役.

【奉天】縣 이름. 陝西 長安 근처.

【永泰】唐나라 代宗 때의 연호. 765년 1년간임.

【容色】얼굴이 아름다움을 말함.

【京兆尹】京兆는 서울. 尹은 최고 행정책임자.

【第五琦】당시 경조윤을 지냈던 인물. 자는 禹珪. 第五는 성, 琦는 이름.

【蠲】'견'으로 읽으며 '면제하다'의 뜻. 〈集註〉에 "蠲, 除也"라 함.

【丁役】壯丁이 몫으로 치러야 할 賦役.

1.《舊唐書》(193) 列女傳

奉天縣竇氏二女伯娘·仲娘, 雖長於村野, 而幼有志操. 住與邠州接界. 永泰中,
草賊數千人, 持兵刃入其村落行剽劫. 聞二女有容色, 姊年十九, 妹年十六, 藏於
岩窟間. 賊徒擬爲逼辱, 乃先曳伯娘出, 行數十步, 又曳仲娘出, 賊相顧自慰.
行臨深谷, 伯娘曰:「我豈受賊汚辱!」乃投之於谷. 賊方驚駭, 仲娘又投於谷.
谷深數百尺, 姊尋卒, 仲娘脚折面破, 流血被體, 氣絶良久而蘇, 賊義之而去.
京兆尹第五琦, 感其貞烈, 奏之, 詔旌表門閭, 長免丁役, 二女葬事官給. 京兆戶
曹陸海著賦以美之.

2.《新唐書》(205) 列女傳

竇伯女·仲女, 京兆奉天人. 永泰中, 遇賊行剽, 二女自匿山谷. 賊迹而得之, 將逼
以私. 行臨大谷, 伯曰:「我豈受汚賊!」乃自投下, 賊大駭, 俄而仲亦躍而墜. 京兆
尹第五琦表其烈行, 詔旌門閭, 免其家縣役, 官爲庀葬.

3.《家範》(6) 女孫伯叔父姪篇 司馬光

唐奉天竇氏二女, 雖生長草野, 幼有志操. 永泰中, 羣盜數千人, 剽掠其村落. 二女
皆有容色. 長者年十九, 幼者年十六, 匿巖穴間, 盜曳出之, 騎逼以前.
臨壑谷深數百尺, 其姊先曰:「吾寧就死, 義不受辱」卽投崖下而死. 盜方驚駭,
其妹從之自投, 折足破面流血, 被體盜乃捨之而去.
京兆尹第五琦, 嘉其貞烈, 奏之, 詔旌表其門閭, 永蠲其家丁役. 二女遇亂守節
不渝, 視死如歸, 又難能也.

336(6-2-24)
목융의 우애

○ 목융繆肜은 어려서 아버지를 여의고, 형제 넷이 모두가 집안의 재산과 가업을 함께하였다. 그런데 각각 아내를 맞아들이자, 여러 아내들이 각기 재산을 나누고자 하며 게다가 자주 싸움을 벌이는 소리가 나게 되었다. 목융은 심히 분함과 한탄을 품게 되어 이에 문을 걸어 잠그고 자신을 매질하며 이렇게 말하였다.

"목융아, 너는 몸을 수양하고 행동을 삼가며 성인의 법을 배워 장자 풍속을 바르게 다듬는다더니 어찌 능히 그 집안 하나도 제대로 바로잡지 못한단 말이냐?"

아우와 여러 부인들이 이를 듣고 모두 머리를 땅에 닿도록 죄를 빌었다. 그리하여 드디어 행동을 고쳐 돈독하고 화목함을 이루게 되었다.

○ 繆肜少孤, 兄弟四人, 皆同財業, 及各取妻, 諸婦遂求分異, 又數有鬪爭之言. 肜深懷忿嘆, 乃掩戶自撾曰:「繆肜, 汝修身謹行, 學聖人之法, 將以齊整風俗, 奈何不能正其家乎?」弟及諸婦聞之, 悉叩頭謝罪, 遂更爲敦睦之行.

【繆肜】 자는 豫公, 漢나라 때 汝南 사람.《後漢書》獨行傳에 전이 있음. '목융'으로 읽음. 〈集註〉에 "繆, 音木; 肜, 音容"이라 함. '융'과 '용'은 고대 같은 음임(róng). 그러나 《小學諺解》에는 '목용'으로 읽고 있음.
【掩戶】 자신의 집 문을 닫음.

【孤】 어려서 아버지를 잃는 것을 고라 함. 〈集註〉에 “幼而無父曰孤”라 함.
【敦睦】〈集註〉에 “敦厚睦和也”라 함.

1. 《後漢書》(81) 獨行傳 繆肜

繆肜字豫公, 汝南召陵人也. 少孤, 兄弟四人, 皆同財業. 及各娶妻, 諸婦遂求分異, 又數有鬪爭之言. 肜深懷憤歎, 乃掩戶自撾曰:「繆肜, 汝脩身謹行, 學聖人之法, 將以齊整風俗, 奈何不能正其家乎!」弟及諸婦聞之, 悉叩頭謝罪, 遂更爲敦睦之行.

337(6-2-25)
소경과 보명 형제

○ 소경蘇瓊이 남청하태수南淸河太守를 제수받았는데, 그곳 백성 중에 을보명乙普明이라는 자가 있었다. 그 집 형제가 농토를 두고 다툼이 일어나 몇 년을 판결받지 못하고 있었다. 이에 형제들은 각기 자신의 증인을 끌어 들였는데 무려 백여 명에 이르렀다. 소경은 보명 형제를 불러 이렇게 깨우쳐 주었다.

"천하에 얻기 어려운 것이 형제이며, 얻기 쉬운 것은 농지라오. 가령 농지를 얻고 형제를 잃는다면 그 심정이 어떠하겠소?"

그러고는 눈물을 떨어뜨렸다. 여러 증인들도 누구 하나 눈물을 뿌리지 않는 자가 없었다. 보명 형제는 머리를 땅에 찧으며 밖에 나가 다시 생각해 보겠다고 빌었다. 이렇게 서로 떨어져 10년을 살고 나서 드디어 함께 살게 되었다.

○ 蘇瓊除南淸河太守, 有百姓乙普明, 兄弟爭田, 積年不斷, 各相援據, 乃至百人. 瓊召普明兄弟, 諭之曰:「天下難得者兄弟, 易求者田地. 假令得田地, 失兄弟, 心如何?」因而下淚. 諸證人莫不灑泣. 普明兄弟, 叩頭, 乞外更思, 分異十年, 遂還同住.

【蘇瓊】자는 珍之. 北齊 때 武强 사람. 蘇瓊이 南淸河(任河)太守였을 때 고을의 乙普明 형제가 田地를 두고 다툼이 벌어져 몇 년을 끌자 소경이 이들을 불러 "天下難得者兄弟, 易求者田地. 失兄弟, 心如何?"라 달래어 두 형제가 화해를 이루었다 함.(《北齊書》循吏傳)

【乙普明】乙은 姓, 普明은 이름.

＊〈集註〉에 "太守下淚, 而諸證人灑泣, 普明兄弟悔過, 可以見人心之天矣"
라 함.

1.《北齊書》(46) 循吏傳 蘇瓊

蘇瓊, 字珍之, 武强人也. ……除南淸河太守, ……有百姓乙普明, 兄弟爭田, 積年
不斷, 各相援引, 乃至百人. 瓊召普明兄弟對衆人諭之曰:「天下難得者兄弟, 易求
者田地. 假令得田地, 失兄弟, 心如何?」因而下淚. 衆人莫不灑泣. 普明兄弟,
叩頭, 乞外更思, 分異十年, 遂還同住.

2.《北史》(86) 循吏傳 蘇瓊

蘇瓊, 字珍之, 武强人也. 父備, 仕魏, 至衛尉少卿. ……除南淸河太守, ……有百
姓乙普明, 兄弟爭田, 積年不斷, 各相援據, 乃至百人. 瓊召普明兄弟, 對衆人諭
之曰:「天下難得者兄弟, 易求者田地. 假令得地失兄弟, 心如何?」因而下淚.
諸證人莫不灑泣. 普明兄弟, 叩頭, 乞外更思, 分異十年, 遂還同住.

3.《幼學瓊林》및《昔時賢文》

天下無不是底父母, 世間最難得者兄弟.

338(6-2-26)
왕상의 아우 왕람

○ 왕상王祥의 아우 왕람王覽은 어머니가 주씨朱氏였는데, 왕상을 대우함이 무도하였다. 왕람은 나이가 몇 살밖에 되지 않았지만, 형 왕상이 매맞는 것을 보면 문득 소리내어 울며 형을 껴안았다. 그가 아이로 성장하자 그는 매번 어머니에게 간언하여 그 어머니도 조금씩 흉포한 행동을 그치게 되었다. 주씨는 자주 이치에 어긋난 일을 시키면 형 왕상으로 하여금 자신과 함께 있도록 하였으며, 다시 왕상의 아내를 학대하려 들면 왕람의 아내가 역시 달려가 함께하였다. 주씨는 자신의 아들 왕람이 다칠까 두려워 마침내 무도한 짓을 그치고 말았다.

○ 王祥弟覽, 母朱氏, 遇祥無道, 覽年數歲, 見祥被楚撻, 輒涕泣抱持. 至于成童, 每諫其母, 其母少止凶虐. 朱屢以非理, 使祥覽與祥俱, 又虐使祥妻, 覽妻亦趨而共之, 朱患之, 乃止.

【王祥】王覽의 형. 자는 休徵(184~268). 晉나라 때 琅邪 臨沂 사람. '剖冰
　　得鯉'의 孝道 고사로 널리 알려진 인물. 벼슬이 太保에 이름.《晉書》(63)
　　王祥傳이 있음.
【覽】王覽. 자는 玄通(元通). 王祥의 배다른 아우. 王融의 후처 朱氏 소생. 진
　　나라 때 光祿大夫를 지냄.
【母朱氏】왕상의 아버지 王融은 薛氏를 아내로 맞아 왕상을 낳았으나 설씨가
　　죽은 뒤에 다시 廬江의 朱氏를 아내로 맞아 王覽을 낳았음.
【成童】15세를 말함. 〈集註〉에 "成童, 十五歲也"라 함.

【朱患之】계모 주씨는 자신이 낳은 아들 왕람과 며느리가 다칠까 두려워 왕상과 그의 아내에 대한 학대를 그치게 된 것임.

1.《晉書》(33) 王覽傳

王覽字玄通. 母朱遇兄祥無道. 覽年數歲, 見祥被楚撻, 輒涕泣抱持. 至于成童, 每諫其母, 其母少止凶虐. 朱屢以非理使祥. 覽輒與祥俱. 又虐使祥妻, 覽妻亦趨而共之. 朱患之, 乃止. 祥喪父之後, 漸有時譽. 朱深疾之, 密使酖祥. 覽知之, 徑起取酒, 祥疑其有毒, 爭而不與, 朱遽奪反之. 自後朱賜祥饌, 覽輒先嘗. 朱懼覽致斃, 遂止. 覽孝友恭恪, 名亞於祥. ……頃之, 以疾上疏乞骸骨. 詔聽之, 以太中大夫歸老, 賜錢二十萬, 牀帳薦褥, 遣殿中醫療疾給藥. 後轉光祿大夫, 門施行馬.

2.《蒙求》(030)

晉, 王覽字玄通. 母朱遇兄祥無道. 覽年數歲, 見祥被楚撻, 輒涕泣抱持, 每諫其母, 母少止凶虐. 朱屢以非理使祥. 覽輒與俱. 又虐使祥妻, 覽妻亦趨而共之. 朱患之乃止. 祥喪父後, 漸有時譽. 朱深疾之, 密使酖祥. 覽知之, 徑起取酒, 祥疑其有毒, 爭而不與, 朱遽奪反之. 自後朱賜祥饌, 覽輒先嘗. 覽孝友恭恪, 名亞於祥. 仕至光祿大夫, 門施行馬.

3.《家範》(7) 兄弟姑姊妹夫篇 司馬光

晉太保王祥繼母朱氏, 遇祥無道. 朱子覽年數歲, 見祥被楚撻, 輒涕泣抱持. 至于成童, 每諫其母, 少止凶虐. 朱屢以非理, 使祥覽與祥俱, 又虐使祥妻, 覽妻亦趨而共之, 朱患之, 乃止.

339(6-2-27)
후사를 얻지 못한 등유

○ 진晉나라 우복야右僕射 등유鄧攸가 영가永嘉 말에 석륵石勒의 난에
빠져들고 말았다. 사수泗水를 건너게 되었을 때 등유는 소와 말에 처자
를 태우고 도망하였다. 그러나 다시 도적을 만나 소와 말을 다 빼앗기고
걸어서 도주하게 되었는데, 자신의 아들과 아우의 아들 등수鄧綏를 업고
있었다. 그는 생각하기를 두 아이를 모두 온전히 살릴 수 없다고 여겨 아내
에게 이렇게 말하였다.

"내 아우는 일찍 죽어 오직 이 아이만 남아 있소. 이치로 보아 그 집안이
끊어지게 할 수는 없소. 단지 응당 내 아이를 버릴 수밖에 없소. 다행히
우리가 살아나면 우리는 뒤에 의당 아이를 가질 수 있을 것이오."

아내는 울면서 그의 의견을 따랐다. 이리하여 자신의 아이는 버리고
떠났다. 그런데 끝내 후사가 없는 것이었다.

당시 사람들은 그의 행동을 의롭게 여기면서도 애처롭게 생각하여
이렇게 말하였다.

"하늘도 무지하시지. 등백도鄧伯道에게 아이가 없게 하다니!"

아우의 아들 등수는 등유가 죽었을 때 삼년의 상복을 입었다.

○ 晉右僕射鄧攸, 永嘉末, 沒于石勒. 過泗水, 攸以牛馬, 負妻子
而逃. 又遇賊, 掠其牛馬, 步走, 擔其兒及其弟子綏, 度不能兩全,
乃謂其妻曰:「吾弟蚤亡, 唯有一息, 理不可絶, 止應自棄我兒耳.
幸而得存, 我後當有子」

妻泣而從之, 乃棄其子而去之, 卒以無嗣.

時人義而哀之, 爲之語曰:「天道無知, 使鄧伯道無兒!」
弟子綏, 服攸喪三年.

【鄧攸】자는 伯道(?~326). 晉나라 때 인물. 平陽人. 河東太守였을 때 石勒의
난을 만나 가족으로 데리고 피난하면서, 아들을 버리고 조카를 살린 본
장의 이야기가 유명하며, 당시 사람들이 그의 아들 없음을 두고 "天道無知,
使鄧伯道無兒"라 안타까워하였다 함. 元帝 때 吳郡太守를 거쳐 吏部尙書
등의 역임함. 《晉書》(90)에 전이 있음.

【石勒】자는 世龍(274~333). 上黨人으로 羯奴의 후예. 조카 石虎(季龍)와 함께
五胡十六國 중의 後趙를 건립함. 어려서 洛陽으로 팔려와 노예가 되었다가
八王의 난을 틈타 成都王(司馬穎)의 부장이 됨. 그 뒤 흉노족의 劉淵, 劉聰
등과 세력을 다투었으며, 晉 成帝 咸和 5년(330)에 칭제하여 연호를 建平이라
함. 그는 文史를 좋아하여 軍中에서도 항상 유생으로 하여금 역사를 읽어
주도록 하여 고금 제왕의 업적을 평가하기도 하였다 함. 《晉書》(104-105)에
전이 있음.

【泗水】물 이름. 지금의 山東 曲阜 근처를 흐름.

【鄧綏】등유의 조카. 등유가 자신의 아들을 버리고 살려낸 인물.

【甥】자매의 아들.

【過江】西晉이 永嘉之亂을 만나 남쪽으로 천도하였음을 말함. 西晉 말의
호족의 침입으로 인하여 대혼란이 일어난 난. 이 난으로 인하여 西晉이 망
하고 남으로 내려와 建康에서 東晉을 건국함. 역사적으로 劉聰(劉載. 자는
玄明, ?~318)은 匈奴 사람으로 劉淵의 넷째 아들로 유연이 五胡十六國 중의
漢(前趙. 304~329)을 세우자 유총은 大司馬, 大單于, 錄尙書事 등의 직위를
담당하면서 晉 懷帝 永嘉 4년(310) 유연이 죽자 유총은 태자 劉和를 죽이고
자립하여 제위에 올라 光興 2年(311) 王彌와 劉曜 등으로 하여금 洛陽을
공격하여 懷帝를 포로로 하여 끌고 갔음. 다시 5년 뒤 長安을 함락시켜
愍帝를 포로로 끌고 가 결국 서진이 망하고 말았음.(317) 이를 '永嘉之亂'
이라 하며 뒤에 사마씨(元帝 司馬睿)는 남으로 내려와 建康(지금의 南京)에서
왕실을 이어 이를 동진(317~420)이라 함.

【服喪三年】아버지의 상과 같이 함을 말함. 〈集註〉에 "服喪三年, 如喪父也"
라 함.

1.《晉書》(90) 良吏傳(鄧攸)

鄧攸字伯道, 平陽襄陵人也. 祖殷, 亮直强正. 鍾會伐蜀, 奇其才, 自電池令召爲
主簿. 賈充伐吳, 請殷爲長史.……出爲河東太守, 永嘉末, 沒于石勒. ……石勒
過泗水, 攸乃斫壞車, 以牛馬負妻子而逃. 又遇賊, 掠其牛馬, 步走, 擔其兒及
其弟子綏. 度不能兩全, 乃謂其妻曰:「吾弟早亡, 惟有一息. 理不可絶. 止應自
棄我兒耳. 幸而得存, 我後當有子」妻泣而從之, 乃棄之. 其子朝棄而暮及, 明日,
繫之於樹而去. ……至江東, 攸每有進退, 無喜慍之色. 久之, 遷尙書右僕射.
咸和元年卒, 贈光祿大夫, 加金章紫綬, 祠以小牢. 攸棄子之後, 妻不復孕. 過江,
納妾, 甚寵之, 訊其家屬, 說是北人遭亂, 憶父母姓名, 乃攸之甥. 攸素有德行,
聞之感恨, 遂不復畜妾. 卒以無嗣. 時人義而哀之, 爲之語曰:「天道無知, 使鄧
伯道無兒!」弟子綏服攸喪三年.

2.《世說新語》德行篇

鄧攸始避難, 於道中棄己子全弟子. 旣過江, 取一妾, 甚寵愛; 歷年後, 訊其所由,
妾具說是北人遭亂; 憶父母姓名, 乃攸之甥也. 攸素有德業, 言行無玷, 聞之哀恨,
終身遂不復畜妾.

3.《世說新語》賞譽篇

謝太傅重鄧僕射, 常言:「天地無知, 使伯道無兒!」

4.《晉陽秋》

鄧攸旣棄子, 遂無復繼嗣, 爲有識傷惜.

5.《中興書》

攸棄兒於草中, 兒啼呼追之, 至幕復及. 攸明日繫兒於樹而去, 遂渡江. 至尙書
左僕射, 卒. 弟子綏, 服攸齊衰三年.

6.《蒙求》(139)

《晉書》: 鄧攸字伯道, 平陽襄陵人. 爲河東太守, 沒于石勒. 乃斫壞車, 以牛馬
負妻子而逃. 又遇賊, 掠其牛馬, 步走, 擔其兒及其弟子綏. 度不能兩全, 乃謂
妻曰:「吾弟早亡, 惟有一息. 理不可絶. 止應自棄我兒耳. 幸而得存, 我後當有子」
妻泣而從之, 乃棄之. 朝棄而暮及, 明日, 繫之於樹而去. 至江東, 仕爲尙書右
僕射. 攸棄子之後, 妻不復孕. 過江, 納妾, 甚寵之, 訊其家屬, 說是北人遭亂,
憶父母姓名, 乃攸之甥. 攸素有德行, 聞之感恨, 遂不復畜妾. 卒以無嗣. 時人
義而哀之曰:「天道無知, 使鄧伯道無兒!」

7. 《家範》(6) 女孫伯叔父姪篇 司馬光

晉右僕射鄧攸, 永嘉末, 石勒. 過泗水, 攸以牛馬, 負妻子而逃. 又遇賊, 掠其牛馬,
步走, 擔其兒及其弟子綏, 度不能兩全, 乃謂其妻曰:「吾弟早亡, 唯有一息, 理不
可絶, 止應自棄我兒耳. 幸而得存, 我後當有子.」妻泣而從之, 乃棄其子而去,
卒以無嗣. 時人義而哀之, 爲之語曰:「天道無知, 使鄧伯道無兒!」弟子綏, 服攸
喪三年.

340(6-2-28)
유곤의 형제애

○ 진晉나라 함녕咸寧 연간에 큰 역질이 번졌다. 유곤庾袞의 두 형은 이 병으로 모두 죽고, 그다음 형 유비庾毗조차 다시 위험에 빠지고 말았다. 역병의 기세가 한창 치열하자 부모와 여러 아우들이 밖으로 나가 머물게 되었으나, 유곤 혼자만은 홀로 남아 떠나지 않았다. 여러 부형들이 강제로 끌고 나가려 하자 유곤은 이렇게 말하였다.

"저는 성격이 병을 두려워하지 않습니다."

그리하여 직접 형을 간호하며 주야로 잠을 자지 않았다. 그러고는 중간중간에 이미 죽은 두 형의 관을 어루만지며 애달파하기를 그치지 않았다.

이와 같이 하기를 십여 순旬, 역질의 기세는 이윽고 사그라지기 시작하였다. 집안 식구들이 돌아오자 유비의 병은 차도가 있었으며 유곤 역시 아무 탈이 없었다.

부로父老들은 모두 이렇게 말하였다.

"기이하도다, 이 아이는 사람이 지키지 못하는 도리를 지켜내었으며, 사람이 실행할 수 없는 것을 실행하였구나. '날씨가 추워지고 나서야 송백松柏이 나중에 시든다는 것을 알게 된다'라 하였으니, 비로소 지독한 역질일지라도 서로 전염시키지 못함을 알았도다."

○ 晉咸寧中, 大疫, 庾袞二兄俱亡, 次兄毗復危殆, 癘氣方熾, 父母諸弟, 皆出次於外. 袞獨留不去, 諸父兄强之, 乃曰:「袞性不畏病.」遂親自扶持, 晝夜不眠. 其間復撫柩, 哀臨不輟. 如此十有餘旬, 疫勢旣歇, 家人乃反, 毗病得差, 袞亦無恙.

父老咸曰:「異哉此子! 守人所不能守, 行人所不能行,『歲寒然後知松栢之後凋』, 始知疫癘之不能相染也.」

【庾袞】晉나라 때의 人物. 자는 叔褒. 東晉 明帝 穆皇后의 백부. 결행을 지켜 일생 동안 出仕하지 않았다 함.《晉書》孝友傳에 전이 있음.
【咸寧】晉 武帝 司馬炎의 年號. 275~280년.
【次】밖에 머물러 생활하거나 宿營하는 것을 말함.
【扶持】일으켜 주고 잡아 줌. 병간호를 잘하였음을 말함.
【十有餘旬】十餘旬. 즉 석 달이 넘는 정도의 기간.
【恙】탈. 병.
【父老】마을 어른들. 〈集註〉에 "父老, 鄉之高年者"라 함.
【歲寒松栢】《論語》子罕篇에 "子曰:「歲寒, 然後知松柏之後彫也.」"라 함. '凋'는 '彫'와 같으며 '栢'은 '柏'과 같음. 〈集註〉에 "後凋, 謂後於衆木之凋"라 함.

참고 및 관련 자료

1.《搜神記》(11)
庾袞字叔褒, 咸寧中, 大疫, 二兄俱亡, 次兄毗復殆. 癘氣方盛, 父母諸弟, 皆出次於外, 袞獨留不去. 諸父兄強之, 乃曰:「袞性不畏病.」遂親自扶持, 晝夜不眠; 間復撫柩, 哀臨不輟. 如此十餘旬. 疫勢旣退, 家人乃返. 毗病得差, 袞亦無恙.

2.《晉書》(88) 孝友傳
庾袞字叔褒, 明穆皇后伯父也. 少履勤儉. 篤學好問. 事親以孝稱. 咸寧中, 大疫, 二兄俱亡, 次兄毗復殆. 癘氣方熾, 父母諸弟皆出次於外, 袞獨留不去. 諸父兄強之, 乃曰:「袞性不畏病.」遂親自扶持, 晝夜不眠; 其間復撫柩哀臨不輟. 如此十有餘旬. 疫勢旣歇, 家人乃反. 毗病得差, 袞亦無恙. 父老咸曰:「異哉此子! 守人所不能守, 行人所不能行, '歲寒然後知松柏之後凋', 始疑疫癘之不相染也.」

3.《家範》(7) 兄姑姊妹夫篇 司馬光
晉咸寧中, 疫, 潁川庾袞二兄俱亡, 次兄毗復危殆, 厲氣方熾, 父母諸弟, 皆出次於外. 袞獨留不去, 諸父兄強之, 乃曰:「袞性不畏病.」遂親自扶持, 晝夜不眠.

其間復撫柩, 哀臨不輟. 如此十有餘旬, 疫勢旣歇, 家人乃反, 毗病得差, 裒亦無恙.

父老咸曰: 「異哉此子! 守人所不能守, 行人所不能行, 『歲寒然後知松栢之後凋』, 始知疫癘之不能相染也.」

341(6-2-29)
양파 집안의 엄격한 규율

○ 양파楊播의 집안은 대대로 순후純厚하였으며, 아울러 돈독하고 의롭고 양보하며 살아왔다. 형제 사이에 서로 일을 도움이 마치 부자 사이처럼 하였다. 형 양춘楊椿과 아우 양진楊津은 공경과 겸양을 다하여 형제가 아침이면 대청마루에 모여 종일 서로 마주하되, 한 번도 각기 자신의 방으로 들어간 적이 없었다. 한 가지라도 맛있는 것이 있으면 모여서 함께 식사하지 않은 적이 없으며, 대청마루 사이에 가끔 휘장을 쳐서 구분하여 잠자리와 휴식의 장소를 마련하고, 때때로 그곳에서 쉬고 누웠다가도 다시 돌아와 함께 담소를 나누기도 하였다. 양춘이 나이가 들어 일찍이 다른 곳에 외출하였다가 술이 취해 돌아오자, 양진은 그를 부축하여 방으로 들여보낸 다음 방 앞에서 선잠을 자면서 그의 안부를 지켰다. 양춘과 양진은 모두 예순이 넘어 함께 태정台鼎의 높은 지위에 올랐으나, 양진은 그 때에도 항상 아침저녁으로 들어와 문안을 드렸으며, 아들과 조카들을 계단 아래에 줄을 세웠다. 그 때에도 양춘이 앉으라는 명령을 내리지 아니하면 양진은 감히 앉지 않았다.

양춘이 매번 가까운 곳에 외출하였다가 혹 해가 기울도록 돌아오지 아니하면, 양진은 먼저 밥을 먹는 경우가 없이 양춘이 돌아온 뒤에야 함께 식사를 하였다. 밥상에서는 양진은 친히 수저를 올리고 모든 음식을 먼저 맛을 보았으며, 양춘이 밥을 먹도록 명한 뒤에야 밥을 먹었다. 양진은 사주肆州에서 벼슬하였고, 양춘은 서울에 집이 있었다. 양진은 매번 네 계절마다 좋은 맛이 있으면 곧바로 심부름꾼을 시켜 이를 형에게 보냈다. 만약 그러한 음식을 혹 아직 보내지 못한 때라면 먼저 자신이 먹는 일이 없었다.

그의 한 집안은 남녀가 백여 식구나 되었으며, 시복總服의 가까운 이들이
함께 밥을 지어먹으면서도, 가정에 서로 이간하는 말이란 없었다.

　　○ 楊播家世純厚, 並敦義讓, 昆季相事, 有如父子. 椿·津恭謙,
兄弟旦則聚於廳堂, 終日相對, 未嘗入內. 有一美味, 不集不食, 廳堂
間, 往往幃幔隔障, 爲寢息之所, 時就休偃, 還共談笑. 椿年老,
曾他處醉歸, 津扶持還室, 假寢閤前, 承候安否. 椿·津年過六十,
並登台鼎, 而津常旦莫參問, 子姪羅列階下, 椿不命坐, 津不敢坐.
　　椿每近出, 或日斜不至, 津不先飯, 椿還, 然後共食. 食則津親授
匙箸, 味皆先嘗, 椿命食, 然後食. 津爲肆州, 椿在京宅, 每有四時
嘉味, 輒因使次附之. 若或未寄, 不先入口. 一家之內, 男女百口,
總服同爨, 庭無間言.

【楊播】 남북조시대 北魏의 인물. 자는 元休. 뒤에 자를 延慶으로 고침. 弘農
　　華陰 사람. 《魏書》(58)와 《北史》(41)에 전이 있음.
【楊椿】 자는 延壽. 《魏書》(58)와 《北史》(41) 楊播傳에 함께 전이 있음.
【楊津】 자는 羅漢. 《魏書》(58)와 《北史》(41) 楊播傳에 함께 전이 있음.
【扶持】 《魏書》에는 '扶侍'로 되어 있음.
【假寢】 옷을 제대로 벗지 못한 채 선잠을 잠. 〈集註〉에 "假寢, 不脫衣冠而
　　寢也"라 함. 《魏書》에는 '假寐'로 되어 있음.
【台鼎】 三公의 지위를 말함. 三公은 三台星을 상징한 것으로 이렇게 부름.
　　당시 楊椿은 司徒에, 楊津은 司空과 太保의 벼슬이었음. 〈集註〉에 "三台,
　　三公之稱. 如星之有三台; 鼎之有三足也. 椿爲司徒, 津爲司空, 故曰並登三台"
　　라 함.
【旦莫】 아침저녁. 모(莫)는 '暮'의 가차자. 《魏書》에는 '旦暮'로 되어 있음.
【爲肆州】 肆州刺史가 됨. 肆州는 州 이름.
【總服】 五服 중 總麻를 입는 친척 관계. 總服은 상복 제도에 친소의 차이에
　　따라 斬衰·齊衰·大功·小功·總麻를 입는 것을 '五服'이라 하며 이는 五行을

상징함.

【同爨】함께 밥을 지어먹음. 함께 생계를 공동으로 꾸려나감을 뜻함. 〈集註〉
에 "四世不分異也"라 함.

1. 《魏書》(58) 楊播傳

播家世純厚, 並敦義讓, 昆季相事, 有如父子. 播剛毅. 椿·津恭謙, 與人言, 自稱
名字. 兄弟旦則聚於廳堂, 終日相對, 未嘗入內. 有一美味, 不集不食, 廳堂間,
往往幃幔隔障, 爲寢息之所, 時就休偃, 還共談笑. 椿年老, 曾他處醉歸, 津扶
侍還室, 仍假寐閤前, 承候安否. 椿·津年過六十, 並登台鼎, 而津嘗旦暮參問,
子姪羅列階下, 椿不命坐, 津不敢坐. 椿每近出, 或日斜不至, 津不先飯, 椿還,
然後共食. 食則津親授匙箸, 味皆先嘗, 椿命食, 然後食. 津爲司空, 於是府主
皆引僚佐, 人就津求官, 津曰:「此事須家兄裁之, 何爲見問?」初, 津爲肆州,
椿在京宅, 每有四時嘉味, 輒因使次附之. 若或未寄, 不先入口. 椿每得所寄,
輒對之下泣. 兄弟皆有孫, 唯椿有曾孫, 年十五六矣, 椿常欲爲之早娶, 望見玄孫.
自昱已下, 率多學尙, 時人莫不欽羨焉. 一家之內, 男女百口, 緦服同爨, 庭無間言.
魏世以來, 唯有盧淵兄弟及播昆季, 當世莫逮焉.

2. 《北史》(41) 楊播傳

楊播字延慶, 弘農華陰人也. 高祖結, 事慕容氏, 爲中山相. 曾祖珍, 道武時歸國,
爲上谷太守. 祖眞, 河內·淸河二郡太守. 父懿, 延興末爲廣平太守, 有稱績. ……播
家世純厚, 並敦義讓, 昆季相事, 有如父子. 播性剛毅. 椿·津恭謙. 兄弟旦則聚
於廳堂, 終日相對, 未嘗入內. 有一美味, 不集不食, 廳堂間, 往往幃幔隔障, 爲寢
息之所, 時就休偃, 還共談笑. 椿年老, 曾他處醉歸, 津扶侍還室, 仍假寢閤前,
承候安否. 椿·津年過六十, 並登台鼎, 而津常旦暮參問, 子姪羅列階下, 椿不命坐,
津不敢坐. 椿每近出, 或日斜不至, 津不先飯, 椿還, 然後共食. 食則津親授匙箸,
味皆先嘗, 椿命食, 然後食. 津爲司空, 於是府主皆引僚佐, 人有就津求官者, 津曰:
「此事須家兄裁之, 何爲見問?」初, 津爲肆州, 椿在京宅, 每有四時嘉味, 輒因
使次附之. 若或未寄, 不先入口. 椿每得所寄, 輒對之下泣. 兄弟並皆有孫, 唯椿
有曾孫, 年十五六矣, 椿常欲爲之早娶, 望見玄孫. 自昱已下, 率多學尙, 時人莫
不欽羨焉. 一家之內, 男女百口, 緦服同爨, 庭無間言. 魏世以來, 唯有盧陽烏兄弟
及播昆季, 當世莫逮焉.

342(6-2-30)
우홍의 너그러움

○ 수隋나라 때 이부상서吏部尚書 우홍牛弘의 아우 우필牛弼은 술을 좋아하여 술주정이 심하였다. 한번은 술에 취해 우홍의 수레를 끄는 소를 쏘아 죽이고 말았다. 우홍이 집으로 돌아오자 그의 아내가 맞이하며 우홍에게 말하였다. "시동생이 소를 쏘아 죽였습니다."

우홍은 이를 듣고는 괴이히 여겨 묻는 일 없이 곧바로 이렇게 대답하는 것이었다.

"포를 뜨시오."

그리고 자리 잡고 앉자 그 아내가 다시 말하였다.

"시동생이 소를 쏘아 죽였으니 크게 이상한 일입니다!"

우홍은 이렇게 말하였다.

"이미 알고 있소."

그리고는 안색이 자약하며 읽던 책 읽기를 그치지 않는 것이었다.

○ 隋吏部尙書牛弘弟弼, 好酒而酗, 嘗醉射殺弘駕車牛. 弘還宅, 其妻迎謂弘曰:「叔射殺牛.」弘聞無所怪問, 直答曰:「作脯.」坐定, 其妻又曰:「叔射殺牛, 大是異事!」弘曰:「已知.」顔色自若, 讀書不輟.

【隋】北周를 이어 文帝 楊堅이 천하를 통일하여 세운 왕조. 581년부터 618년까지 이어짐. 뒤에 당나라 高祖 李淵에게 망함.

【吏部尙書】吏部의 우두머리. 이부는 六部(吏·禮·兵·刑·工)의 하나로 관리의 임면, 배치 등을 관장하던 기구. 朝鮮時代의 吏曹와 같음.

【牛弘】자는 里仁(546~611). 원래 安定사람으로 後魏를 섬기다가 隋나라가 들어서자 秘書監에 오름. 吏部尙書를 거쳐 奇章郡公에 올랐으며, 煬帝를 따라 江都에 갔다가 그곳에서 죽음. 시호는 獻.《隋書》(49)와 《北史》(72)에 전이 있음.

【牛弼】牛弘의 아우.

【叔】媤叔. 우홍의 아우 牛弼.

【酗】'후'로 읽으며 술주정을 하거나 술로 인해 인사불성이 됨을 말함. 〈集註〉에 "酗, 酒狂也"라 함.

1.《隋書》(49) 牛弘傳

牛弘字里仁, 安定鶉觚人也. ……有弟曰弼, 好酒而酗, 嘗因醉, 射殺弘駕車牛. 弘來還宅, 其妻迎謂之曰:「叔射殺牛矣.」弘聞之, 無所怪問, 直答云:「作脯.」坐定, 其妻又曰:「叔忽射殺牛, 大是異事!」弘曰:「已知之矣.」顔色自若, 讀書不輟. 其寬和如此. 有文集十三卷行於世.

2.《北史》(72) 牛弘傳

牛弘字里仁, 安定鶉觚人也. 其先嘗避難, 改姓遼氏. 祖熾, 本郡中正. 父元, 魏侍中·工部尙書·臨涇公, 復姓牛氏. ……性寬厚, 篤志於學, 雖職務繁雜, 書不釋手. 隋室舊臣, 始終信任, 悔吝不及, 唯弘一人而已. 弟弼, 好酒而酗, 嘗醉射殺弘駕車牛. 弘還宅, 其妻迎謂曰:「叔射殺牛.」弘聞, 無所怪問, 直答曰:「作脯.」坐定, 其妻又曰:「叔忽射殺牛, 大是異事!」弘曰:「已知之矣.」顔色自若, 讀書不輟. 其寬和如此. 有文集十二卷行於世.

3.《家範》(7) 兄姑姊妹夫篇 司馬光

隋吏部尙書牛弘弟弼, 好酒酗, 嘗醉射殺弘駕車牛. 弘還宅, 其妻迎謂弘曰:「叔射殺牛.」弘聞無所怪問, 直答曰:「作脯.」坐定, 其妻又曰:「叔射殺牛, 大是異事.」弘曰:「已知.」顔色自若, 讀書不輟.

343(6-2-31)
누이를 극진히 모신 이적

○ 당唐나라 때 영공英公 이적李勣은 몸의 귀히 됨이 복야僕射에 이르렀
건만, 그의 누나가 병이 나면 반드시 친히 누나를 위해 불을 피워 죽을
끓였는데, 불이 수염에 붙고 말았다. 누나가 말하였다.

"복야라면 부릴 첩도 많을 텐데 어찌 스스로 이와 같은 고생을 하는가?"

그러자 이적이 말하였다.

"어찌 사람이 없어서 그러했겠습니까? 생각건대 지금 누님은 나이가
많고 저 또한 늙었으니, 비록 자주 누님을 위하여 죽을 끓이고자 한들
어찌 또다시 그런 기회가 있겠습니까?"

○ 唐英公李勣, 貴爲僕射. 其姉病, 必親爲然火煮粥, 火焚其鬚.
姉曰:「僕妾多矣, 何爲自苦如此?」勣曰:「豈爲無人耶? 顧今姉
年老, 勣亦老, 雖欲數爲姉煮粥, 復可得乎?」

【英公】 李勣(594~669). 본성은 徐氏이며 이름은 世勣이었음. 따라서 徐世勣
으로도 알려져 있음. 자는 懋功이며 曹州 사람. 隋末 翟讓을 따라 봉기,
瓦崗軍에 참가하여 東海郡公에 봉해졌음. 와강군이 와해되자 唐에 귀의
하여 여러 차례 공을 세워 唐 高祖(李淵)로부터 李氏 성을 하사받고 재상이
되었음. 貞觀 3년(629) 李靖과 함께 동돌궐을 깨뜨리고 英國公에 봉해졌으며
高宗 때 司空에 오름. 고구려를 침입했던 장수로도 널리 알려져 있음.
《舊唐書》(67)와 《新唐書》(93)에 傳이 있음.
【僕射】 당나라 때는 재상을 '복야'라 불렀음.

【僕妾】부리는 童僕이나 婢妾. 그러나 司馬光《家範》의 원문에는 "僕射妾
　多矣"라 하여 "복야 벼슬이라면 첩이 많을 텐데"라는 뜻으로 되어 있음.

1.《舊唐書》(67) 李勣傳

李勣, 曹州離狐人也. 隋末, 徙居滑州之衛南. 本姓徐氏, 名世勣, 永徽中, 以犯
太宗諱, 單名勣焉. 家多僮僕, 積粟數千鍾, 與其父蓋皆好惠施, 拯濟貧乏, 不問
親疎. ……其年寢疾, 詔以勣弟晉州刺史弼爲司衛正卿, 使得視疾, 尋薨, 年七十六.
帝爲之擧哀, 輟朝七日, 贈太尉·揚州大都督, 諡曰貞武. ……光宅元年, 詔勣配
享高宗廟庭.

2.《新唐書》(93) 李勣傳

李勣字懋功, 曹州離狐人. 本姓徐氏, 客衛南. 家富, 多僮僕, 積粟常數千鍾,
與其父蓋皆喜施貸, 所周給無親疎之間. ……性友愛, 其姊病, 嘗自爲粥而燎其須.
姊戒止. 答曰:「姊多疾, 而勣且老, 雖欲數進粥, 尚幾何?」

3.《家範》(7) 兄弟姑姊妹夫篇 司馬光

唐英公李勣, 貴爲僕射. 其姊病, 必親爲燃火煮粥, 火焚其鬚鬢. 姊曰:「僕射妾
多矣, 何爲自苦如是?」勣曰:「豈爲無人耶? 顧今姊年老, 勣亦老, 雖欲久爲姊
煮粥, 復可得乎?」若此可謂能愛矣.

344(6-2-32)
사마공과 그의 형

○ 사마온공司馬溫公이 그의 형 백강伯康과 우애가 특히 돈독하였다. 백강은 나이가 장차 여든이 되어가고 있었다. 온공은 이를 받들기를 마치 엄한 아버지 모시듯 하였고, 이를 보호하기를 마치 어린아이 보살피듯 하였다. 매번 식사를 하고 조금 지나면 이렇게 묻는 것이었다.
"배고프지 않소?"
그리고 날씨가 조금만 추워도 그 등을 어루만지며 이렇게 묻는 것이었다.
"옷이 너무 얇지 않소?"

○ 司馬溫公, 與其兄伯康友愛尤篤, 伯康年將八十. 公奉之如嚴父, 保之如嬰兒. 每食少頃則問曰:「得無饑乎?」天少冷, 則拊其背曰:「衣得無薄乎?」

【司馬溫公】司馬光(1019~1086). 北宋의 사학가이며 문장가, 사상가. 자는 君實. 만년의 호는 迂叟, 陝州 夏縣(지금의 山西 夏縣) 사람으로 涑水鄕(지금의 하현 서쪽)에 살아 涑水先生이라고도 부름. 북송 眞宗 天禧 3년에 태어나 哲宗 元祐 원년에 죽었음. 향년 68세. 인종 寶元 원년(1038)에 진사에 올라 仁宗·英宗·神宗 3조를 섬겼음. 신종 때 왕안석의 신법에 반대하였으며, 判西京 御史臺를 그만두고 洛陽에 15년을 살았음. 철종이 즉위하자 조정으로 들어가 재상이 되어, 신법을 파기하고 구제를 회복하였으나 재위 8개월 만에 죽고 말았음. 시호는 文正, 溫國公에 봉해져 흔히 溫公이라 부름.《資治通鑑》을 편찬하였으며《涑水紀聞》,《溫國文正司馬文集》등이 있음.《宋史》(336)에 전이 있음.

【伯康】司馬旦. 司馬光의 형.

【少頃】잠시 뒤, 짧은 시간이 경과함.

＊〈集註〉에 “吳氏曰:「奉之如嚴父, 敬之至也; 保至如嬰兒, 愛之至也. 老人
腸胃弱, 易飽易饑; 氣滯虛弱, 易寒易熱, 故公撫問之勤如此.」라 함.

参고 및 관련 자료

1.《范太史文集》에 실려 있음.

2.《宋史》(336) 司馬光傳

光孝友忠信, 恭儉正直, 居處有法, 動作有禮. 在洛時, 每往夏縣展墓, 必過其
兄旦, 旦年將八十, 奉之如嚴父, 保之如嬰兒.

宋代 畫像塼 〈人物圖〉

345(6-2-33)
조씨 집안의 가법

○ 근세 고가故家로는 오직 조씨晁氏 집안만이 이도以道, 晁說之의 자제들에게 훈계한 것을 거듭 지킴으로써 모두가 법도를 갖추고 있다. 그들은 모여 살면서 서로 부르되 외성外姓의 존장尊長에게는 반드시 "모성某姓의 제 몇 번째 아저씨 혹은 형님"이라 부른다. 그리고 여러 고모뻘의 남편을 존중하여 반드시 "모성의 고모부. 모성의 존고모부"라 칭하며 한 번도 감히 그의 자字를 불러본 적이 없다. 그리고 아버지의 무리로써 아버지와 교유하는 분일 경우 반드시 "모성의 몇 째 어르신"이라 부르며 역시 감히 그의 자를 불러본 적이 없다. 당시 고가나 구족舊族들은 모두가 이와 같이 하지 않았다.

○ 近世故家惟晁氏, 因以道申戒子弟, 皆有法度, 羣居相呼, 外姓尊長, 必曰:「某姓第幾叔若兄」. 諸姑尊姑之夫, 必曰:「某姓姑夫, 某姓尊姑夫」, 未嘗敢呼字也. 其言父黨交遊, 必曰:「某姓幾丈」. 亦未嘗敢呼字也. 當時故家舊族, 皆不能若是.

【近世】 南宋 朱子가 살아 있을 당시.
【故家】 오래되어 도덕과 예법을 지켜 전통을 이루었다고 하는 가문.
【晁氏】 송나라 때 조열지(晁說之: 1059~1129)의 집안. 晁說之는 자가 以道, 혹은 伯以이며 자호는 景迂生. 澶淵 사람. 晁端彦의 아들로 神宗 때 진사에 올라 蘇軾의 추천을 받음. 만년에 불교를 깊이 믿었으며 詩와 山水畫에

뛰어났고 五經에도 능통하였음.《儒言》,《晁氏客語》,《景迂生集》등을 남김.
〈集註〉에는 晁悅之로 표기되어 있음.《宋元學案》(22)에 그에 관한 기록이
있음.
【尊姑】할아버지의 자매.
【父黨交遊】아버지의 친구.
＊〈集註〉에 "稱姓稱行稱位耳不呼字, 皆謙厚之道"라 함.

1.《童蒙訓》卷上 呂本中

近世故家惟晁氏, 因以道申戒子弟(一非能以道訓戒子弟), 皆有法度, 羣居相處呼,
外姓尊長, 必曰:「某姓第幾叔若兄」. 諸姑尊姑之夫, 必曰:「某姓姑夫, 某姓尊
姑夫」, 未嘗敢呼字也. 其言父黨交遊, 必曰:「某姓幾丈」. 亦未嘗敢呼字也. 當時
故家舊族, 皆不能若是.

346(6-2-34)
백금 백 냥

○ 효숙공孝肅公 포증包拯이 서울 개봉開封의 윤尹으로 있을 때 어떤 백성이 찾아와 스스로 이렇게 말하였다.

"백금 백 냥兩을 나에게 맡기고 죽은 자가 있습니다. 이를 그의 아들에게 돌려주려 하였으나 그 아들이 받으려하지 않습니다. 원컨대 그 아들을 불러 전해 주시기 바랍니다."

포증이 그 아들을 부르자 그 아들은 이렇게 사양하는 것이었다.

"돌아가신 아버지께서 일찍이 백금을 남에게 맡기신 적이 없습니다."

두 사람은 서로 오랫동안 양보하는 것이었다.

여형공呂滎公이 이를 듣고 이렇게 말하였다.

"세상 사람들이 '좋은 사람이란 없다'(無好人)라는 세 글자를 즐겨 말하는 것은, 가히 스스로를 해치는 것이라 할 수 있다. 옛 사람들은 모두가 '누구나 요순이 될 수 있다'(皆可以爲堯舜)라 하였으니, 아마 이러한 사례를 보면 알 수 있을 것이다."

○ 包孝肅公, 尹京時, 民有自言:「以白金百兩寄我者死矣, 予其子不肯受. 願召其子予之」尹召其子, 辭曰:「亡父未嘗以白金委人也」兩人相讓久之.

呂滎公聞之曰:「世人喜言無好人三字者, 可謂自賊者矣. 古人言人皆可以爲堯舜, 蓋觀於此而知之」

【包孝肅公】包拯(999~1062). 자는 希仁.
시호는 孝肅. 宋나라 廬州 合肥
사람. 仁宗 때 進士에 올라 여러
차례 鑑察御史를 역임하였으며 契丹
에 사신으로 왕래하기도 하였음.
행정에 엄격하여 "關節不到, 有閻羅
包老"라는 말이 생겨나기도 하였음.
《包孝肅奏議》를 남겼으며 《宋史》
(316)에 전이 있음.

포청천 包拯(孝肅) 《三才圖會》

【尹京】京兆尹이 되었음을 말함. 송나라 때는 開封이 京兆였으므로 開封府尹
이었음.

【呂滎公】呂希哲(1039~1116). 자는 原明. 壽州 사람으로 呂公著의 아들. 처음
에는 石介, 胡瑗 등을 스승으로 하였다가 뒤에 다시 程顥·程頤·張載를 따라
배움. 과거를 포기하고 古學에 힘써 蔭官으로 벼슬길에 오름. 元祐黨籍으로
몰려 좌천되었다가 뒤에 光祿少卿에 올랐으며 滎陽郡公을 지내어 滎公이라
부름. 저술로 《呂氏雜記》가 있음. 《宋史》(336) 呂公著에 전이 함께 들어 있음.

【無好人】세상에 좋은 사람이 없다고 여기는 것.

【自賊】《孟子》 公孫丑(上)에 "無惻隱之心, 非人也; 無羞惡之心, 非人也; 無辭
讓之心, 非人也; 無是非之心, 非人也. 惻隱之心, 仁之端也; 羞惡之心, 義之
端也; 辭讓之心, 禮之端也; 是非之心, 智之端也. 人之有是四端也, 猶其有四
體也. 有是四端而自謂不能者, 自賊者也; 謂其君不能者, 賊其君者也."라 함.

【皆可以爲堯舜】《孟子》 告子(下)에 "曹交問曰:「人皆可以爲堯舜, 有諸?」孟子
曰:「然.」"이라 함.

1.《童蒙訓》卷上 呂本中

滎陽公嘗言:「世人喜言'無好人'三字者, 可謂自賊者也.」

包孝肅公, 尹京時, 民有自言:「有以白金百兩寄我者死矣, 予其子不肯受. 願召
其子予之.」尹召其子, 其子辭曰:「亡父未嘗以白金委人也.」兩人相讓久之.

公因言:「觀此事而言'無好人'者, 亦可以少愧矣. 人皆可以爲堯舜, 蓋觀於此而
知之.」

2.《宋史》(316) 包拯傳

包拯字希仁, 廬州合肥人也. ……人以包拯笑比黃河淸, 童稚婦女, 亦知其名,
號曰「包待制」. 京師爲之語曰:「關節不到, 有閻羅包老」……頃之, 遷禮部侍郎,
辭不受, 尋以疾卒, 年六十四. 贈禮部尙書, 諡孝肅.

347(6-2-35)
만석군 석분

○ 만석군萬石君 석분石奮이 늙어 퇴임하여 집에 돌아와 있었다. 그는 그럼에도 궁궐 문을 지날 때면 반드시 수레에서 내려 급히 지나갔고, 길에서 노마路馬를 보면 반드시 식(式, 경의를 포함)을 하였다. 자손들이 낮은 관리가 되어 찾아와 배알할 때면 석분은 반드시 조복朝服을 입고 접견하였으며 그의 이름을 부르지 않았다. 자손 중에 과실이 있을 때는 그들을 꾸짖지는 않은 채, 곧바로 앉아 밥상을 대하여도 먹지를 않았다. 여러 아들들이 서로 잘못을 책하며 그 중 가장 나이 많은 자가, 육단肉袒하여 진실로 사죄하고 고친 다음에야 누그러뜨렸다.

자손 중에 관례冠禮를 치른 자가 곁에 있으면, 비록 편안한 평시라도 반드시 관을 쓰고 다정하고 나직이 대하였다. 동복僮僕에게는 편안히 해 주었으며, 오직 삼가기만 할 뿐이었다. 임금이 때때로 그 집에 먹을 것을 하사하면 반드시 머리를 땅에 대고 부복俯伏하여 이를 먹어 마치 임금 앞에 있는 듯이 하였다. 그는 어버이 상喪을 집전하면서 애척함이 심하였으며, 그 자손들도 그의 가르침을 준수하여 그와 같이 하였다.

만석군의 집안은 효도와 근신으로 군국郡國에 널리 소문이 나서, 비록 제노齊魯의 여러 유가들이나, 바탕대로 실행하는 이들이라 할지라도 모두가 그에게 미치지 못한다고 스스로 여겼다.

맏아들 건建은 낭중령郎中令이 되었고, 막내아들 경慶은 내사內史가 되었다. 건은 이미 늙어 백발이 되었지만, 만석군은 오히려 아무런 탈이 없었다. 매번 닷새마다 한 번씩 세목洗沐의 휴가를 얻어 어버이를 뵈러 올 때면, 아들인 자신의 방에 들어서서는 몰래 아버지를 모시고 있는 자에게 물어 친히 아버지의 속옷과 요강을 가져다 직접 세탁하고 씻어 다시 모시는

자에게 주면서 감히 만석군으로 하여금 알도록 해서는 안 된다고 당부하였
으며 이런 일을 일상으로 여겼다.

　내사 경이 술 취해 돌아오면서 외문外門을 들어올 때 수레에서 내리지
않았다. 만석군이 이를 듣고 밥을 먹지 않았다. 경이 두려워 육단으로 사죄
하였지만 허락해 주지 않았다. 그리하여 종족과 형 건이 모두 나서서 육단
하며 죄를 빌자 만석군은 이렇게 꾸짖었다.

　"내사라면 귀한 신분이다. 여리閭里에 들어설 때면 마을의 장로長老들
까지도 모두 달아나 숨어 길을 피해 줄 정도의 지위이다. 그런데 내사가
수레를 탄 채 들어서는 것을 보면, 그것은 본래부터 당연한 일인 줄로 여기
게 될 것이다."

　그러고는 이에 경을 나가도록 허락하였다.

　이로부터 경과 여러 아들들은 이문에 들어설 때면 급히 뛰어 집으로
돌아왔다.

　○ 萬石君石奮, 歸老于家, 過宮門闕, 必下車趨, 見路馬必式焉.
子孫爲小吏, 來歸謁, 萬石君必朝服見之, 不名. 子孫有過失, 不誚讓,
爲便坐, 對案不食, 然後諸子相責, 因長老肉袒, 固謝罪, 改之乃許.

　子孫勝冠者在側, 雖燕必冠, 申申如也. 僮僕訢訢如也, 唯謹.
上時賜食於家, 必稽首俯伏而食, 如在上前.

　其執喪, 哀戚甚, 子孫遵教亦如之.

　萬石君家, 以孝謹聞乎郡國, 雖齊·魯諸儒質行, 皆自以爲不及也.

　長子建爲郎中令, 少子慶爲內史, 建老白首, 萬石君尚無恙. 每五日
洗沐, 歸謁親, 入子舍, 竊問侍者, 取親中裙·廁牏, 身自浣滌, 復與
侍者, 不敢令萬石君知之, 以爲常.

　內史慶醉歸, 入外門不下車, 萬石君聞之不食. 慶恐, 肉袒謝罪,
不許. 擧宗及兄建肉袒, 萬石君讓曰:「內史貴人, 入閭里, 里中長老

皆走匿, 而內史坐車中, 自如固當.」
　乃謝罷慶, 慶及諸子, 入里門, 趨至家.

【石奮】前漢 文帝 때의 인물. 그 아들 石建, 石甲, 石乙, 石慶 등이 모두 태수에 이르러 집안을 萬石君이라 하였음. 특히 石慶은 武帝 때 太僕에 이르렀으며 매우 신중한 성격이었음. 《史記》萬君石傳 및 《漢書》(60) 참조.
【路馬】임금의 수레.
【誚讓】말로 나무라고 꾸짖음.
【便坐】한쪽 가에 앉음.
【肉袒】한쪽 어깨를 드러내어 자신의 잘못을 인정하고 사죄함.
【勝冠者】관례를 치를 나이에 이른 자.
【申申如】아주 온화한 모습. 《論語》述而篇에 "子之燕居, 申申如也, 夭夭如也"라 함.
【郡國】周나라 이후 封建制가 秦始皇에 이르러 郡縣制로 바뀌었으며, 漢나라 이후는 郡國制를 채택하여 천하를 다스렸음. 郡은 중앙집권의 任免制이며, 國은 漢나라 종실 劉氏 등이 封侯를 받아 다스리는 諸侯國.
【齊魯】고대 齊나라가 있던 臨淄 근처와 魯나라가 있던 曲阜 근처의 제후국. 지금의 山東 지역을 말하며 孔孟의 儒家가 성행하여 그 전통이 이어지고 있다고 여겼던 곳.
【郎中令】二千石에 해당하는 벼슬 이름.
【內史】京師의 행정을 관장하며 뒤에 京兆尹으로 그 이름이 바뀜.
【洗沐】한나라 제도 닷새에 한 번씩 귀가하여 목욕하고 빨래할 수 있도록 내리는 휴가. 지금의 曜日制와 같음. 〈集註〉에 "漢法, 在官五日, 則休假一日, 以洗身沐首"라 함.
【子舍】침실 곁의 작은 방.
【中裙】아랫도리 내의. 〈集註〉에 "中裙, 中衣"라 함.
【廁牏】〈集註〉에 "廁牏, 穢器"라 하여 요강 따위를 말하는 것으로 보임.
【乃謝罷慶】이에 慶으로 하여금 나가도 좋다고 허락함.
【里門】마을의 입구 문.
　＊〈集註〉에 "言自是以後, 入巷門, 則疾趨而歸, 不但下車矣"라 함.

1. 《蒙求》(177)

前漢, 石奮趙人. 孝文時, 官至太中大夫. 無文學, 恭謹無與比. 長子建, 次甲, 次乙, 次慶, 皆以馴行孝謹, 官至二千石. 景帝曰:「石君及四子皆二千石, 人臣尊寵, 迺舉集其門.」凡號奮爲萬石君. 慶武帝時爲太僕. 御出, 上問:「車中幾馬?」慶以策數馬畢, 舉手曰:「六馬」慶於兄弟最爲簡易矣, 然猶如此. 後爲丞相.

2. 《史記》萬石張叔列傳

萬石君名奮, 其父趙人也, 姓石氏. 趙亡, 徙居溫. 高祖東擊項籍, 過河內, 時奮年十五, 爲小吏, 侍高祖. 高祖與語, 愛其恭敬, 問曰:「若何有?」對曰:「奮獨有母, 不幸失明. 家貧. 有姊, 能鼓琴.」高祖曰:「若能從我乎?」曰:「願盡力.」於是高祖召其姊爲美人, 以奮爲中涓, 受書謁, 徙其家長安中戚里, 以姊爲美人故也. 其官至孝文時, 積功勞至大中大夫. 無文學, 恭謹無與比. 文帝時, 東陽侯張相如爲太子太傅, 免. 選可爲傅者, 皆推奮, 奮爲太子太傅. 及孝景卽位, 以爲九卿; 迫近, 憚之, 徙奮爲諸侯相. 奮長子建, 次子甲, 次子乙, 次子慶, 皆以馴行孝謹, 官皆至二千石. 於是景帝曰:「石君及四子皆二千石, 人臣尊寵乃集其門.」號奮爲萬石君.

孝景帝季年, 萬石君以上大夫祿歸老于家, 以歲時爲朝臣. 過宮門闕, 萬石君必下車趨, 見路馬必式焉. 子孫爲小吏, 來歸謁, 萬石君必朝服見之, 不名. 子孫有過失, 不譙讓, 爲便坐, 對案不食. 然后諸子相責, 因長老肉袒固謝罪, 改之, 乃許. 子孫勝冠者在側, 雖燕居必冠, 申申如也. 僮僕訢訢如也, 唯謹. 上時賜食於家, 必稽首俯伏而食之, 如在上前. 其執喪, 哀戚甚悼. 子孫遵教, 亦如之. 萬石君家以孝謹聞乎郡國, 雖齊魯諸儒質行, 皆自以爲不及也. 建元二年, 郎中令王臧以文學獲罪. 皇太后以爲儒者文多質少, 今萬石君家不言而躬行, 乃以長子建爲郎中令, 少子慶爲內史.

建老白首, 萬石君尚無恙. 建爲郎中令, 每五日洗沐歸謁親, 入子舍, 竊問侍者, 取親中裙廁牏, 身自浣滌, 復與侍者, 不敢令萬石君知, 以爲常. 建爲郎中令, 事有可言, 屛人恣言, 極切; 至廷見, 如不能言者. 是以上乃親尊禮之. 萬石君徙居陵里. 內史慶醉歸, 入外門不下車. 萬石君聞之, 不食. 慶恐, 肉袒請罪, 不許. 舉宗及兄建肉袒, 萬石君讓曰:「內史貴人, 入閭里, 里中長老皆走匿, 而內史坐車中自如, 固當!」乃謝罷慶. 慶及諸子弟入里門, 趨至家. 萬石君以元朔五年中卒. 長子郎中令建哭泣哀思, 扶杖乃能行. 歲餘, 建亦死. 諸子孫咸孝, 然建最甚, 甚於萬石君. 建爲郎中令, 書奏事, 事下, 建讀之, 曰:「誤書!『馬』者與尾當五, 今乃四, 不足一. 上譴死矣!」甚惶恐. 其爲謹愼, 雖他皆如是. 萬石君少子慶爲太僕, 御出, 上問車中幾馬, 慶以策數馬畢, 舉手曰:「六馬.」慶於諸子中最爲簡易矣, 然猶如此. 爲齊相, 舉齊國皆慕其家行, 不言而齊國大治, 爲立石相祠. 元狩元年, 上立太子, 選羣臣可爲傅者, 慶自沛守爲太子太傅, 七歲遷爲御史大夫. 元鼎五年秋, 丞相有罪, 罷. 制詔御史: 萬石君先帝尊之, 子孫孝, 其以御史大夫慶爲丞相, 封爲牧丘侯.」是時漢方南誅兩越, 東擊朝鮮, 北逐匈奴, 西伐大宛, 中國多事. 天子巡狩海內, 修上古神祠, 封禪, 興禮樂. 公家用少, 桑弘羊等致利, 王溫舒之屬峻法, 兒寬等推文學至九卿, 更進用事, 事不關決於丞相, 丞相醇謹而已. 在位九歲, 無能有所匡言. 嘗欲請治上近臣所忠·九卿咸宣罪, 不能服, 反受其過, 贖罪. 元封四年中, 關東流民二百萬口, 無名數者四十萬, 公卿議欲請徙流民於邊以適之. 上以爲丞相老謹, 不能與其議, 乃賜丞相告歸, 而案御史大夫以下議爲請者. 丞相慙不任職, 乃上書曰:「慶幸得待罪丞相, 罷駑無以輔治, 城郭倉庫空虛, 民多流亡, 罪當伏斧質, 上不忍致法. 願歸丞相侯印, 乞骸骨歸, 避賢者路.」天子曰:「倉廩旣空, 民貧流亡, 而君欲請徙之, 搖蕩不安, 動危之, 而辭位, 君欲安歸難乎?」以書讓慶, 慶甚慙, 遂復視事. 慶文深審謹, 然無他大略, 爲百姓言. 後三歲餘, 太初二年中, 丞相慶卒, 謚爲恬侯. 慶中子德, 慶愛用之, 上以德爲嗣, 代侯. 後爲太常, 坐法當死, 贖免爲庶人. 慶方爲丞相, 諸子孫爲吏更至二千石者十三人. 及慶死後, 稍以罪去, 孝謹益衰矣.

3. 《漢書》萬石衞直周張傳(石奮)

萬石君石奮, 其父趙人也. 趙亡, 徙溫. 高祖東擊項籍, 過河內, 時奮年十五, 爲小吏, 侍高祖. 高祖與語, 愛其恭敬, 問曰:「若何有?」對曰:「有母, 不幸失明. 家貧. 有姊, 能鼓瑟.」高祖曰:「若能從我乎?」曰:「願盡力.」於是高祖召其姊爲美人, 以奮爲中涓, 受書謁. 徙其家長安中戚里, 以姊爲美人故也. 奮積功勞, 孝文時官至太中大夫. 無文學, 恭謹, 舉無與比. 東陽侯張相如爲太子太傅, 免. 選可爲傅者, 皆推奮爲太子太傅. 及孝景卽位, 以奮爲九卿. 迫近, 憚之, 徙奮爲諸侯相. 奮長子建, 次甲, 次乙, 次慶, 皆以馴行孝謹, 官至二千石. 於是景帝曰:「石君及四子皆二千石, 人臣尊寵乃擧集其門.」凡號奮爲萬石君.

孝景季年, 萬石君以上大夫祿歸老于家, 以歲時爲朝臣. 過宮門闕必下車趨, 見路馬必軾焉. 子孫(謂)[爲]小吏, 來歸謁, 萬石君必朝服見之, 不名. 子孫有過失, 不誚讓, 爲便坐, 對案不食. 然後諸子相責, 因長老肉袒固謝罪, 改之, 乃許.

子孫勝冠者在側, 雖燕必冠, 申申如也. 僮僕訢訢如也, 唯謹. 上時賜食於家,
必稽首俯伏而食, 如在上前. 其執喪, 哀戚甚. 子孫遵教, 亦如之. 萬石君家以
孝謹聞乎郡國, 雖齊魯諸儒質行, 皆自以爲不及也. 建元二年, 郎中令王臧以文學
獲罪皇太后. 太后以爲儒者文多質少, 今萬石君家不言而躬行, 乃以長子建爲郎
中令, 少子慶爲内史.

建老白首, 萬石君尙無恙. 每五日洗沐歸謁親, 入子舍, 竊問侍者, 取親中裙廁牏,
身自澣洒, 復與侍者, 不敢令萬石君知之, 以爲常. 建奏事於上前, 卽有可言, 屏人
乃言極切; 至廷見, 如不能言者. 上以是親而禮之. 萬石君徙居陵里. 內史慶醉歸,
入外門不下車. 萬石君聞之, 不食. 慶恐, 肉袒謝請罪, 不許. 舉宗及兄建肉袒,
萬石君讓曰:「內史貴人, 入閭里, 里中長老皆走匿, 而內史坐車中自如, 固當!」
乃謝罷慶. 慶及諸子入里門, 趨至家. 萬石君元朔五年卒, 建哭泣哀思, 杖乃能行.
歲餘, 建亦死. 諸子孫咸孝, 然建最甚, 甚於萬石君. 建爲郎中令, 奏事下, 建讀之,
驚恐曰:「書『馬』者與尾而五, 今乃四, 不足一, 獲譴死矣!」其爲謹愼, 雖他皆
如是. 慶爲太僕, 御出, 上問車中幾馬, 慶以策數馬畢, 舉手曰:「六馬.」慶於兄
弟最爲簡易矣, 然猶如此. 出爲齊相, 齊國慕其家行, 不治而齊國大治, 爲立石
相祠. 元狩元年, 上立太子, 選羣臣可傅者, 慶自沛守爲太子太傅, 七歲遷御史
大夫. 元鼎五年, 丞相趙周坐酎金免, 制詔御史:「萬石君先帝尊之, 子孫至孝,
其以御史大夫慶爲丞相, 封牧丘侯.」是時漢方南誅兩越, 東擊朝鮮, 北逐匈奴,
西伐大宛, 中國多事. 天子巡狩海內, 修古神祠, 封禪, 興禮樂. 公家用少, 桑弘羊
等致利, 王溫舒之屬峻法, 兒寬等推文學, 九卿更進用事, 事不關決於慶, 慶醇
謹而已. 在位九歲, 無能有所匡言. 嘗欲請治上近臣所忠·九卿咸宣, 不能服,
反受其過, 贖罪. 元封四年, 關東流民二百萬口, 無名數者四十萬, 公卿議欲請徙
流民於邊以適之. 上以爲慶老謹, 不能與其議, 乃賜丞相告歸, 而案御史大夫
以下議爲請者. 慶慙不任職, 上書曰:「臣幸得待罪丞相, 疲駑無以輔治. 城郭
倉廩空虛, 民多流亡, 罪當伏斧質, 上不忍致法. 願歸丞相侯印, 乞骸骨歸, 避賢
者路.」上報曰:「間者, 河水滔陸, 泛濫十餘郡, 隄防勤勞, 弗能陻塞, 朕甚憂之.
是故巡方州, 禮嵩嶽, 通八神, 以合宣房. 濟淮江, 歷山濱海, 問百年民所疾苦.
惟吏多私, 徵求無已, 去者便, 居者擾, 故爲流民法, 以禁重賦. 乃者封泰山, 皇天
嘉況, 神物並見. 朕方答氣應, 未能承意, 是以切比閭里, 知吏姦邪. 委任有司,
然則官曠民愁, 盜賊公行. 往年覲明堂, 赦殊死, 無禁錮, 咸自新, 與更始. 今流
民愈多, 計文不改, 君不繩責長吏, 而請以興徙四十萬口, 搖蕩百姓, 孤兒幼年
未滿十歲, 無罪而坐率, 朕失望焉. 今君上書言倉庫城郭不充實, 民多貧, 盜賊衆,

請入粟爲庶人. 夫懷知民貧而請益賦, 動危之而辭位, 欲安歸難乎? 君其反室!」
慶素質, 見詔報反室, 自以爲得許, 欲上印綬. 掾史以爲見責甚深, 而終以反室者,
醜惡之辭也. 或勸慶宜引決. 慶甚懼, 不知所出, 遂復起視事. 慶爲丞相, 文深
審謹, 無他大略. 後三歲餘薨, 謚曰恬侯. 中子德, 慶愛之. 上以德嗣, 後爲太常,
坐法免, 國除. 慶方爲丞相時, 諸子孫爲小吏至二千石者十三人. 及慶死後, 稍以
罪去, 孝謹衰矣.

4.《家範》(1) 治家篇 司馬光

漢萬石君石奮, 無文學, 恭謹擧無與比. 奮長子建, 次甲, 次乙, 次慶, 皆以馴行
孝謹. 官至二千石. 於是景帝曰:「石君及四子, 皆二千石, 人臣尊寵, 乃擧集其門.」
故號奮爲萬石君. 孝景季年, 萬石君以上大夫祿, 歸老于家, 子孫爲小吏, 來歸謁,
萬石君必朝服見之, 不名. 子孫有過失, 不誚讓, 爲便坐, 對案不食, 然後諸子
相責, 因長老肉袒, 固謝罪, 改之乃許. 子孫勝冠者在側, 雖燕必冠, 申申如也.
僮僕訢訢如也, 唯謹. 其執喪, 哀戚甚, 子孫遵教亦如之. 萬石君家, 以孝謹聞
乎郡國, 雖齊魯諸儒質行, 皆自以爲不及也. 建元二年, 郎中令王臧以文學獲罪
皇太后. 太后以爲儒者文多質少, 今萬石君家不言而躬行, 乃以長子建爲郎中令,
少子慶爲內史. 建老白首, 萬石君尚無恙. 每五日洗沐歸謁親, 入子舍, 竊問侍者,
取親中裙廁牏, 身自澣灑, 復與侍者, 不敢令萬石君知之, 以爲常. 萬石君徙居
陵里. 內史慶醉歸, 入外門不下車. 萬石君聞之, 不食. 慶恐, 肉袒請罪, 不許.
擧宗及兄建肉袒, 萬石君讓曰:「內史貴人, 入閭里, 里中長老皆走匿, 而內史
坐車自如, 固當!」乃謝罷慶. 慶及諸子入里門, 趨至家. 萬石君元朔五年卒. 建哭
泣哀思, 杖乃能行. 歲餘, 建亦死. 諸子孫咸孝, 然建最甚.

348(6-2-36)
소광의 낙향 생활

○ 소광疏廣 태자태부太子太傅가 되어 해골이나 온전히 하겠노라 퇴임을 상소하자, 임금이 그에게 황금 20근을 더하여 하사하였고, 태자도 그에게 50근을 증송하였다. 그는 고향으로 돌아와 날마다 집안 사람에게 명하여 술과 음식을 준비하도록 하고는 족인과 옛 친구, 빈객들을 청하여 서로 즐겼다. 그리고 자주 집안 사람에게 금이 얼마나 남았는지를 물어 아직도 몇 근이 남아 있다고 하면, 곧바로 음식을 마련하도록 하였다.

이렇게 일 년 남짓 지나자, 소광의 자손들은 속으로 그 형제 중에 노인으로서 소광이 신임하고 아끼는 자에게 이렇게 털어놓았다.

"자손으로서 아버님이 살아계실 때 자못 산업을 일으킬 바탕을 마련할 것으로 기대하였더니, 오늘 음식비용으로 쓰며 거의 다 없어지고 있으니, 의당 어른이 계신 곳을 가서 우리 아버님께 권하고 설득하여 전택을 마련할 수 있도록 해 주십시오."

노인이 즉시 한가한 틈을 타서 소광에게 이러한 계획을 말하였다. 그러자 소광은 이렇게 말하였다.

"내 어찌 늙고 망령들어 자손을 염려하지 않는 사람이겠는가! 돌아보건대 우리 집안에는 스스로 옛날 전택과 집이 있으니, 자손들로 하여금 그 속에서 부지런히 힘을 쓰면 족히 의복과 음식은 마련할 수 있으며, 남과 같이 살 수 있다고 생각한다. 그런데 지금 다시 거기에 더 보태어 주면 이 것은 남아도는 것이 된다. 이는 단지 자손에게 게으름을 가르치는 것일 뿐이다. 어질면서 재물이 많으면 그 뜻을 손상하고, 어리석으면서 재물이 많으면 그 허물을 가중시킨다. 게다가 부유함이란 많은 사람들의 원망거리이다. 내 이미 자손에게 가르친 것이 없으니, 거기에 허물을 더해 주고 원망을 사는 일을 하기는 싫다. 그리고 이 금은 성주_{聖主}께서 늙은 신하에게 혜택으로 내린 봉양이다. 그러므로 이를 향당의 종친들과 함께 즐기며, 그 내려주심을 같이 누려 내 남은 삶을 다하는 것이 어찌 또한 불가하다는 것인가?”

○ 疏廣爲太子太傅, 上疏乞骸骨, 加賜黃金二十斤, 太子贈五十斤. 歸鄕里, 日令家供具設酒食, 請族人故舊賓客, 相與娛樂, 數問其家, 金餘, 尙有幾斤, 趣賣以共具.

居歲餘, 廣子孫, 竊謂其昆弟老人, 廣所信愛者, 曰:「子孫冀及君時, 頗立産業基址, 今日飮食費且盡, 宜從丈人所, 勸說君, 置田宅.」老人卽以閒暇時, 爲廣言此計. 廣曰:「吾豈老悖, 不念子孫哉! 顧自有舊田廬, 令子孫勤力其中, 足以共衣食, 與凡人齊. 今復增益之, 以爲嬴餘, 但敎子孫怠惰耳. 賢而多財則損其志, 愚而多財則益其過. 且夫富者, 衆之怨也. 吾旣無以敎化子孫, 不欲益其過而生怨. 又此金者, 聖主所以惠養老臣也. 故樂與鄕黨宗親, 共享其賜, 以盡吾餘日, 不亦可乎?」

【疏廣】자는 仲翁. 漢나라 때 東海 蘭陵 사람. ‘疎廣’으로도 표기하며 疏受(疎受)와 삼촌과 조카 사이임. 西漢 宣帝 때의 太子太傅를 지냈으며 그 조카 소수는 太子少傅를 지냈음. 뒤에 사직하고 고향으로 돌아와 받은 하사금을 모두 친척과 친구를 위해 써 버림.《漢書》에 전이 있음.《小學諺解》에는 ‘疎廣’으로 표기하였음.
【太子太傅】태자의 스승.
【乞骸骨】죽어서 해골을 거둘 수 있도록 해 달라고 요청함. 즉 致仕의 다른 말. 〈集註〉에 “乞骸骨, 猶今之告老也”라 함.
【丈人】소광이 일찍이 신임하던 가족 중의 연장자. 〈集註〉에 “丈人, 卽廣所愛信之高年兄弟也”라 함.

【老悖】〈集註〉에 “老悖, 年老而乖悖也”라 함.
【贏餘】남는 돈. 剩餘와 같음. 먹고 살 정도를 지나 남는 것임을 말함.〈集註〉
  에 “贏, 亦餘也. 衣食有餘, 則子孫倚之而怠惰矣”라 함.
【享】‘享受하다. 삶을 누리다’의 뜻.

1.《漢書》雋疏于薛平彭傳(疏廣)

疏廣字仲翁, 東海蘭陵人也. 少好學, 明《春秋》, 家居敎授, 學者自遠方至. 徵爲
博士太中大夫. 地節三年, 立皇太子, 選丙吉爲太傅, 廣爲少傅. 數月, 吉遷御史
大夫, 廣徙爲太傅, 廣兄子受字公子, 亦以賢良擧爲太子家令. 受好禮恭謹, 敏而
有辭. 宣帝幸太子宮, 受迎謁應對, 及置酒宴, 奉觴上壽, 辭禮閑雅, 上甚讙說.
頃之, 拜受爲少傅. 太子外祖父特進平恩侯許伯以爲太子少, 白使其弟中郞將
舜監護太子家. 上以問廣, 廣對曰:「太子國儲副君, 師友必於天下英俊, 不宜
獨親外家許氏. 且太子自有太傅少傅, 官屬已備, 今復使舜護太子家, 視陋, 非所
以廣太子德於天下也」上善其言, 以語丞相魏相, 相免冠謝曰:「此非臣等所能及」
廣繇是見器重, 數受賞賜. 太子每朝, 因進見, 太傅在前, 少傅在後. 父子並爲
師傅, 朝廷以爲榮. 在位五歲, 皇太子年十二, 通《論語》·《孝經》. 廣謂受曰:
「吾聞『知足不辱, 知止不殆』,『功遂身退, 天之道』也. 今仕(宦)[官]至二千石, 宦成
名立, 如此不去, 懼有後悔, 豈如父子相隨出關, 歸老故鄕, 以壽命終, 不亦善乎?」
受叩頭曰:「從大人議.」卽日父子俱移病. 滿三月賜告, 廣遂稱篤, 上疏乞骸骨.
上以其年篤老, 皆許之, 加賜黃金二十斤, 皇太子贈以五十斤. 公卿大夫故人邑
子設祖道, 供張東都門外, 送者車數百兩, 辭決而去. 及道路觀者皆曰:「賢哉
二大夫!」或歎息爲之下泣. 廣旣歸鄕里, 日令家共具設酒食, 請族人故舊賓客,
與相娛樂. 數問其家金餘尙有幾所, 趣賣以共具. 居歲餘, 廣子孫竊謂其昆弟
老人廣所愛信者曰:「子孫幾及君時頗立產業基阯, 今日飲食(廢)[費]且盡. 宜從
丈人所, 勸說君買田宅」老人卽以閒暇時爲廣言此計, 廣曰:「吾豈老悖不念子
孫哉? 顧自有舊田廬, 令子孫勤力其中, 足以共衣食, 與凡人齊. 今復增益之以
爲贏餘, 但敎子孫怠憧耳. 賢而多財, 則損其志; 愚而多財, 則益其過. 且夫富者,
衆人之怨也; 吾旣亡以敎化子孫, 不欲益其過而生怨. 又此金者, 聖主所以惠
養老臣也, 故樂與鄕黨宗族共饗其賜, 以盡吾餘日, 不亦可乎!」於是族人說服.
皆以壽終.

2. 《陶淵明集》集聖賢羣輔錄(上)

太子太傅疏廣字重翁. 太子少傅疏受字公子. 右二疏, 東海人. 宣帝時並爲太子師傅; 每朝, 太傅在前, 少傅在後. 朝廷以爲榮. 授太子論語·孝經, 各以老疾告退. 時人謂之二疏. 見《漢書》.

3. 《蒙求》(277)

前漢, 疏廣字仲翁, 東海蘭陵人, 兄子受字公子. 宣帝時, 廣爲太子太傅, 受爲少傅, 太子每朝, 因進見. 太傅在前, 少傅在後. 父子並爲師傅, 朝廷以爲榮. 後廣謂受曰:「吾聞知足不辱, 知止不殆, 功成身退天之道也. 豈如歸老故鄉, 以壽命終?」父子遂乞骸骨, 許之, 上賜黃金二十斤, 太子贈五十斤. 公卿大夫故人邑子設祖道, 供張東都門外, 送者車數百兩. 旣歸鄉里, 日具酒食, 請族人故舊賓客, 相與娛樂, 輒賣金以供具. 或勸買田宅, 廣曰:「吾顧自有舊田廬. 令子孫勤力其中, 足以供衣食. 此金聖主所以惠養老臣也. 故樂與鄉黨宗族共饗其賜, 以盡吾餘日.」族人悅服, 皆以壽終.

4. 《十八史略》(2)

三年, 太子太傅疏廣, 與兄子太子少傅疏受, 上疏乞骸骨. 許之, 加賜黃金. 公卿故人, 設祖道, 供張東門外. 送者車數百兩, 道路觀者皆曰:「賢哉! 二大夫.」旣歸, 日賣金共具, 請族人故舊賓客, 相與娛樂, 不爲子孫立產業, 曰:「賢而多財, 則損其志; 愚而多財, 則益其過. 且夫富者, 衆之怨也. 吾不欲益其過而生怨.」

5. 《明心寶鑑》省心篇(11-58)

蘇武曰:「賢人多財, 損其志; 愚人多財, 益其過.」

349(6-2-37)
방공과 유표

○ 방공龐公은 한 번도 성부城府에 가본 적이 없다. 그들 부부는 서로 공경하기를 마치 손님 대하는 듯하였다. 유표劉表가 살펴보러 가자 방공은 밭갈이를 멈추고 밭두둑에서 그를 맞이하였고, 그 아내는 앞에서 김을 매고 있었다. 유표가 손가락으로 그의 아내를 가리키며 물었다.

"선생께서는 힘들게 이런 농사에 매달려 살고 계시면서 관직이나 봉록은 거부하고 있소. 후세 자손에게 무엇을 남겨주시려 하오?"

그러자 방공은 이렇게 말하였다.

"세상 사람들은 모두가 자손에게 위험을 물려주고 있소. 지금 나는 오직 안전을 물려주고 있으니, 비록 물려주는 것이 다르기는 하나 아무것도 물려주지 않는 것은 아니지요."

유표는 탄식하면서 물러갔다.

○ 龐公未嘗入城府, 夫妻相敬如賓. 劉表候之, 龐公釋耕於壟上, 而妻子耘於前. 表指而問曰:「先生苦居畎畝, 而不肯官祿, 後世何以遺子孫乎?」龐公曰:「世人皆遺之以危, 今獨遺之以安, 雖所遺不同, 未爲無所遺也」表嘆息而去.

【龐公】南郡 襄陽 사람으로 이름은 龐德公.〈集註〉에 "龐公, 字德公. 漢襄陽人"이라 함. 그러나 《襄陽記》에는 龐德公과는 다른 인물이라 하였음.
【城府】城의 행정 관청.

【劉表】漢나라 종실. 자는 景升(142~208). 山陽 高平 사람. 三國時代 인물. 鎭南將軍과 荊州刺史를 지냈으며 成武侯에 봉해짐. 曹操의 유혹에 觀望하다가 죽었으며, 그 아들 劉琮이 조조에게 투항하였음. 《後漢書》(104 下)와 《三國志》魏志(6)에 전이 있음.
【候】방문함. 살펴보러 감. 그가 벼슬을 거부하자 유표가 혹시 뜻을 바꾸어 자신에게 벼슬하지나 않을까 하여 예방한 것임. 〈集註〉에 "候, 猶訪也"라 함.
【畎畝】일반 서민을 의미함. 농사지으면서 생계를 유지하는 布衣을 가리킴.
【遺之以危】여기서 危는 富貴를 의미함. "富貴自易危, 勤勞者常安, 理勢然也."
【嘆息而去】더 이상 그를 달래어 벼슬길로 나서도록 할 수 없음을 알고 감탄과 탄식을 하면서 물러남.

참고 및 관련 자료

1. 《後漢書》및 《三國志》劉表傳 참조.

도연명

○ 도연명陶淵明이 팽택령彭澤令이 되어 집안 식구를 데리고 가지 않으면서 대신 그 아들에게 노비 한 사람을 보내면서 이렇게 편지를 썼다.

"너는 아침저녁의 비용을 네 스스로 자급하기가 어려울 것이다. 지금 이 노비를 보내어 너의 나무하고 물 긷고 하는 노고를 돕도록 하노라. 이 역시 사람의 자식이니 잘 대우하도록 하여라."

○ 陶淵明爲彭澤令, 不以家累自隨, 送一力給其子書曰:「汝旦夕之費, 自給爲難, 今遣此力, 助汝薪水之勞, 此亦人子也. 可善遇之」

【陶淵明】陶潛(365~427)이라고도 하며 晉·宋시기의 詩人. 이름은 淵明으로 더 널리 알려져 있으며 일명 潛, 字는 元亮, 私諡는 靖節. 尋陽 柴桑(지금의 江西省 九江市) 출신. 그의 曾祖인 陶侃은 東晉의 開國功臣으로 大司馬 등을 지냈으며, 祖父는 太守를 지내기도 했음. 그러나 아버지는 일찍 죽었고 어머니는 東晉때 名家인 孟嘉의 딸이었음. 도연명은 한 때 州의 祭酒·鎭軍·建威參軍을 지냈으나 彭澤令이 되자 80여 일만에 '五斗米' 고사를 남긴 채 낙향하여 〈歸去來辭〉를 지음. 그 외에 〈田園詩〉와 〈桃花源記〉, 〈五柳先生傳〉 등을 남겨 중국 최고의 田園

陶淵明(潛)《三才圖會》

詩人으로 추앙됨. 단 《詩品》에서는 그의 시를 中品에 넣어 당시 詩風과 차이에서 질박하다는 이유로 낮추고 있음을 알 수 있음. 韓國文學에도 至大한 영향을 미쳤음. 《晉書》(94)·《宋書》(93)·《南史》(75)에 전이 있으며, 《陶淵明集》이 전함.

【彭澤令】 팽택의 수령. 도연명이 벼슬하였던 고을. 九江府에 속함.

【家累】 집안 식구. 처자를 가리킴.

【力】 힘으로 도와주는 노복. 노비. 童僕. 〈集註〉에 "力, 僕也"라 함.

1. 《宋書》(93) 隱逸傳 陶潛(南朝 梁, 沈約)

陶潛字淵明, 或云淵明字元亮, 尋陽柴桑人也. 曾祖侃, 晉大司馬. 潛少有高趣, 嘗著五柳先生傳以自況, 曰:『先生不知何許人, 不詳姓字, 宅邊有五柳樹, 因以爲號焉. 閑靜少言, 不慕榮利. 好讀書, 不求甚解, 每有會意, 欣然忘食. 性嗜酒, 而家貧不能恒得. 親舊知其如此, 或置酒招之, 造飲輒盡, 其在必醉, 其醉而退, 曾不吝情去留. 還堵蕭然, 不蔽風日, 桓褐穿結, 簞瓢屢空, 晏如也. 嘗著文章自娛, 頗示其志, 忘懷得失, 以此自終. 其自序如此, 時人謂之實錄. 親老家貧, 起爲州祭酒, 不堪吏職, 少日, 自解歸. 州召主薄, 不就. 躬耕自資, 遂抱羸疾, 復爲鎭軍, 建威參軍, 謂親朋曰:「聊欲弦歌, 以爲三逕之資, 可乎?」執事者聞之, 以爲彭澤令. 公田悉令吏種秫稻, 妻子固請種秔, 乃使二頃五十畝種秫, 五十畝種秔. 郡遣督郵至, 縣吏白應束帶見之, 潛嘆曰:「我不能爲五斗米切要鄉吏小人」即日解印綬去職. 賦〈歸去來〉, 其詞曰:

『歸去來兮, 園田荒蕪, 胡不歸. 旣自以心爲形役, 奚惆悵而獨悲. 悟已往之不諫, 知來者之可追. 實迷塗其未遠, 覺今是而昨非. 舟超遙以輕颺, 風飄飄而吹衣. 問征夫以前路, 恨晨光之希微. 乃瞻衡宇, 載欣載奔. 僮僕歡迎, 稚子候門. 三徑就荒, 松菊猶存. 攜幼入室, 有酒停尊. 引壺觴而自酌, 眄庭柯以怡顔. 倚南窗而奇傲, 審容膝之易安. 園日涉而成趣, 門雖設而常關. 策扶老以流憩, 時矯首而遐觀. 雲無心以出岫, 鳥倦飛而知還. 景翳翳其將入, 撫孤松以盤桓. 歸去來兮, 請息交而絶遊. 世與我以相遺, 服駕言兮焉求. 說親戚之情話, 樂琴書以消憂. 農人告余以上春, 將有事于西疇. 或命巾車, 或棹扁舟. 旣窈窕以窮壑, 亦崎嶇而經丘. 木欣欣以向榮, 泉涓涓而始流. 善萬物之得時,威吾生之行休. 已矣乎,寓形宇內復幾時. 曷不委心任去留, 胡爲遑遑欲何之. 富貴非吾願, 帝鄉不可期.
懷良辰以孤往, 或植杖而耘耔. 登東皐以舒嘯, 臨淸流而賦詩. 聊乘化以歸盡,
樂夫天命復奚疑.』義熙末, 徵著作佐郎, 不就. 江州刺史王弘欲識之, 不能致也.
潛嘗往廬山, 弘令潛故人龐通之齎酒具於伴道栗里之, 潛有脚疾, 使一門生二兒
舁藍輿, 旣至, 欣然便公飮酌, 俄頃弘至, 亦無忤也. 先是, 顏延之爲劉柳後軍
功曹, 在尋陽, 與潛情款. 後爲始安郡, 經過, 日日造潛, 每往必酣飮致醉. 臨去,
留二萬錢與潛, 蘯悉送酒家, 稍就取酒. 嘗九月九日無酒, 出宅邊菊叢中坐久,
値弘送酒至, 卽便醉酌, 醉而後歸. 潛不解音聲, 而畜素琴一張, 無絃, 每有酒適,
輒撫弄以寄其意. 貴賤造之者, 有酒輒設, 潛若先醉, 便語容:「我醉欲眠, 卿可去.」
其眞率如此. 郡將侯潛, 値其酒熟, 取頭上葛巾漉酒, 畢, 還服著之. 潛弱年薄宦,
不潔去就之迹, 自以曾祖晉世宰輔, 恥復屈臣後代, 自高祖王業漸隆, 不復肯仕.
所著文章, 皆題其年月, 義熙以前, 則書晉氏年號, 自永初以來唯云甲子而已.
與子書以言其志, 并爲訓戒曰:『天地賦命, 有往必終, 自古賢聖, 誰能獨免. 子夏
言曰:「死生有命, 富貴在天.」四友之人, 親受音旨, 發斯談者, 豈非窮達不可
妄求, 壽夭永無外請故邪. 吾年過五十, 而窮苦荼毒, 以家貧弊, 東西遊走. 性剛
才拙, 與物多忤, 自量爲己, 必貽俗患, 俛俛辭世, 使汝幼而飢寒耳. 常威孺仲
賢妻之言, 敗絮自擁, 何慙兒子. 此旣一事矣. 但恨隣靡二仲, 實無萊婦, 抱玆苦心,
良獨罔罔. 少年來好書, 偶愛閑靜, 開卷有得, 便欣然忘食. 見樹木交蔭, 時鳥
變聲, 亦復歡爾有喜. 嘗言五六月北窗下臥, 遇凉風暫至, 自爲是羲皇上人. 意淺
識陋, 日月遂往, 緬求在昔, 眇然如何! 疾患以來, 漸就衰損, 親舊不遺, 每以
藥石見救, 自恐大分將有限也. 恨汝輩稚小, 家貧無役, 柴水之勞, 何時可免,
念之在心, 若何可言. 然雖不同生, 當思四海皆弟兄之義. 鮑叔, 敬仲, 分財無猜,
歸生, 伍擧, 班荊道舊, 遂能以敗爲成, 因喪立功, 他人尙爾, 況共父之人哉.
潁川韓元長, 漢末名士, 身處卿佐, 八十而終, 兄弟同居, 至于沒齒. 濟北汜稚春,
晉時操行人也, 七世同財, 家人無怨色. 詩云:「高山仰止, 景行行止.」汝其愼哉!
吾復何言.』
又爲命子詩以貽之曰:『悠悠我祖, 爰自陶唐. 邈爲虞賓, 歷世垂光. 御龍勤夏,
豕韋翼商. 穆穆司徒, 厥族以昌. 紛紜戰國, 漠漠衰周. 鳳隱于林, 幽人在丘. 逸虬
撓雲, 奔鯨駭流. 天集有漢, 眷予愍侯. 於赫愍侯, 運當攀龍. 撫劍夙邁, 顯玆
武功. 參誓山河, 啓土開封. 亹亹丞相, 允迪前蹤. 渾渾長源, 蔚蔚洪柯. 羣川載導,
衆條載羅. 時有黙語, 運固隆汙. 在我中晉, 業融長沙. 桓桓長沙, 伊勳伊德. 天子
疇我, 專征南國. 功遂辭歸, 臨寵不惑. 孰謂斯心, 而可近得. 肅矣我祖, 愼終如始.

直方二臺, 惠和千里. 於皇仁考, 淡焉虛止. 寄迹夙運, 冥茲慍喜. 嗟余寡陋, 瞻望
靡及. 顧慚華鬢, 負景集立. 三千之罪, 無後其急. 我誠念哉, 呱聞爾泣. 卜云嘉日,
占爾良時. 名爾曰儼, 字爾求思. 溫恭朝夕, 念茲在茲. 尙想孔伋, 庶其企而. 厲夜
生子, 遽而求火. 凡百有心, 奚待干我. 旣見其生, 實欲其可. 人亦有言, 斯情無假.
日居月諸, 漸免于孩. 福不虛至, 禍亦易來. 夙興夜寐, 願爾斯才. 爾之不才, 亦已
焉哉!』

潛元嘉四年卒, 時年六十三.

2.《南史》隱逸傳 陶潛(唐, 李延壽)

陶潛字淵明, 或云字深明, 名元亮. 尋陽柴桑人, 晉大司馬侃之曾孫也. 少有高趣,
宅邊有五柳樹, 故常著〈五柳先生傳〉云:『先生不知何許人, 不詳姓字. 閑靜少言,
不慕榮利. 好讀書, 不求甚解, 每有會意, 欣然忘食. 性嗜酒, 而家貧不能恒得.
親舊知其如此, 或置酒招之, 造飲輒盡, 其在必醉. 旣醉而退, 曾不吝情去留.
環堵蕭然, 不蔽風日, 杜褐穿結, 簞瓢屢空, 晏如也. 常著文章自娛, 頗示己志,
忘懷得失, 以此自終.』其子序如此. 蓋以自況, 時人謂之實錄.

親老家貧, 其爲州祭酒, 不堪吏職, 少日自解而歸. 州召主薄, 不就, 躬耕自資,
遂抱羸疾. 江州刺史檀道濟往候之, 偃臥瘠餒有日矣, 道濟謂曰:「夫賢者處世,
天下無道則隱, 有道則至. 今子生文明之世, 奈何自苦如此.」對曰:「潛也何敢
望賢, 志不及也.」道濟饋以粱肉, 麾而去之. 後爲鎮軍, 建威參軍, 謂親朋曰:
「聊欲絃歌, 以爲三徑之資, 可乎?」執事者聞之, 以爲彭澤令. 不以家累自隨,
送一力給其子, 書曰:「汝旦夕之費, 自給爲難, 今遣此力, 助汝薪水之勞. 此亦
人子也, 可善遇之.」公田悉令吏種秫稻, 妻子固請種秔, 乃使二頃五十畝種秫,
五十畝種秔. 郡遣督郵至縣, 吏白應束帶見之. 潛嘆曰:「我不能爲五斗米切要
鄉里小人.」即日解印綬去職, 賦〈歸去來〉以遂其志, 曰:『歸去來兮, 田園將蕪
胡不歸? 旣自以心爲形亦兮, 奚惆悵而獨悲. 悟已往之不諫, 知來者之可追. 實迷
塗其未遠, 覺今是而昨非. 舟遙遙以輕颺, 風飄飄而吹衣, 問征夫以前路, 恨晨
光之熹微. 乃瞻衡宇, 載欣載奔, 僮僕歡迎, 弱子候門. 三徑就荒, 松菊猶存,
攜幼入室, 有酒盈罇. 引壺觴以自酌, 眄庭柯以怡顏, 倚南牕而寄傲, 審容膝之
易安. 園日涉而成趣, 門雖設而常關. 策扶老以流憩, 時矯首而遐觀. 雲無心以
出岫, 鳥倦飛而知還. 景翳翳其將入, 撫孤松而盤桓. 歸去來兮, 請息交以絶遊,
世與我相遺, 復駕言兮焉求. 悅親戚之情話, 樂琴書以消憂, 農人告余以春及,
將有事於西疇. 或命巾車, 或棹扁舟, 旣窈窕以窮壑, 亦崎嶇而經丘. 木欣欣而
向榮, 泉涓涓而始流, 善萬物之得時, 感吾生之行休. 已矣乎, 寓形宇內復幾時,

曷不委心任去留, 胡爲遑遑欲何之. 富貴非吾願, 帝鄉不可期. 懷良辰以孤往,
或植杖而芸耔. 登東皋以舒嘯, 臨清流而賦詩. 聊乘化以歸盡, 樂夫天命復奚疑!』
義熙末, 徵爲著作佐郎, 不就. 江州刺史王弘欲識之, 不能致也. 潛嘗往廬山,
弘令潛故人龐通之齎酒具於半道栗里要之. 潛有脚疾, 使一門生二兒擧藍輿.
及之, 欣然便共飲酌, 俄頃弘至, 亦無忤也.

先是, 顔延之爲劉柳後軍功曹, 在尋陽與潛情欸. 經過潛, 每往必酣飲致醉. 弘欲
要延之一坐, 彌日不得. 延之臨去, 留二萬錢與潛, 潛悉送酒家稍就取酒. 嘗九
月九日無酒, 出宅邊菊叢中坐久之. 逢弘送酒至, 卽便就酌, 醉而後歸. 潛不解
音聲, 而畜素琴一張. 每有酒適, 輒撫弄以寄其意. 貴賤造之者, 有酒輒設. 潛若
先醉, 便語客:「我醉欲眠卿可去.」其眞率如此. 郡將候潛, 逢其酒熟, 取頭上
葛巾漉酒, 畢, 還復著之. 潛弱年薄宦, 不潔去就之迹. 自以曾祖晉宰輔, 恥復
屈臣後代, 自宋武帝王業漸隆, 不復肯仕. 所著文章, 皆題其年月. 義喜以前,
明書晉氏年號, 自永初以來, 唯云甲子而已. 餘子書以言其志, 并爲訓戒曰:『吾年
過五十, 吾窮苦荼毒. 性剛才拙, 與物多忤. 自量爲己, 必貽俗患. 僶俛辭事, 使汝
幼而飢寒耳. 常感孺仲賢妻之言, 敗絮自擁, 何慚兒子. 此其一事矣. 但恨隣靡
二仲, 室無萊婦, 抱茲苦心, 良獨罔罔. 少來好書, 偶愛閑靖, 開卷有得, 便欣然
忘食. 見樹木交蔭, 時鳥變聲, 亦復歡爾有喜. 嘗言五六月北窗下臥, 遇涼風暫至,
自謂是羲皇上人. 意淺識陋, 日月遂往, 疾患以來, 漸就衰損. 親舊不遺, 每有
藥石見救, 自恐大分將有限也. 汝輩幼小, 家貧無役, 柴水之勞, 何時可免. 念之
在心, 若何可言. 然雖不同生, 當思四海皆兄弟之義. 鮑叔, 敬仲, 分在無猜, 歸生,
伍擧, 班荊道舊, 遂能以敗爲成, 因喪立功. 佗人尙爾, 況共父之人哉. 潁川韓
元長, 漢末名士, 身處卿佐, 八十而終, 兄弟同居, 至於沒齒. 濟北氾幼春, 晉時
操行人也. 七世同財, 家人無怨絶. 詩云「高山景行」, 汝其愼哉!』
又爲命子詩以貽之. 元嘉四年, 將復徵命, 會卒. 世號靖節先生. 其妻翟氏, 志趣
亦同, 能安苦節, 夫耕於田, 妻鋤於後云.

3. 《晉書》(94) 隱逸傳 陶潛(唐, 房玄齡)

陶潛字元亮, 大司馬侃之曾孫也. 祖茂, 武昌太守. 潛少懷高尙, 博學善屬文,
穎脫不羈, 任眞自得, 爲鄉麟之所貴. 嘗著五柳先生傳以自況曰:「先生不知何
許人, 不詳姓字, 宅邊有五柳樹, 因以爲號焉. 閑靖少言, 不慕榮利. 好讀書, 不求
甚解, 每有會意, 欣然忘植. 性嗜酒, 而家貧不能恒得. 親舊知其如此, 或置酒
招之, 造飲必盡, 期在必醉, 旣醉而退, 曾不吝情. 環堵蕭然,不蔽風日, 短褐穿結,
簞瓢屢空, 晏如也. 嘗著文章自娛, 頗示己志, 忘懷得失, 以此自終.」其自序如此,

時人謂之實錄. 以親老家貧, 起爲州祭酒, 不堪吏職, 少日自解歸. 州召主薄, 不就,
躬耕自質, 遂抱羸疾. 後爲鎭軍, 建威參軍. 謂親朋曰:「聊欲絃歌, 以爲三徑之資
可乎?」執事者聞之, 以爲彭澤令. 在縣公田悉令種秫穀, 曰:「令吾商醉於酒足矣.」
妻子固請種秫, 乃使一頃五十畝種秫, 五十畝種秔. 素簡貴, 不私事上官. 郡遣督
郵至縣, 吏白應束帶見之, 潛歎曰:「吾不能爲五斗米折腰, 拳拳事鄕里小人邪!」
義熙二年, 解印去縣, 乃賦〈歸去來〉. 其辭曰:『歸去來兮, 園田荒蕪, 胡不歸.
旣自以心爲形役, 奚惆悵而獨悲. 悟已往之不諫, 知來者之可追. 實迷塗其未遠,
覺今是而昨非. 舟超遙以輕颺, 風飄飄而吹衣. 問征夫以前路, 恨晨光之希微.
乃瞻衡宇, 載欣載奔. 僮僕歡迎, 稚子候門. 三徑就荒, 松菊猶存. 攜幼入室, 有酒
停尊. 引壺觴而自酌, 眄庭柯以怡顔. 倚南窗而奇傲, 審容膝之易安. 園日涉而
成趣, 門雖設而常關. 策扶老以流憩, 時矯首而遐觀. 雲無心以出岫, 鳥倦飛而
知還. 景翳翳其將入, 撫孤松以盤桓. 歸去來兮, 請息交而絶遊. 世與我以相遺,
服駕言兮焉求. 說親戚之情話, 樂琴書以消憂. 農人告余以上春, 將有事于西疇.
或命巾車, 或棹扁舟. 旣窈窕以窮壑, 亦崎嶇而經丘. 木欣欣以向榮, 泉涓涓而
始流. 善萬物之得時,感吾生之行休. 已矣乎! 寓形宇內復幾時. 奚不委心任去留,
胡爲遑遑欲何之. 富貴非吾願, 帝鄕不可期. 懷良辰以孤往, 或植杖而耘耔. 登東
皐以舒嘯, 臨淸流而賦詩. 聊乘化以歸盡, 樂夫天命復奚疑!』
頃之, 徵著作郎, 不就. 旣絶州郡覲謁, 其鄕親張野及周旋人羊松齡, 寵遵等或
有酒要之, 或要之共至酒坐, 雖不識主人, 亦欣然無忤, 酣醉便反. 未嘗有所造詣,
所之唯至田舍及廬山游觀而已. 刺史王弘以元熙中臨州, 甚欽遲之, 後自造焉.
潛稱疾不見. 旣而語人云:「我性不狎世, 因疾遂閑, 幸非潔志慕聲, 豈敢以王
公紆軫爲榮邪! 夫謬以不賢, 此劉公幹所以招謗君子, 其罪不細也.」弘每令人
候之, 密知當往廬山, 乃遣其故人龐通之等齎酒, 先於半道要之. 潛其遇酒, 便人
酌野亭, 欣然忘進. 弘乃出與相見, 遂歡宴窮日. 潛無履, 弘顧左右爲之造履.
左右請履度, 潛便於坐申脚令度焉. 弘要之還州, 問其所乘, 答云:「素有脚疾,
向乘藍輿, 亦足自反.」及令一門生二兒共轝之至州, 而言笑賞適, 不覺其有羨
於華軒也. 弘後欲見, 輒於林澤間候之. 誌於酒米乏絶, 亦時相贍. 其親朋好事,
或載酒肴而往, 潛亦無所辭焉. 每一醉, 則大適融然. 又不營生業, 家務悉委之
兒僕. 未嘗有喜慍之色, 惟遇酒則飮, 時或無酒, 亦雅詠不輟. 嘗言夏月虛閑,
高臥北窗之下, 淸風颯至, 自謂羲皇上人. 聲不解音, 而畜素琴一張, 絃徽不具,
每朋酒之會, 則撫而和之, 曰:「但識琴中趣, 何勞絃上聲!」以宋元嘉中卒, 時年
六十三, 所有文集並行於世.

4. 〈陶淵明傳〉(南朝 梁, 蕭統)

陶淵明, 字元亮. 或云潛, 字淵明. 潯陽柴桑人也. 曾祖侃, 晉大司馬. 淵明少有高趣, 博學, 善屬文, 穎脫不群, 任眞自得. 嘗著〈五柳先生傳〉以自況, 曰:「先生不知何許人也, 亦不詳姓字, 宅邊有五柳樹, 因以爲號焉. 閑靜少言, 不慕榮利. 好讀書, 不求甚解, 每有會意, 欣然忘食. 性嗜酒, 而家貧不能恒得. 親舊知其如此, 或置酒招之. 造飲輒盡, 期在必醉. 旣醉而退, 曾不恡情去留. 環堵蕭研, 不蔽風日. 短褐穿結, 簞瓢屢空, 晏如也. 嘗著文章自娛, 頗示己志. 忘懷得失, 以此自終.」時人謂之實錄.

親老家貧, 起爲州祭酒. 不堪吏職, 少日, 自解歸. 州召主簿, 不就. 躬耕自資, 遂抱羸疾. 江州刺史檀道濟往侯之, 偃臥瘠餒有日矣. 道濟謂曰:「賢者處世, 天下無道則隱, 有道則至. 今子生文明之世, 奈何自苦如此?」對曰:「潛也, 何敢望賢? 志不及也.」道濟饋以粱肉, 麾而去之. 後爲鎭軍建威參軍, 謂親朋曰:「聊欲弦歌, 以爲三徑之資, 可乎?」執事者聞之, 以爲彭澤令. 不以家累自隨, 遂一力給其子, 書曰:「汝旦夕之費, 自給爲難, 今遣此力, 助汝薪水之勞. 此亦人子也, 可善遇之.」公田悉令吏種秫, 曰:「吾常得醉於酒, 足矣!」妻子固請種秔, 乃使二頃五十畝種秫, 五十畝種粳. 歲終, 會郡遣督郵至, 縣吏請曰:「應束帶見之.」淵明歎曰:「我豈能爲五斗米折腰向鄕里小兒!」卽日解綬去職, 賦〈歸去來〉. 徵著作郎, 不就. 江州刺史王弘, 不能致也. 淵明嘗往廬山, 弘命淵明故人龐通之齎酒具, 於半道栗里之間邀之. 淵明有脚疾, 使一門生二兒舁籃輿. 旣至, 欣然便共飲酌. 俄頃, 弘至, 亦無迕也. 先是顏廷之爲劉柳後軍功曹, 在潯陽, 與淵明情欵. 後爲始安君, 經過潯陽, 日造淵明飲焉. 每往, 必酣飲致醉. 弘欲邀延之坐, 彌日不得. 延之臨去, 留二萬錢與淵明, 淵明悉遣送酒家, 稍就取酒. 嘗九月九日出宅邊菊叢中, 坐久之, 萬手把菊, 忽値弘送酒之, 卽便就酌, 醉而歸. 淵明不解音律, 而蓄無絃琴一張, 每酒適, 輒撫弄, 以寄其意. 貴賤造之者, 有酒輒設, 淵明若先醉, 便於客:「我醉欲眠, 卿可去」其眞率如此. 郡將常侯之, 値其釀熟, 取頭上葛巾漉酒, 漉畢, 還復著之. 時周績之入廬山, 事釋惠遠; 彭城有遺民, 亦遁迹匡山; 淵明又不應徵命, 謂之潯陽三隱. 後刺史檀韶苦請績之出州, 與學士祖企, 謝景夷三人, 共在城北講禮, 可以讎校. 近於馬隊, 是故淵明示其詩, 云:「周生述孔業, 祖謝響然臻. 馬隊非講肆, 校書亦已勤.」其妻翟民, 亦能安勤苦, 與其同志. 自以曾祖晉世宰輔, 恥復屈身後代. 自宋高祖王業漸隆, 不復肯仕. 元嘉四年, 將復徵命, 會卒. 時年六十三. 世號靖節先生. (李公煥,《箋注陶淵明集》卷十.)

5. 〈陶徵士誄〉(并序. 南朝 宋, 顔延之)

夫璿玉致美, 不爲池隍之寶; 桂椒信芳, 而非園林之實. 豈其深而好遠哉? 蓋云
殊性而已. 故無足而至者, 物之籍也; 隨踵而立者, 人之薄也. 若乃巢, 高之抗行,
夷, 皓之峻節, 故已父老. 堯, 禹, 錙銖周, 漢. 而緜世浸遠, 光靈不屬, 至使菁
華隱沒, 芳流歇絕, 不其惜乎! 雖今之作者, 人自爲量, 而首路同塵, 輟塗殊軌
者多矣. 豈所以昭末景, 汎餘波! 有徵晉士尋陽陶淵明, 南岳之幽居者也. 弱不
好弄, 長實素心. 學非稱師, 文取指達. 在衆不失其寡, 處言愈見其黙. 少而貧病,
居無僕妾. 井臼弗任, 藜菽不給. 母老子幼, 就養勤匱. 遠惟田生致親之議, 追悟
毛子捧檄之懷. 初辭州府三命, 後爲彭澤令. 道不偶物, 棄官從好. 遂乃解體世紛,
結志區外, 定迹深棲, 於是乎遠. 灌畦鬻蔬, 爲供魚菽之祭; 織絇緯蕭, 以充糧
粒之費. 心好異書, 性樂酒德, 簡棄煩促, 就成省曠. 殆所謂國爵屛貴, 家人忘
貧者與? 有詔徵爲著作郎, 稱疾不到. 春秋若干, 元嘉四年月日, 卒于尋陽縣之
某里. 近識悲悼, 遠士傷情. 冥黙福應, 嗚呼淑貞! 夫實以誄華, 名有謚高, 苟允
德義, 貴賤何筭焉? 若其寬樂令終之美, 好廉克己之操, 有合謚典, 無愆前志.
故詢諸友好, 宜謚曰靖節徵士. 其辭曰: 物尙孤生, 人固介立. 豈伊時邁, 曷云
世及? 嗟乎若士! 望古遙集. 韜此洪族, 蔑彼名級. 睦親之行, 至自非敦. 然諾
之信, 重於布言. 廉深簡絜, 貞夷粹溫. 和而能峻, 博而不繁. 依世尙同, 詭時則異.
有一於此, 兩非黙置. 豈若夫子, 因心違事? 畏榮好古, 薄身厚志. 世霸虛禮, 州壤
追風. 人之秉彝, 不隘不恭. 爵同下士; 祿等上農. 度量難鈞, 進退可限. 子之悟之,
何悟之辯? 賦詩歸來, 高蹈獨善. 亦旣超曠, 無適非心. 晨烟暮藹, 春照秋陰.
陳書輟卷, 置酒絃琴. 居備勤儉, 躬兼貧病. 人否其憂, 子然其命. 隱約就閑, 遷延
辭聘. 非直也明, 是惟道性. 孰云與仁? 實疑明智. 謂天蓋高, 胡譽斯義? 履信
曷憑? 思順何眞? 年在中身, 疢維痁疾. 視死如歸, 臨凶若吉. 藥劑非嘗, 禱祀
非恤. 傃幽告終, 懷和長畢. 嗚呼哀哉! 遭壤以穿, 旋葬而窆. 嗚呼哀哉! 深心追往,
遠情逐化. 自爾介居, 及我多暇. 伊好之洽, 接閭鄰舍. 宵盤晝憩, 非舟非駕. 念昔
宴私, 舉觴相誨. 獨正者危, 至方則礙. 哲人卷舒, 布在前載. 取鑒不遠, 吾規子佩.
爾實愀然, 中言而發. 違衆速尤, 迕風善蹶. 身才非實, 榮聲有歇. 叡音永矣, 誰箴
余闕? 嗚呼哀哉! 仁焉而終, 智焉而斃. 黔婁旣沒, 展禽亦逝. 其在先生, 同塵
往世. 旌此靖節, 加彼康惠. 嗚呼哀哉!

6. 〈蓮士高賢傳〉(佚名)

陶潛字淵明, 晉大司馬侃之曾孫. 少懷高尙, 著〈五柳先生傳〉以自況, 時以爲實錄
初爲建威參軍, 謂親朋曰:「聊欲弦歌, 爲三徑之資.」執事者聞之, 以爲彭澤令.

郡遣郵至縣, 吏曰:「應束帶賢之.」潛嘆曰:「吾不能爲五斗米折腰, 舉舉事鄉里小兒耶!」解印去縣, 乃賦〈歸去來〉. 及宋受禪, 自以晉世宰輔之后. 職復屈身異代. 居潯陽柴桑, 與周續之, 劉遺民幷不應辟命, 世號「潯陽三隱.」嘗言夏月虛閑, 高臥北窓之下, 淸風颯至, 自謂羲皇上人. 性不解音, 畜素琴一張, 弦徽不具, 每朋酒之會, 則撫而叩之, 曰:「但識琴中趣, 何勞弦上聲.」常往來廬山, 使一門生二兒昇籃輿以行. 遠法師與諸賢及蓮杜, 以書招淵明. 淵明曰:「若許陰則往.」許之, 遂造焉, 忽攢眉而去.」宋元嘉四年卒. 世號靖節先生. (明程榮《漢魏總書》本)

351(6-2-39)
최효분 형제

○ 최효분崔孝芬 형제는 효성과 의로움, 자애로움과 두터운 우애를 가지고 있었다. 아우 최효위崔孝暐도 형 효분을 받들어 모시면서 순종하는 예를 다하였다. 앉아서 식사를 할 때나 나아가고 물러남에 있어 형의 명령이 없으면 감히 하지 않았다. 닭이 울 때면 일어나 온화한 얼굴빛을 하였으며, 한 푼의 돈, 한 치 옷감이라도 사사롭게 자신의 방으로 들여놓지 않았다. 길흉사 필요함이 있으면 모두 모여 앉아 나누어 주었으며, 여러 아내들도 서로 친밀하고 사랑하여 있고 없는 것을 함께하였다.

최효문의 삼촌 최진崔振이 죽은 다음에 효분 등은 숙모 이씨李氏를 받들어 모셨는데, 마치 자신들을 낳아 준 친어머니에게 하듯이 하였다. 아침저녁으로 따뜻함과 시원함을 살펴드렸으며, 출입에는 얼굴을 뵙고 알려드렸다. 집안일의 대소사는 일체 그에게 자문하고 결재를 받았다. 매번 형제가 밖에 나갔다가 얻는 것이 있으면, 척촌尺寸 이상의 것이라면 모두 이씨의 창고에 넣어두었다가 사시四時로 나누어 줄 때 이씨가 스스로 이를 결정하도록 하였다. 이렇게 20여 년을 섬겼다.

○ 崔孝芬兄弟, 孝義慈厚, 弟孝暐等, 奉孝芬, 盡恭順之禮. 坐食進退, 孝芬不命則不敢也. 鷄鳴而起, 且溫顏色, 一錢尺帛, 不入私房, 吉凶有須, 聚對分給, 諸婦亦相親愛, 有無共之.

孝芬叔振旣亡後, 孝芬等, 承奉叔母李氏, 若事所生. 旦夕溫淸, 出入啓覲. 家事巨細, 一以咨決. 每兄弟出行有獲, 則尺寸以上, 皆入李之庫, 四時分賚, 李氏自裁之, 如此二十餘歲.

【崔孝芬】北魏 때 博陵 사람으로 자는 恭梓(485~534). 胡太后와 친척이었으며, 彭城王 元勰의 行參軍이 됨. 孝明帝 때 梁武帝가 공격해 오자 이를 격퇴하기도 하였음. 뒤에 孝武帝가 長安으로 도망하여 西魏를 세우고 高歡이 병사를 이끌고 들어왔을 때 피살되고 말았음. 崔玄暐(638~706)의 집안 일족. 《魏書》(57) 崔挺傳과 《北史》(32) 崔挺傳에 함께 전이 들어 있음.

【孝暐】최효분은 孝暐·孝演·孝直·孝政 등 여섯 형제가 있었음. 이들은 모두 《魏書》(57) 崔挺傳에 함께 그 전이 실려 있음.

【且溫顔色】《魏書》에는 "且參顔色"으로 되어 있음.

【叔振】최효분의 숙부 崔振.

【溫淸】겨울에는 따뜻하게 해드리며, 여름에는 시원하게 해드림. 〈集註〉에 "溫謂冬溫, 淸謂夏淸"이라 함.

【出入啓覲】〈集註〉에 "啓, 謂出必告; 覲, 謂反必面"이라 함.

【賷】〈集註〉에 "賷, 與也"라 함.

1.《魏書》(57) 崔挺傳 崔孝芬

孝芬兄弟, 孝義慈厚, 弟孝演·孝政先亡, 孝芬等, 哭泣哀慟, 節内(肉), 蔬食, 容貌損瘠, 見者傷之. 孝暐等奉孝芬, 盡恭順之禮. 坐食進退, 孝芬不命則不敢也. 鷄鳴而起, 旦參顔色, 一錢尺帛, 不入私房, 吉凶有須, 聚對分給. 諸婦亦相親愛, 有無共之. 始挺兄弟同居, 孝芬叔振旣亡後, 孝芬等, 承奉叔母李氏, 若事所生. 旦夕溫淸, 出入啓覲. 家事巨細, 一以諮決. 每兄弟出行, 有獲財物, 尺寸以上, 皆内李之庫, 四時分賷, 李自裁之, 如此者二十餘歲. 撫從弟宣伯·子朗, 如同氣焉.

2.《北史》(32) 崔挺傳 崔孝芬

孝芬字恭梓. 早有才識, 博學好文章. ……孝芬兄弟, 孝義慈厚, 弟孝演·孝政先亡, 孝芬等, 哭泣哀慟, 節肉蔬食, 容貌毁瘠, 見者傷之. 孝暐等奉孝芬, 盡恭順之禮. 坐食進退, 孝芬不命則不敢也. 鷄鳴而起, 且溫顔色, 且溫顔色, 一錢尺帛, 不入私房, 吉凶有須, 聚對分給, 諸婦亦相親愛, 有無共之. 始挺兄弟同居, 孝芬叔振旣亡之後, 孝芬等, 承奉叔母李氏, 若事所生. 旦夕溫淸, 出入啓覲. 家事巨細, 一以諮決. 每兄弟出行, 有獲財物, 尺寸以上, 皆入李之庫, 四時分賷, 李氏自裁之, 如此者二十餘歲. 撫從弟宣伯·子朗, 如同氣焉.

352(6-2-40)
왕응의 생활 태도

○ 왕응王凝은 평상시 생활에도 엄격하였다. 공복公服을 입지 않은 자제
들은 만나지 않았으며, 규문閨門 안에서도 마치 조정에 있는 듯이 하였다.
집안은 네 가지 교육으로 통솔하였으니 바로 근勤·검儉·공恭·서恕였다.
그리고 집안은 네 가지 예禮로써 바로잡았으니 관혼상제冠婚喪祭였다. 성인
의 책 및 공복, 예기禮器는 남에게 빌려오지 아니하였으며 담과 집, 집물
什物은 반드시 튼튼하고 소박하게 하면서 이렇게 말하였다.
"쓸데없는 비용을 지출함이 없도록 하라."
문으로 들어오는 길의 과실나무는 반드시 바르게 줄을 세워 심게
하면서 이렇게 말하였다.
"구태여 어지럽게 함이 없게 하라."

○ 王凝, 常居慄如也. 子弟非公服不見, 閨門之內, 若朝廷焉.
御家以四敎, 勤儉恭恕; 正家以四禮, 冠婚喪祭. 聖人之書, 及公服
禮器不假, 垣屋什物必堅朴, 曰:「無苟費也.」門巷果木, 必方列,
曰:「無苟亂也.」

【王凝】宋나라 때 인물로 자는 叔恬. 文中子 王通의 아우.
【慄如】엄격하고 의젓함. 정도를 지키는 태도를 말함. 〈集註〉에 "慄, 嚴謹貌"
　라 함.
【四敎】勤儉恭恕. 〈集註〉에 "勤以作事, 儉以制用, 恭以處己, 恕以待人"이라 함.

【禮器】관혼상제 등 예의나 의식에 쓰이는 그릇과 도구들.

【垣屋】담과 집 건물. 이들을 이왕이면 똑바르고 가지런하게 배치함.

＊〈集註〉에 "阮氏曰:「皆自足也. 營築垣屋, 造設什物, 必渾堅朴素; 經畫門巷, 種植果木, 必方整成列. 皆其爲人不苟, 故每事亦不苟如此.」"라 함.

1.《文中子》關朗篇

太原府君曰:「凝當居慄如也. 子弟非公服不見, 閨門之內, 若朝廷焉」文中子曰: 「賢者, 凝也. 權則未而可與立矣.」府君再拜曰:「謹受敎. 非禮勿動, 終身焉.」 貞觀中, 起家監察御使, 劾奏侯君集有無君之心. 及退, 則鄕黨以穆. 御家以四敎, 勤儉恭恕; 正家以四禮, 冠婚喪祭. 三年之畜, 備則散之親族. 聖人之書, 及公 服禮器不假, 垣屋什物必堅朴, 曰:「無苟費也.」門巷果木, 必方列, 曰:「無苟 亂也.」

353(6-2-41)
참을 인忍자를 백 번

○ 장공예張公藝는 구세九世가 함께 살면서 북제北齊로부터 수隋·당唐에 이르기까지 모두가 그 문에 정문旌門을 세워 표창받았다. 인덕麟德 연간에 고종高宗께서 태산泰山에 봉선을 행하러 가면서 그의 집을 들러 장공예를 불러 만나보게 되었다. 그 때 그가 능히 종족을 화목하게 할 수 있었던 방법을 질문하자, 장공예는 종이와 붓을 청하여 대답을 대신하며 글씨로 '인忍'자를 백여 번이나 써서 바쳤다. 그의 뜻은 종족이 불협不協하게 되는 까닭은 존장尊長에 대한 의복과 음식에 혹 고르지 못함이 있거나, 비유卑幼로써 갖추어야 할 예절에 불비함이 있어 서로 돌아가며 책망하다 보면 드디어 어그러지고 다툼이 있게 되는 것이니, 진실로 능히 서로 이를 참아 주기만 한다면 집안의 도의는 옹목雍睦하게 된다는 것이었다.

○ 張公藝, 九世同居, 北齊隋唐, 皆旌表其門. 麟德中, 高宗封泰山, 幸其宅, 召見公藝, 問其所以能睦族之道. 公藝請紙筆以對: 書'忍'字百餘, 以進. 其意以爲, 宗族所以不協, 由尊長衣食, 或有不均; 卑幼禮節, 或有不備. 更相責望, 遂爲乖爭, 苟能相與忍之, 則常睦雍矣.

【張公藝】隋唐 때 東平 사람. 9대에 걸쳐 한 동네에 살았으며 北齊 및 隋나라 때 이들을 모두 살펴 이름이 높았음. 본문에서처럼 '忍'자로 高宗에게 말한 고사로 널리 알려짐. 《舊唐書》(188) 孝友傳 劉君良傳 참조.

【九世】 아홉 世代.

【北齊】 남북조시대의 북조. 拓跋氏의 東魏(534~551)를 이어 高洋의 아들 高歡이 세운 나라. 鄴(지금의 河南 臨漳)을 도읍으로 하였으며 551~578년까지 존속하다가 宇文氏의 北周에게 망함.

【隋】 北周의 뒤를 이어 楊堅(隋文帝)이 남조 陳나라까지 멸하고 세운 통일 왕조. 581년~618년까지 존속하였으며 長安을 도읍으로 함. 뒤에 唐나라 李淵에게 망함.

【唐】 唐 高祖 李淵과 그 둘째 아들 李世民(唐 太宗)이 隋나라를 멸하고 세운 강력한 李氏王朝. 618~907년까지 존속하였으며 長安을 도읍으로 함. 뒤에 五代 後梁 朱溫(朱全忠)에게 망하였음.

【麟德】 唐 제3대 황제 高宗(李治)의 연호. 664~665년까지 2년간이었음.

【泰山】 중국 五嶽의 하나인 山東 泰安市의 泰山. 岱라고도 하며 東嶽에 해당함. 황제가 제위에 오르면 반드시 이 산에 올라 封禪 의식을 행하였음.

【尊長】 항렬이 높거나 나이가 많은 어른.

【卑幼】 신분이나 항렬이 낮거나 혹은 나이가 어린 아이.

【責望】 〈集註〉에 “卑幼責望尊長之不均, 尊長責望卑幼之不備, 是更相責望也”라 함.

【雍睦】 화목. 〈集註〉에 “雍, 和也”라 함. 司馬光의 《家範》에는 ‘睦雍’으로 되어 있음.

1. 《舊唐書》(188) 孝友傳 劉君良

鄆州壽張人張公藝, 九代同居, 北齊時, 東安王高永樂詣宅慰撫旌表焉. 隋開皇中, 大使·邵陽公梁子恭亦親慰撫, 重表其門. 貞觀中, 特敕吏加旌表. 麟德中, 高宗有事泰山, 路過鄆州, 親幸其宅, 問其義由. 其人請紙筆, 但書百餘‘忍’字. 高宗爲之流涕, 賜以縑帛.

2. 《家範》(1) 治家篇 司馬光

張公藝, 鄆州壽張人, 九世同居, 北齊隋唐, 皆旌表其門. 麟德中, 高宗封泰山, 過壽張幸其宅, 召見公藝, 問其所以能睦族之道. 公藝請紙筆以對: 書‘忍’字百餘, 以進. 其意以爲宗族所以不協, 由尊長衣食, 或有不均; 卑幼禮節, 或有不備. 更相責望, 遂爲乖爭, 苟能相與忍之, 則家道雍睦矣.

354(6-2-42)
한유의 동생행이라는 글

○ 한문공韓文公의 〈동생행董生行〉이라는 글에 이렇게 읊었다.

"회수淮水가 동백산桐栢山에서 발원하여 동쪽으로 내달아, 아득히 천리를 가면서도 능히 쉬지도 않네.

비수淝水는 그 곁에서 나와 천 리를 가지 못한 채, 겨우 백 리를 흘러 회수로 흘러드는구나.

수주壽州의 속현 안풍현安豊縣에, 당唐나라 정원貞元 때에,

그 고을 사람 동소남董召南이 의를 행하며, 그 안에 은거하였다네.

자사刺史가 능히 그를 천거하지 못하여, 천자도 그의 명성을 들을 수 없었네.

작록爵祿 따윈 그의 문에 이르지도 않았는데, 문 밖에서는 오직 관리가 매일 찾아와, 조세를 재촉하고 돈을 내놓으라 닦달하네.

아! 동생이여, 아침이면 밭갈이 나서고, 저녁이면 돌아와 옛 사람의 글을 읽는다네.

그날이 다하도록 쉬지도 못한 채, 혹 산에 올라 나무하고, 혹 물에 나가 고기 잡는다네.

부엌에 들어가 맛난 음식 갖추어, 마루에 올라 문안드리니,

부모님은 근심할 일 없고, 처자는 보챌 일이 없네.

아! 동생이여, 효성스럽고 자애롭건만,

남들은 몰라주나 오직 하느님만은 이를 알고,

복과 상서를 끝없이 내려주시네.

집 안에 젖먹이 딸린 어미개가 있었는데, 먹이를 구하러 밖으로 나가니, 닭이 와서 그 강아지를 먹여주네.

마당가의 벌레와 개미를 쪼아다가,
강아지에게 먹여주었으나 이를 먹지 않고 슬픈 소리로 짖어대네.
닭은 그 곁을 서성이며 방황하며 오래도록 떠나지를 못하더니,
날개로 덮어주고 어미 오기를 기다리네.
아! 동생이여, 누가 장차 그대의 덕에 짝을 이룰 수 있으리오?
당시 부부들은 서로 학대하고, 형제는 서로 원수가 되매,
임금의 봉록을 먹으면서도 부모를 근심시키니,
그들은 홀로 어찌 그런 못된 마음을 가졌을까?
아! 동생이여, 아무도 그대와 짝을 이룰 자가 없도다!

○ 韓文公〈董生行〉曰:
「淮水出桐栢山東馳, 遙遙千里不能休.
淝水出其側, 不能千里, 百里入淮流.
壽州屬縣有安豐, 唐貞元年時,
縣人董生召南, 隱居行義於其中.
刺史不能薦, 天子不聞名聲.
爵祿不及門, 門外惟有吏, 日來徵租更索錢.
嗟哉! 董生, 朝出耕, 夜歸讀書古人書.
盡日不得息, 或山而樵, 或水而漁.
入廚具甘旨, 上堂問起居,
父母不感感, 妻子不咨咨.
嗟哉! 董生, 孝且慈,
人不識惟有天翁知, 生祥下瑞無休期.
家有狗乳, 出求食, 鷄來哺其兒.
啄啄庭中拾蟲蟻, 哺之不食鳴聲悲.
彷徨躑躅久不去, 以翼來覆待狗歸.

嗟哉! 董生, 誰將與儔?

時之人夫妻相虐, 兄弟爲讎,

食君之祿而令父母愁, 亦獨何心?

嗟哉! 董生, 無與儔!

【韓文公】韓愈(786~824). 자는 退之. 시호는 文公. 당대 대표적인 古文家이며
문장가. 호는 昌黎先生. 鄧州 南陽(지금의 河南 孟縣) 사람으로 唐 代宗 大曆
3년에 태어나 穆宗 長慶 4년에 죽었음. 향년 57세. 일찍이 고아가 되어 형수
에게서 자랐으며 貞元 8년 진사에 올라 吏部
侍郎을 역임함. 선대가 昌黎에 살아 宋 元豐 때
'昌黎伯'으로 봉해짐. 그 때문에 昌黎先生으로
불리며 달리 韓文公이라고도 함. 경사백가에
박통하여 유학을 존숭하며 불학을 반대하였음.
당대 고문운동을 주도하였으며, 柳宗元과 함께
六朝의 화려한 변려체를 반대함. 唐宋八大家
의 領袖이며, 고문가의 종주로 받들고 있음.
송대 시에 영향을 주었으며 《昌黎先生集》
40권과 《外集》 10권, 《遺文》 1권이 전함.
《舊唐書》(160)와 《新唐書》(176)에 전이 있음.

韓愈(768~824)

【董生行】董生은 董召南. 行은 노래나 문장 작품의 장르. 원래 樂府體에서
유래되었음. 한유가 董生의 아름다운 덕행과 소박한 삶을 높이 여겨 작품
으로 이어 읊은 것임. 《韓昌黎集》에 실려 있음. 〈集註〉에 "董生隱居, 行義
於淮泗之間, 時之人, 不能與儔. 韓子爲作此詩, 蓋賦而興也"라 함.

【淮水】河南 桐栢山에서 발원하여 동쪽으로 흐르는 물이며, 중국의 南北을
분하는 경계의 물길이 되기도 함.

【桐栢山】桐柏山으로도 표기하며 河南 唐縣에 있는 산.

【淝水】肥水로도 표기하며 河南 合淝의 紫蓬山에서 발원하여 淮水로 들어
가는 물. 東晉 때 苻堅의 淝水之戰으로 유명한 곳.

【壽州】지명. 그곳의 屬縣으로 安豐縣이 있음.

【貞元】唐나라 德宗의 연호. 785~804년까지 20년간이었음.

【刺史】州郡의 太守.

【上堂】부모가 계신 사당으로 올라감.

【戚戚·咨咨】〈集註〉에 "吳氏曰:「戚戚, 憂愁也; 咨咨, 嗟怨也. 父母安其孝,
 故不憂; 妻子樂其慈, 故不怨.」"이라 함.

【天翁】天帝, 하느님. 〈集註〉에 "天翁, 猶言老天"이라 함. 〈集註〉에 "吳氏曰:
「董生孝慈之行, 獨天知之, 故祥瑞見於異類如此.」"라 함.

【彷徨躑躅】모두 머뭇거리며 앞으로 나가지 못하고 서성임을 나타내는 疊韻
 連綿語와 雙聲連綿語.

【儔】무리, 같은 유의 사람들. 比肩될만한 이들.

＊〈集註〉에 "朱子曰:「上句, 誰將與儔, 疑而問之之辭也; 下句, 無與儔, 答而
 決之之辭也.」"라 함.

참고 및 관련 자료

1.《韓昌黎集》을 참조할 것.

355(6-2-43)
유공작의 가법

○ 당唐나라 때 하동절도사河東節度使 유공작柳公綽은 공경들 사이에 가법家法이 엄격하기로 가장 이름이 알려져 있었다.

그는 중문의 동쪽에 작은 재실齋室을 마련해 놓고, 자신이 조회나 임금 알현할 일이 없을 때에는 매번 이른 아침에 문득 소재로 나선다. 그러면 아들들과 중영仲郢이 모두 의관을 정제하고 중문 북쪽에서 아침 문안을 드린다.

공작은 그곳에서 집안의 사사로운 일을 결재하고 빈객을 접견하며, 아우 공권公權 및 여러 종제從弟들과 다시 모여 식사를 한다. 이른 아침부터 저물 때까지 그 소재를 떠나지 않으며, 촛불을 밝힐 때면 한 자제로 하여금 경사經史를 가져오도록 하여 직접 한 번 읽기를 마치고 나서, 관직에 거할 때와 집안 다스리는 법을 강론하였다. 혹 문장을 논하기도 하고, 혹 거문고를 듣기도 하다가 인정人定의 종소리가 울린 연후에야 집으로 돌아가 취침하였으며, 그 때 자제들은 중문 북쪽에서 저녁 인사를 드렸다. 이렇게 하기를 무릇 20여 년, 하루도 이를 바꾸거나 거른 적이 없었다.

그러다가 흉년을 만나면 아들들에게 모두 채소를 먹도록 하면서 이렇게 말하였다.

“옛날 우리 형제가 선군先君을 모실 때 선군께서는 단주자사丹州刺史였건만, 우리의 학업이 아직 이루어지지 않았다는 이유로 고기 먹는 것을 허락하지 않으셨다. 나는 이를 감히 잊을 수 없다.”

고모, 자매, 조카 항렬 중에 일찍 고아가 되거나 과부가 된 자가 있으면 비록 먼 친척일지라도 반드시 신랑을 구하여 시집보내 주었는데, 모두에게 나무를 조각한 화장 상자와 묶어 물들인 문채 나는 비단으로 혼수를 마련해 주었다. 그러면서 항상 이렇게 말하였다.

"꼭 혼수를 풍부히 마련하기를 기다리는 것이 어찌 시집가는 때를 놓치지 않음만 하겠느냐?"

공작이 죽자, 중영은 그 법을 한결같이 준수하여 삼촌 공권을 모시기를 마치 아버지 공작을 모시듯 하였다. 심한 병이 아니면 공권을 뵈올 때에 의관을 바로하지 아니한 채 뵌 적이 없었다. 그는 경조윤京兆尹이며 동시에 염철사鹽鐵使라는 높은 직위였지만, 큰길에서 공권과 마주치게 되면 반드시 말에서 내려 홀笏을 단정히 하고 서서 공권이 지나가기를 기다린 뒤에야 말에 올랐다. 공권이 저녁때 돌아오면 반드시 의관을 정제하고 말머리에서 그를 기다려 맞이하였다. 공권이 여러 차례 그렇게 하지 말도록 말하였으나, 중영은 끝내 자신이 높은 관직이라는 이유로 조금 고치거나 하는 일이 없었다.

공작의 아내 한씨韓氏는 상국相國 한휴韓休의 증손녀로서 가법이 엄숙하고 검약하여 진신搢紳 집안들에서 이를 모범으로 삼았다. 그가 유씨 집안에 시집온 지 삼 년이 되도록 젊은이 늙은이 할 것 없이 한 번도 그가 이를 드러내고 웃는 모습을 본 적이 없었다. 옷은 항상 무늬를 넣지 않은 비단이었으며, 능라綾羅나 금수錦繡는 사용하지 않았다. 매번 친정나들이에는 금벽여金碧輿는 타지 않았으며, 단지 죽두자竹兜子라는 가마를 타고, 푸른 옷을 입은 두 하녀로 하여금 짚신을 신고 걸어서 자신을 따르도록 하였다. 그리고 항상 고삼苦參과 황련黃連·웅담熊膽을 갈아 섞어 환약을 만들어 아들들에게 주어 매번 긴긴 밤 공부할 때 이를 머금고 근고勤苦를 견뎌내도록 하였다.

○ 唐河東節度使柳公綽, 在公卿間最名有家法, 中門東有小齋, 自非朝謁之日, 每平旦輒出之小齋, 諸子仲郢, 皆束帶晨省於中門之北.

公綽決私事, 接賓客, 與弟公權及羣從弟, 再會食. 自旦至莫, 不離小齋, 燭至則命一人子弟執經史, 躬讀一過, 訖, 及講議居官治家之法, 或論文, 或聽琴, 至人定鐘, 然後歸寢, 諸子復昏定於中門之北, 凡二十餘年, 未嘗一日變易.

其遇饑歲, 則諸子皆蔬食, 曰:「昔吾兄弟侍先君爲丹州刺史, 以學業未成, 不聽食肉, 吾不敢忘也.」

姑姊妹姪有孤嫠者, 雖疎遠, 必爲擇壻嫁之, 皆用刻木粧奩, 纈文絹爲資裝. 常言:「必待資裝豐備, 何如嫁不失時?」

及公綽卒, 仲郢一遵其法, 事公權, 如事公綽, 非甚病, 見公權, 未嘗不束帶. 爲京兆尹·鹽鐵使, 出遇公權於通衢, 必下馬端笏立, 候公權過, 乃上馬. 公權莫歸, 必束帶迎候於馬首. 公權屢以爲言, 仲郢終不以官達有小改.

公綽妻韓氏, 相國休之曾孫, 家法嚴肅儉約, 爲搢紳家楷範. 歸柳氏三年, 無少長, 未嘗見其啓齒. 常衣絹素, 不用綾羅錦繡. 每歸覲, 不乘金碧輿, 祇乘竹兜子, 二青衣, 步屧以隨. 常命粉苦參黃連熊膽, 和爲丸賜諸子, 每永夜習學, 含之以資勤苦.

【柳公綽】자는 子寬(765~832), 혹은 起之. 京兆 華原 사람으로 唐 德宗, 憲宗, 文宗 연간의 인물. 御史中丞, 兵部尚書, 河東節度使 등을 역임함. 시호는 元. 《舊唐書》(165)와 《新唐書》(163)에 전이 있음.
【小齋】작은 齋室.
【仲郢】유공작의 아들. 자는 諭蒙.
【束帶】의관을 갖춤을 뜻함.
【晨省】아침에 부모님께 문안드리는 것.
【人定】사람의 통행을 금지하는 시간. 亥時에 종을 울려 사람의 통행을 금함.
【昏定】저녁때 부모님의 잠자리를 살펴 문안드리는 것.
【丹州刺史】유공작의 아버지 柳溫이 이곳 刺史를 역임함.
【孤嫠】고아와 과부. 의지할 곳이 없어 보호해 주어야 할 대상을 말함. 〈集註〉에 "孤, 無父者; 嫠, 無夫者"라 함.

【裝匳】화장대나 화장품을 담는 상자. '匳'은 '렴'으로 읽음. 司馬光《家範》에는 '妝匳'으로 되어 있음.

【纈文絹】纈文은 천을 묶어 물감을 들여 무늬가 나타나도록 하는 염색법이며 그렇게 하여 아름답게 꾸민 비단을 말함. 〈集註〉에 "纈文絹, 繫絹染爲文者"라 함.

【公權】柳公權. 유공작의 아우이며 자는 誠懸. 글씨로도 유명함.

【鹽鐵使】소금과 철에 대한 세금과 유통 등을 관장하는 관리.

【莫歸】'모귀'로 읽으며 '莫'는 '暮'와 같음. 저녁때 돌아옴.

【搢紳】笏을 꽂고 띠를 늘어뜨린 신분. 고관대작을 뜻하는 말임. 〈集註〉에 "搢紳, 搢笏垂紳也"라 함.

【歸覲】친정에 돌아와 부모께 뵙는 일.

【金碧輿】황금과 碧色의 장식으로 화려하게 꾸민 수레.

【竹兜子】대나무로 만든 가마.

【靑衣】푸른 옷을 입은 노비나 종.

【苦蔘】약초의 일종.

【黃連】역시 약초의 일종.

1.《家範》(1) 治家篇 司馬光

唐河東節度使柳公綽, 在公卿間最名有家法, 中門東有小齋, 自非朝謁之日, 每平旦輒出之小齋, 諸子仲郢, 皆束帶晨省於中門之北. 公綽決私事, 接賓客, 與弟公權及羣從弟, 再食. 自旦至暮, 不離小齋, 燭至則命子弟一人執經史, 立燭前, 躬讀一過, 畢乃講議居官治家之法, 或論文, 或聽琴, 至人定鐘, 然後歸寢. 諸子復昏定於中門之北, 凡二十餘年, 未嘗一日變易. 其遇饑歲, 則諸子皆蔬食, 曰:「昔吾兄弟侍先君爲丹州刺史, 以學業未成, 不聽食肉, 吾不敢忘也.」姑姊妹姪有孤獒者, 雖疎遠, 必爲擇壻嫁之, 皆用刻木妝奩, 纈文絹爲資裝. 常言:「必待資裝豐備, 何如嫁不失時?」及公綽卒, 仲郢一遵其法.

2.《家範》(3) 父母篇 司馬光

天平節度使柳仲郢母韓氏, 常粉苦參·黃連, 和以熊膽, 以授諸子. 每夜讀書使嚼之以止睡.

3. 《新唐書》(163) 柳仲郢傳

仲郢字諭蒙, 母韓, 則皋女也, 善訓子, 故仲郢幼嗜學, 嘗和熊膽丸, 使夜咀嚥
以助勤.

356(6-2-44)
강주의 진씨 집안

○ 강주江州의 진씨陳氏는 종족 7백여 가구가 함께 살면서 매번 넓은 자리를 깔아놓고 식사를 하였는데, 장유長幼가 차례에 맞추어 앉아 함께 식사를 하였다. 그러자 기르고 있던 개 백여 마리도 우리에서 먹이를 먹으면서 한 마리라도 함께 모이지 않으면, 나머지 개들은 그를 위해 먹이를 먹지 않고 기다리는 것이었다.

○ 江州陳氏, 宗族七百口, 每食設廣席, 長幼以次坐, 而共食之. 有畜犬百餘, 共一牢食, 一犬不至, 諸犬爲之不食.

【江州】 지명.
【陳氏】 陳褒, 南唐 사람으로 十世를 宗族이 함께 모여 살고 있었다 함.
【牢】 가축을 기를 때 둘러친 우리.
＊〈集註〉에 "犬知愛其類和順之所感也"라 함.

참고 및 관련 자료

1.《新五代史》(62) 南唐世家

三年四月, 昪郊祀昊天上帝於圓丘, 禮畢, 羣臣請上尊號. 昪曰:「尊號, 非古也」不許. 州縣言民孝悌五代同居者七家, 皆表門閭, 復其縣役; 其尤盛者江州陳氏, 宗族七百口, 每食設廣席, 長幼以次坐而共食, 有畜犬百餘, 共一牢食, 一犬不至, 諸犬爲之不食.

357(6-2-45)
이방 집안의 공동생활

○온공溫公이 말하였다.

"우리나라 공경公卿으로써 능히 선대의 법을 지켜내면서 오래도록 해이해지지 않은 집안이라면 오직 고故 이상국李相國, 李昉 집안뿐일 것이다. 그 집안은 자손이 여러 세대를 거치면서 2백여 명에 이르건만, 여전히 한집에 같이 살고, 한솥밥을 먹는다. 전원田園과 구사邱舍의 수입, 및 관직을 가진 자의 봉록俸祿을 모두 함께 한 창고에 모아 그 식구들의 하루씩 쓸 비용을 계산하여 나누어 먹였다. 그리고 혼인婚姻과 상장喪葬에 드는 비용도 모두가 일정한 규정이 있어, 이를 자제들에게 명하여 그 일을 관장하도록 하였다. 그 규정은 대체로 한림학사翰林學士 종악宗諤이 제정한 것이다."

○溫公曰:「國朝公卿, 能守先法, 久而不衰者, 唯故李相家. 子孫數世, 至二百餘口, 猶同居共爨, 田園邱舍所收, 及有官者俸祿, 皆聚之一庫, 計口日給餉. 婚姻喪葬所費, 皆有常數, 分命子弟掌其事, 其規模, 大抵出於翰林學士宗諤所制也.」

【溫公】司馬溫公. 司馬光(1019~1086). 北宋의 사학가이며 문장가, 사상가. 자는 君實. 만년의 호는 迂叟, 陝州 夏縣(지금의 山西 夏縣) 사람으로 涑水鄕(지금의 하현 서쪽)에 살아 涑水先生이라고도 부름. 북송 眞宗 天禧 3년에 태어나 哲宗 元祐 원년에 죽었음. 향년 68세. 인종 寶元 원년(1038)에 진사에 올라 仁宗·英宗·神宗 3조를 섬겼음. 신종 때 왕안석의 신법에 반대하였으며, 判西京御史臺를 그만두고 洛陽에 15년을 살았음. 철종이 즉위하자 조정으로

들어가 재상이 되어, 신법을 파기하고 구제를 회복하였으나 재위 8개월 만에 죽고 말았음. 시호는 文正, 溫國公에 봉해져 흔히 溫公이라 부름.《資治通鑑》을 편찬하였으며 《涑水紀聞》,《溫國文正司馬文集》 등이 있음.《송사》에 전이 있음.

【李相家】 이상국의 집안. 이상국은 宋 太宗(趙光義) 太平興國(976~983) 연간에 參知政事平章事를 지낸 李昉(925~996)을 가리킴. 이방은 저주(滁州) 사람으로 자는 明遠이며 《太平御覽》·《文苑英華》·《太平廣記》 등의 찬수에 큰 힘을 기울였던 인물임.《宋史》(265)에 전이 있음.

【給餉】 하루씩의 양에 맞게 식량을 配給함.

【規模】 규정과 같음. 규칙, 법칙을 말함.

【宗諤】 李昉의 아들이며 자는 昌武. 翰林學士·右諫議大夫 등을 역임하였음.

1.《家範》(1) 治家篇 司馬光

國朝公卿, 能守先法, 久而不衰者, 唯故李相昉家. 子孫數世, 至二百餘口, 猶同居共㸑, 田園邸舍所收, 及有官者俸祿, 皆聚之一庫, 計口日給餅飯. 婚姻喪葬所費, 皆有常數, 分命子弟掌其事, 其規模, 大抵出於翰林學士宗諤所制也.

右實明倫.

이상은 명륜明倫의 실제이다.

* 〈集註〉에 "李氏曰:「首十章, 實父子之親. 次八章, 實君臣之義. 次五章, 實夫婦之別. 次十章, 實長幼之序. 次一章, 實朋友之交. 後十一章, 通實五倫之義. 或問:『此篇似少朋友章』朱子曰:『當時是衆編類來, 偶缺此耳』」"라 함.

3. 실경신實敬身

　여기에서는 한漢나라 이후 현자賢者들의 선행을 들어 내편의
입교立敎·명륜明倫·경신敬身 3편 중의 〈경신敬身〉에 관한 아름다운
말과 그 일화·고사·예화 등을 들어 〈경신敬身〉의 취지에 부합
하는 행동을 어린이 스스로 실천해 나갈 수 있도록 한 것이며
《소학》 전체의 마무리 부분이다.

　모두 28장이다.

〈早梅圖〉

358(6-3-1)
제오륜의 사심

혹 어떤 이가 제오륜第五倫에게 물었다.

"그대는 사심私心이 있습니까?"

제오륜이 대답하였다.

"지난날 어떤 사람이 나에게 천리마를 준 적이 있소. 내 비록 받지는 않았지만, 매번 삼공三公의 하나로써 선거選擧 때마다 마음속에 그를 잊을 수가 없었소. 그러나 역시 끝내 그를 등용하지는 않았소. 나의 형 아들이 일찍이 병이 났을 때 나는 하룻밤에도 열 번이나 찾아갔으며, 물러나 집에 돌아와서도 잠을 제대로 이루지 못하였소. 그런데 내 아들이 병이 났을 때 비록 가서 살펴보지는 않았지만, 밤새껏 잠을 이루지 못하였소. 이와 같으니 어찌 사심이 없다고 할 수 있겠소?"

或問第五倫曰:「公有私乎?」對曰:「昔人有與吾千里馬者, 吾雖不受, 每三公有所選擧, 心不能忘, 而亦終不用也. 吾兄子嘗病, 一夜十往, 退而安寢; 吾子有疾, 雖不省視, 而竟夕不眠. 若是者, 豈可謂無私乎?」

【第五倫】자는 伯魚. 후한 때의 인물.《後漢書》에 전이 있음.

【三公】고대 太師·太傅·太保를 가리켰으나, 東漢 이후에는 太尉·司徒·司空을 三公이라 하였음. 〈集註〉에 "周以太師·太傅·太保爲三公, 東漢以太尉·司徒·司空爲三公"이라 함.

1. 《後漢書》第五倫

第五倫字伯魚, 京兆長陵人也. 其先齊諸田, 諸田徙園陵者多, 故以次第爲氏. 倫少介然有義行. 王莽末, 盜賊起, 宗族閭里爭往附之. 倫乃依險固築營壁, 有賊, 輒奮屬其衆, 引彊持滿以拒之, 銅馬·赤眉之屬前後數十輩, 皆不能下. 倫始以營長詣郡尹鮮于褒, 褒見而異之, 署爲吏. 後褒坐事左轉高唐令, 臨去, 握倫臂訣曰:「恨相知晩.」倫後爲鄕嗇夫, 平徭賦, 理怨結, 得人歡心. 自以爲久宦不達, 遂將家屬客河東, 變名姓, 自稱王伯齊, 載鹽往來太原·上黨, 所過輒爲糞除而去, 陌上號爲道士, 親友故人莫知其處. 數年, 鮮于褒薦之於京兆尹閻興, 興卽召倫爲主簿. 時長安鑄錢多姦巧, 乃署倫爲督鑄錢掾, 領長安市. 倫平銓衡, 正斗斛, 市無阿枉, 百姓悅服. 每讀詔書, 常歎息曰:「此聖主也, 一見決矣.」等輩笑之曰:「爾說將尙不下, 安能動萬乘乎?」倫曰:「未遇知己, 道不同故耳.」建武二十七年, 擧孝廉, 補淮陽國醫工長, 隨王之國. 光武召見, 甚異之. 二十九年, 從王朝京師, 隨官屬得會見, 帝問以政事, 倫因此酬對政道, 帝大悅. 明日, 復特召入, 與語至夕. 帝戲謂倫曰:「聞卿爲吏篣婦公, 不過從兄飯, 寧有之邪?」倫對曰:「臣三娶妻皆無父. 少遭飢亂, 實不敢妄過人食.」帝大笑. 倫出, 有詔以爲扶夷長, 未到官, 追拜會稽太守. 雖爲二千石, 躬自斬芻養馬, 妻執炊爨. 受俸裁留一月糧, 餘皆賤貿與民之貧羸者. 會稽俗多淫祀, 好卜筮. 民常以牛祭神, 百姓財産以之困匱, 其自食牛肉而不以薦祠者, 發病且死先爲牛鳴, 前後郡將莫敢禁. 倫到官, 移書屬縣, 曉告百姓. 其巫祝有依託鬼神詐怖愚民, 皆案論之. 有妄屠牛者, 吏輒行罰. 民初頗恐懼, 或祝詛妄言, 倫案之愈急, 後遂斷絶, 百姓以安. 永平五年, 坐法徵, 老小攀車叩馬, 嘑呼相隨, 日裁行數里, 不得前. 倫乃僞止亭舍, 陰乘船去. 衆知, 復追之. 及詣廷尉, 吏民上書守闕者千餘人. 是時顯宗方案梁松事, 亦多爲松訟者. 帝患之, 詔公車諸爲梁氏及會稽太守上書者勿復受. 會帝幸廷尉錄囚徒, 得免歸田里. 身自耕種, 不交通人物. 數歲, 拜爲宕渠令, 顯拔鄕佐玄賀, 賀後爲九江·沛二郡守, 以淸絜稱, 所在化行, 終於大司農. 倫在職四年, 遷蜀郡太守. 蜀地肥饒, 人吏富實, 掾史家貲多至千萬, 皆鮮車怒馬, 以財貨自達. 倫悉簡其豐贍者遣還之, 更選孤貧志行之人以處曹任, 於是爭賕抑絶, 文職修理. 所擧吏多至九卿·二千石, 時以爲知人. 視事七歲, 肅宗初立, 擢自遠郡, 代牟融爲司空. 帝以明德太后故, 尊崇舅氏馬廖, 兄弟並居職任. 廖等傾身交結, 冠蓋之士爭赴趣之. 倫以后族過盛, 欲令朝廷抑損其權, 上疏曰:「臣聞忠不隱諱, 直不避害.

不勝愚狷, 昧死自表.《書》曰『臣無作威作福, 其害于而家, 凶于而國.』傳曰『大夫無境外之交, 束脩之饋.』近代光烈皇后, 雖友愛天至, 而卒使陰就歸國, 徙廢陰興賓客; 其後梁·竇之家, 互有非法, 明帝卽位, 竟多誅之. 自是洛中無復權戚, 書記請託一皆斷絶. 又譬諸外戚曰『苦身待士, 不如爲國, 戴盆望天, 事不兩施.』臣常刻著五臧, 書諸紳帶. 而今之議者, 復以馬氏爲言. 竊聞衛尉廖以布三千匹, 城門校尉防以錢三百萬, 私贍三輔衣冠, 知與不知, 莫不畢給. 又聞臘日亦遺其在洛中者錢各五千, 越騎校尉光, 臘用羊三百頭, 米四百斛, 肉五千斤. 臣愚以爲不應經義, 惶恐不敢不以聞. 陛下情欲厚之, 亦宜所以安之. 臣今言此, 誠欲上忠陛下, 下全后家, 裁蒙省察」及馬防爲車騎將軍, 當出征西羌, 倫又上疏曰:「臣愚以爲貴戚可封侯以富之, 不當職事以任之. 何者? 繩以法則傷恩, 私以親則違憲. 伏聞馬防今當西征, 臣以太后恩仁, 陛下至孝, 恐卒有纖介, 難爲意愛. 聞防請杜篤爲從事中郎, 多賜財帛. 篤爲鄉里所廢, 客居美陽, 女弟爲馬氏妻, 恃此交通, 在所縣令苦其不法, 收繫論之. 今來防所, 議者咸致疑怪, 況乃以爲從事, 將恐議及朝廷. 今宜爲選賢能以輔助之, 不可復令防自請人, 有損事望. 苟有所懷, 敢不自聞」並不見省用. 倫雖峭直, 然常疾俗吏苛刻. 及爲三公, 值帝長者, 屢有善政, 乃上疏褒稱盛美, 因以勸成風德, 曰:「陛下卽位, 躬天然之德, 體晏晏之姿, 以寬弘臨下, 出入四年, 前歲誅刺史·二千石貪殘者六人. 斯皆明聖所鑒, 非羣下所及. 然詔書每下寬和而政急不解, 務存節儉而奢侈不止者, 咎在俗敝, 羣下不稱故也. 光武承王莽之餘, 頗以嚴猛爲政, 後代因之, 遂成風化. 郡國所舉, 類多辨職俗吏, 殊未有寬博之選以應上求者也. 陳留令劉豫, 冠軍令駟協, 並以刻薄之姿, 臨人宰邑, 專念掠殺, 務爲嚴苦, 吏民愁怨, 莫不疾之, 而今之議者反以爲能, 違天心, 失經義, 誠不可不愼也. 非徒應坐豫·協, 亦當宜譴舉者. 務進仁賢以任時政, 不過數人, 則風俗自化矣. 臣嘗讀書記, 知秦以酷急亡國, 又目見王莽亦以苛法自滅, 故勤勤懇懇, 實在於此. 又聞諸王主貴戚, 驕奢踰制, 京師尚然, 何以示遠? 故曰『其身不正, 雖令不(行)[從].』以身敎者從, 以言敎者訟. 夫陰陽和歲乃豐, 君臣同心化乃成也. 其刺史·太守以下, 拜除京師及道出洛陽者, 宜皆召見, 可因博問四方, 兼以觀察其人. 諸上書言事有不合者, 可但報歸田里, 不宜過加喜怒, 以明在寬. 臣愚不足採」及諸馬得罪歸國, 而竇氏始貴, 倫復上疏曰:「臣得以空虛之質, 當輔弼之任. 素性駑怯, 位尊爵重, 拘迫大義, 思自策厲, 雖遭百死, 不敢擇地, 又況親遇危言之世哉! 今承百王之敝, 人尙文巧, 咸趨邪路, 莫能守正. 伏見虎賁中郎將竇憲, 椒房之親, 與司禁兵, 出入省闥, 年盛志美, 卑謙樂善, 此誠其好士交結之方. 然諸出入貴戚者, 類多

瑕釁禁錮之人, 尤少守約安貧之節, 士大夫無志之徒更相販賣, 雲集其門. 衆煦
飄山, 聚蚊成雷, 蓋驕佚所從生也. 三輔論議者, 至云以貴戚廢錮, 當復以貴戚
浣濯之, 猶解酲當以酒也. 誠險趣埶之徒, 誠不可親近. 臣愚願陛下中宮嚴勑憲
等閉門自守, 無妄交通士大夫, 防其未萌, 慮於無形, 令憲永保福祿, 君臣交歡,
無纖介之隙. 此臣之至所願也.」倫奉公盡節, 言事無所依違. 諸子或時諫止,
輒叱遣之, 吏人奏記及便宜者, 亦幷封上, 其無私若此. 性質慤, 少文采, 在位
以貞白稱, 時人方之前朝貢禹. 然少蘊藉, 不修威儀, 亦以此見輕. 或問倫曰:
「公有私乎?」對曰:「昔人有與吾千里馬者, 吾雖不受, 每三公有所選舉, 心不
能忘, 而亦終不用也. 吾兄子常病, 一夜十往, 退而安寢; 吾子有疾, 雖不省視
而竟夕不眠. 若是者, 豈可謂無私乎?」連以老病上疏乞身, 元和三年, 賜策罷,
以二千石奉終其身, 加賜錢五十萬, 公宅一區. 後數年卒, 時年八十餘, 詔賜秘器·
衣衾·錢布.

2.《蒙求》(270)

後漢, 第五倫字伯魚, 京兆長陵人. 爲京兆督鑄錢掾, 領長安市. 時鑄錢多姦巧,
倫平銓衡, 正斗斛. 市無阿枉, 百姓悅服. 每讀詔書, 常歎息曰:「此聖主也, 一見
決矣.」

等輩笑之曰:「爾說將尙未下, 安能動萬乘乎?」倫曰:「未遇知己, 道不同故耳.」
建武·永平間, 爲會稽·蜀郡太守. 肅宗初立, 擢司空. 倫奉公盡節, 數上書言事,
無所依違. 性質慤少文采, 在位以貞白稱, 時人方之貢禹. 然少蘊藉, 不修威儀,
亦以此見輕. 或問倫:「有私乎?」對曰:「昔人有與吾千里馬者. 吾雖不受, 每三公
有所選舉, 心亦不能忘, 而亦終不用. 吾兄子病, 一夜十起往, 退而安寢. 吾子
有疾, 雖不省視, 而竟夕不眠. 若是者, 豈可謂無私乎?」病乞罷, 以二千石俸終
其身.

3.《家範》(6) 女孫伯叔父姪篇 司馬光

漢第五倫性至公, 或問倫曰:「公有私乎?」對曰:「吾兄子嘗病, 一夜十往, 退而
安寢; 吾子有疾, 雖不省視, 而竟夕不眠. 若是者, 豈可謂無私乎?」伯魚賢者,
豈肯厚其兄子不如其子哉! 直以數往視之, 故心安; 終夕不視, 故心不安耳. 而伯
語更以此語, 人益所以見其公也.

359(6-3-2)
국물에 손을 데지 않았느냐

○ 유관劉寬은 비록 평소 창졸의 화급한 순간에도 급하게 말을 하거나 급한 안색을 띤 적이 없었다. 부인이 시험삼아 유관을 성내게 하려고, 몰래 조회에 나갈 시간에 유관이 정장 갖추기를 기다려 시비侍婢로 하여금 고깃국물을 올리는 체하고 엎질러 조복朝服을 더럽히고, 이를 급히 거두도록 하였다. 그랬더니 유관은 신색神色을 전혀 바꾸지 않은 채 천천히 이렇게 말하는 것이었다.
"뜨거운 국물에 네 손을 데지 않았느냐?"
그 성품과 도량이 이와 같았던 것이다.

○ 劉寬, 雖居倉卒, 未嘗疾言遽色. 夫人欲試寬令恚, 伺當朝會, 裝嚴已訖, 使侍婢奉肉羹, 翻汚朝服, 婢遽收之. 寬神色不異, 乃徐言曰:「羹爛汝手乎?」其性度如此.

【劉寬】後漢 때의 인물. 자는 文饒. 弘農 華陰 사람.《後漢書》와《蒙求》 등에 그의 전기와 일화가 실려 있음.
【倉卒】아주 급한 상황을 나타내는 雙聲連綿語.
【羹爛汝手】《論語》鄕黨篇의 "廐焚. 子退朝, 曰:「傷人乎?」不問馬"와 같음.

1.《後漢書》劉寬

劉寬字文饒, 弘農華陰人也. 父崎, 順帝時爲司徒. 寬嘗行, 有人失牛者, 乃就寬車中認之. 寬無所言, 下駕步歸. 有頃, 認者得牛而送還, 叩頭謝曰:「慙負長者, 隨所刑罪.」寬曰:「物有相類, 事容脫誤, 幸勞見歸, 何爲謝之?」州里服其不校. 桓帝時, 大將軍辟, 五遷司徒長史. 時京師地震, 特見詢問. 再遷, 出爲東海相. 延熹八年, 徵拜尙書令, 遷南陽太守. 典歷三郡, 溫仁多恕, 雖在倉卒, 未嘗疾言遽色. 常以爲「齊之以刑, 民免而無恥」. 吏人有過, 但用蒲鞭罰之, 示辱而已, 終不加苦. 事有功善, 推之自下. 災異或見, 引躬克責. 每行縣止息亭傳, 輒引學官祭酒及處士諸生執經對講. 見父老慰以農里之言, 少年勉以孝悌之訓. 人感德興行, 日有所化. 靈帝初, 徵拜太中大夫, 侍講華光殿. 遷侍中, 賜衣一襲. 轉屯騎校尉, 遷宗正, 轉光祿勳. 熹平五年, 代許訓爲太尉. 靈帝頗好學蓺, 每引見寬, 常令講經. 寬嘗於坐被酒睡伏. 帝問:「太尉醉邪?」寬仰對曰:「臣不敢醉, 但任重責大, 憂心如醉.」帝重其言. 寬簡略嗜酒, 不好盥浴, 京師以爲諺. 嘗坐客, 遣蒼頭市酒, 迂久, 大醉而還. 客不堪之, 罵曰:「畜産」寬須臾遣人視奴, 疑必自殺. 顧左右曰:「此人也, 罵言畜産, 辱孰甚焉! 故吾懼其死也.」夫人欲試寬令恚, 伺當朝會, 裝嚴已訖, 使侍婢奉肉羹, 翻汙朝衣. 婢遽收之, 寬神色不異, 乃徐言曰:「羹爛汝手?」其性度如此. 海內稱爲長者. 後以日食策免. 拜衛尉. 光和二年, 復代段熲爲太尉. 在職三年, 以日變免. 又拜永樂少府, 遷光祿勳. 以先策黃巾逆謀, 以事上聞, 封逯鄉侯六百戶. 中平二年卒, 時年六十六. 贈車騎將軍印綬, 位特進, 諡曰昭烈侯. 子松嗣, 官至宗正.

2.《蒙求》(250)

後漢, 劉寬字文饒, 弘農華陰人. 桓帝時, 遷南陽太守, 歷典三郡. 溫仁多恕. 雖在倉卒, 未嘗疾言遽色. 吏人有過, 但用蒲鞭罰之, 示辱而已. 靈帝時爲太尉, 帝頗好學藝, 每引見常令講經. 寬常於坐被酒睡伏. 帝問:「太尉醉邪?」對曰:「臣不敢醉. 但任重責大, 憂心如醉」帝重其言. 夫人欲試寬令恚, 伺當朝會, 裝嚴已訖, 使婢奉肉羹翻汙朝服. 婢遽收之. 神色不異. 乃徐言曰:「羹爛汝手!」其性度如此. 海內稱爲長者.

3.《十八史略》(3)

以劉寬爲尙書令. 寬嘗歷典三郡, 多仁恕, 吏民有過, 以蒲鞭罰之.

삼보의 의표로 여겨진 장담

○ 장담張湛은 장엄한 태도로 예를 지키기를 좋아하였으며 행동거지에 법칙이 있었다. 평소에 깊은 방에 처할 때라도 반드시 스스로 의관을 정제하고 바른 자세를 취하였으며, 비록 처자를 만날 때라도 마치 엄한 임금처럼 하였다. 그런가 하면 향당鄕黨에서는 자상한 말로 바른 얼굴 표정을 지어 삼보三輔 일대에서는 그를 의표儀表로 여겼다.

건무建武 초에 그는 좌풍익左馮翊 태수가 되었는데, 휴가를 얻어 고향 평릉平陵으로 돌아오면서 멀리 시문寺門이 보이자, 내려서 걷는 것이었다.

그러자 주부主簿 나서서 말하였다.

"명부明府께서는 지위가 높고 덕망이 중후하니, 스스로를 가볍게 여기는 것은 마땅하지 아니합니다."

장담이 말하였다.

"예에 공문公門 앞에서는 말이나 수레에서 내려야 하고, 노마路馬를 보면 식軾한다 하였고, 공자께서도 향당에서는 근신하고 겸손했다 한다. 부모의 나라에서 마땅히 예를 다하여야 하는 것인데 어찌 스스로를 가볍게 여긴다 하느냐?"

○ 張湛矜嚴好禮, 動止有則, 居處幽室, 必自修整. 雖遇妻子, 若嚴君焉. 及在鄕黨, 詳言正色, 三輔以爲儀表.

建武初, 爲左馮翊, 告歸平陵, 望寺門而步.

主簿進曰: 「明府位尊德重, 不宜自輕.」

湛曰:「禮下公門, 軾路馬. 孔子於鄕黨, 恂恂如也. 父母之國, 所宜盡禮, 何謂輕哉?」

【張湛】 자는 子孝. 後漢 초기의 平陵 출신으로 左馮翊太守를 역임함.《後漢書》에 전이 있음.

【嚴君】 엄한 군장. 〈集註〉에 "嚴君, 尊嚴之君長也"라 함.

【鄕黨】 행정 단위. 1만 2천5백 집을 鄕이라 하며, 5백 집을 黨이라 함.

【三輔】 長安에서 가까운 右扶風·左風翊·京兆의 세 관할 행정 구역으로 모두 장안성을 함께 통치하고 있었음.

【建武】 東漢 光武帝 劉秀의 첫 연호. A.D.25~55년까지 31년간.

【寺門】 사는 관청을 일컫는 말. '시'로 읽으며《釋名》에 "寺, 嗣也"라 하여 업무나 관리가 계속 이어 같은 일을 수행함을 뜻한다 하였음.

【主簿】 太守나 郡守의 속관.

【明府】 漢나라 때 태수나 군수를 부르던 칭호.

【下公門】 '公門'은 임금이 계신 宮門. 관공서의 대문, 정문.《禮記》檀弓(上)에 "大夫士下公門, 式路馬"라 하고 疏에 "公門, 謂君之門也. 路馬, 君之馬也. 敬君, 至門下車; 重君物, 故見君馬而式之也. 馬比門輕, 故有下·式之異"라 함.

【恂恂如】《論語》鄕黨篇에 "孔子於鄕黨, 恂恂如也, 似不能言者. 其在宗廟朝廷, 便便言, 唯謹爾"라 함.

참고 및 관련 자료

1.《後漢書》張湛傳

張湛字子孝, 扶風平陵人也. 矜嚴好禮, 動止有則, 居處幽室, 必自修整, 雖遇妻子, 若嚴君焉. 及在鄕黨, 詳言正色, 三輔以爲儀表. 人或謂湛僞詐, 湛聞而笑曰:「我誠詐也. 人皆詐惡, 我獨詐善, 不亦可乎?」成哀閒, 爲二千石. 王莽時, 歷太守·都尉. 建武初, 爲左馮翊. 在郡修典禮, 設條敎, 政化大行. 後告歸平陵, 望寺門而步. 主簿進曰:「明府位尊德重, 不宜自輕.」湛曰:「《禮》, 下公門, 軾輅馬. 孔子於鄕黨, 恂恂如也. 父母之國, 所宜盡禮, 何謂輕哉?」五年, 拜光祿勳. 光武臨朝, 或有惰容, 湛輒陳諫其失. 常乘白馬, 帝每見湛, 輒言「白馬生且復諫矣」. 七年, 以病乞身, 拜光祿大夫, 代王丹爲太子太傅. 及郭后廢, 因稱疾不朝, 拜太中大夫, 居中東門候舍, 故時人號曰『中東門君』. 帝數存問賞賜. 後大司徒戴涉被誅, 帝彊起湛以代之. 湛至朝堂, 遺失溲便, 因自陳疾篤, 不能復任朝事, 遂罷之. 後數年, 卒於家.

2.《蒙求》(103)

後漢, 張湛字子孝, 扶風平陵人. 矜嚴好禮, 動止有則, 居幽室必修整. 遇妻子若嚴君. 在鄉黨, 詳言正色, 三輔以爲儀表. 人或謂湛爲僞詐. 湛曰:「人皆詐惡, 我獨詐善」建武初, 拜光祿勳. 光武臨朝, 或有惰容, 輒陳諫. 常乘白馬. 上每見, 輒言:「白馬生且復諫矣!」及郭后廢, 稱疾不朝. 拜太中大夫. 帝强起之, 爲大司徒, 湛自陳疾篤, 遂罷.

361(6-3-4)
양진과 왕밀의 사지

○ 양진楊震이 추천하였던 형주荊州의 무재茂才 왕밀王密이 창읍령昌邑令이
되었다. 그가 양진을 뵈면서 금 10근을 품고 와서 이를 양진에게 내미는
것이었다. 양진이 말하였다.

"옛 사람인 나는 그대를 알아보는데, 그대는 옛 사람을 알아보지 못하니
어찌 된 일인가?"

왕밀이 말하였다.

"밤이 깊어 아무도 알지 못합니다."

양진이 말하였다.

"하늘이 알고 신이 알고 내가 알고 그대가 아는데, 어찌 아무도 모른다
하는가?"

왕밀은 부끄러워하며 나왔다.

○ 楊震所擧荊州茂才王密, 爲昌邑令. 謁見, 懷金十斤, 以遺震.
震曰:「故人知君, 君不知故人, 何也?」密曰:「莫夜無知者.」震
曰:「天知神知我知子知, 何謂無知?」密愧而去.

【楊震】東漢 弘農 華陰 사람. 자는 伯起(?~124). 학문에 뛰어나 따르는 자가
　　천여 명이었으며, 당시 그를 '關西夫子' 혹은 '關西孔子'라 불렀음.(《後漢書》
　　楊震傳 참조. '楊震關西' 참조.
【茂才】漢나라 때 인재 추천의 하나. 왕밀은 荊州 출신으로 양진이 그를 무재
　　과에 추천하여 벼슬길에 오르게 된 것임.

【君不知故人】양진은 그를 훌륭한 인물로 여겨 추천하였으니 이는 그를 알아본 것이며, 왕밀은 양진의 청렴함을 알지 못하고 금을 뇌물로 가져왔으니 이는 자신을 알지 못한다고 여긴 것임.

【莫夜】'暮夜.' '莫'는 '暮'와 같음. 저녁이며 밤중임을 뜻함.

【王密】양진의 추천으로 茂才科에 급제하여 昌邑令이 되었던 인물.

＊〈集註〉에 "熊氏曰:「明不欺天, 幽不欺神, 內不欺心, 外不欺人.」"이라 함.

참고 및 관련 자료

1.《後漢書》楊震傳

大將軍鄧騭聞其賢而辟之, 擧茂才, 四遷荊州刺史·東萊太守. 當之郡, 道經昌邑, 故所擧荊州茂才王密爲昌邑令, 謁見, 至夜懷金十斤以遺震. 震曰:「故人知君, 君不知故人, 何也?」密曰:「暮夜無知者」震曰:「天知, 神知, 我知, 子知. 何謂無知!」密愧而出. 後轉涿郡太守. 性公廉, 不受私謁. 子孫常蔬食步行, 故舊長者或欲令爲開産業, 震不肯, 曰:「使後世稱爲淸白吏子孫, 以此遺之, 不亦厚乎!」

2.《十八史略》(3)

太尉楊震自殺, 震關西人, 時人稱之曰:「關西孔子楊伯起.」敎授生徒, 堂下得三鱣. 都講以爲有三公之象, 取以進曰:「先生自此升矣.」後嘗爲郡守. 屬邑令, 有懷金遺之者, 曰:「暮夜無知者.」震曰:「天知地知, 子知我知, 何謂無知?」令慚而退.

及爲三公, 時宦者及上乳母王聖用事, 皆有請託, 震不從. 又數以近習爲言, 共構之, 策收印綬. 遂死葬之日, 名士皆來會. 有大鳥高丈餘, 至墓前俯仰, 流涕而去.

3.《蒙求》(093)

後漢, 楊震擧茂才, 四遷荊州刺史. 東萊太守當之郡, 道經昌邑, 故所擧荊州茂才王密爲昌邑令, 謁見. 至夜懷金十斤以遺震. 震曰:「故人知君. 君不知故人何也?」密曰:「暮夜無知者」震曰:「天知神知, 我知子知, 何謂無知?」密愧而出. 性公廉, 不受私謁. 子孫蔬食步行. 故舊或欲令爲開産業, 震不肯曰:「使後世稱爲淸白吏子孫. 以此遺之, 不亦厚乎?」震安帝時爲太尉, 爲中常侍樊豐所譖而卒, 共冤之.

362(6-3-5)
모용과 곽림종

○ 모용茅容이 같은 무리와 나무 아래에서 비를 피하고 있었다. 다른 이들은 모두가 편안한 자세로 앉아 서로 말을 나누고 있었지만, 모용만은 오뚝이 앉아 더욱 공경한 태도를 보였다. 곽림종郭林宗이 지나가다가 이를 보고, 그의 기이한 행동을 기특하게 여겨 드디어 그와 말을 나누게 되었다. 그리하여 그의 집에 들러 함께 자게 되었다. 이튿날 아침 모용은 닭을 잡아 반찬을 만들었는데, 곽림종은 자신을 위하여 그렇게 하는 것이라 여겼다. 이윽고 반찬이 마련되자 모용은 그것을 어머니께 드리면서, 자신은 나물 반찬으로써 손님으로 온 곽림종과 함께 식사로 내놓는 것이었다. 곽림종은 일어나 절하면서 이렇게 말하였다.

"그대는 어진 분이시구려!"

그리하여 그에게 학문을 하도록 권하여 마침내 덕을 이루게 되었다.

○ 茅容與等輩避雨樹下, 衆皆夷踞相對, 容獨危坐愈恭. 郭林宗行見之, 而奇其異, 遂與其言. 因請寓宿, 旦日, 容殺鷄爲饌, 林宗謂爲己設, 旣而供其母, 自以草蔬與客同飯, 林宗起拜之曰:「卿賢乎哉!」因勸令學, 卒以成德.

【茅容】자는 季偉. 陳留 사람. 後漢 때 인물로 본문에서처럼 郭泰(郭林宗)의 권유로 학문에 들어서 큰 성과를 거두었다 함.
【夷踞】踑踞와 같음. 蹲坐의 자세. 편안한 자세로 앉음.

【危坐】오뚝이 앉음. 뒤꿈치를 궁둥이에 받쳐 앉음. 긴장하여 앉는 자세를 말함. 〈集註〉에 "危坐, 以尻著蹠而坐也"라 함.

【郭林宗】郭太. 원명은 郭泰. 字는 林宗(127~169). 經典에 博通하여 제자가 천여 명에 이르렀으며, 당시 학문을 조종으로 추앙받았음. 뒤에 范曄이 《後漢書》를 쓰면서 자신의 아버지(范泰)의 이름을 피휘하여 '郭太'로 표기하였음. 《後漢書》(68)에 전이 있음. 李元禮(李膺)가 극찬하였던 인물.

【寓宿】잠시 남의 집에 들러 그곳에서 잠을 잠.

1. 《後漢書》茅容傳

茅容字季偉, 陳留人也. 年四十餘, 耕於野, 時與等輩避雨樹下, 衆皆夷踞相對, 容獨危坐愈恭. 林宗行見之而奇其異, 遂與共言, 因請寓宿. 旦日, 容殺雞爲饌, 林宗謂爲己設, 旣而以供其母, 自以草蔬與客同飯. 林宗起拜之曰:「卿賢乎哉!」因勸令學, 卒以成德.

363(6-3-6)
도간의 체력단련

○ 도간陶侃이 광주자사廣州刺史가 되어 그 주에 일이 없을 때면, 문득 아침마다 벽돌 백 개씩을 재실齋室 밖에 내놓았다가, 저녁이면 다시 재실 안으로 들여놓는 것이었다.

어떤 이가 그 까닭을 물었더니 그는 이렇게 대답하였다.

"나는 바야흐로 중원中原을 수복하고자 온 힘을 준비하고 있다. 지나치게 안일하게 살다보면 아마 그 일을 감당하지 못할까 두렵기 때문이다."

그의 근면한 힘을 독려하는 것이 모두 이와 같았다.

뒤에 그는 형주자사荊州刺史가 되었다. 도간은 본성이 총명하고 민첩하여 백성 다스리는 직무에 부지런했으며, 태도가 공손하여 행동이 절로 예절에 맞고 인륜의 도리를 좋아하였다. 종일 무릎을 모으고 꿇어앉아 곤외閫外의 많은 일이 천 가지 만 가지였으나 하나도 빠뜨림이 없었다. 원근의 편지나 문서 등에 대하여 어느 하나 직접 손으로 답장을 하지 않는 것이 없었다. 그리고 편지 글씨는 물 흐르듯 하여 중간에 막히는 경우가 없었고, 소원한 자라 해도 모두 접견하여 문 밖에서 손님을 기다리게 하는 법이 없었다.

그는 항상 남에게 이렇게 말하였다.

"대우大禹는 성인聖人이면서도 오히려 촌음寸陰을 아껴 썼다. 우리 같은 보통 사람이야 당연히 분음分陰을 아껴 써야 한다. 어찌

〈大禹像〉 山東 嘉祥縣 武梁祠
（東漢 畫像石）

안일한 놀이에 빠져 황폐하고 취한 상태로, 살아서는 그 당시에 보탬이 되지 못하고, 죽어서는 후세에는 그 이름이 들리지 않는 자가 될 수 있겠는가? 이는 스스로를 버리는 것이다."

여러 참좌參佐들로써 혹 농담이나 하고 일을 폐하는 자가 있으면, 이에 명령을 내려 그들의 술그릇과 저포摴蒱 따위의 도박 기구를 모두 거두어 강에 던져버렸다. 그리고 그 자들이 관리이거나 장교의 신분일 경우, 그들에게 채찍으로 매를 가하며 이렇게 말하였다.

"저포 놀이란 돼지나 치는 천인들이 하는 짓일 뿐이다! 그리고 노자老子나 장자莊子의 실지에 맞지 않는 공론은 선왕先王의 법언法言이 아니니 관심을 가져서도 안 된다. 군자라면 마땅히 그 의관을 바르게 하고 그 위의威儀를 잘 거두어야 하나니, 머리를 풀어헤치고 망양望養하여 스스로 널리 달관한 것인 양 떠들고 다녀서야 되겠느냐!"

○ 陶侃爲廣州刺史, 在州無事, 輒朝運百甓於齋外, 莫運於齋內, 人問其故, 答曰:「吾方致力中原, 過爾優逸, 恐不堪事」其勵之勤力, 皆此類也. 後爲荊州刺史, 侃性聰敏, 勤於吏職, 恭而近禮, 愛好人倫. 終日斂膝危坐, 閫外多事, 千緒萬端, 罔有遺漏. 遠近書疏, 莫不手答, 筆翰如流, 未嘗壅滯, 引接疏遠, 門無停客.

常語人曰:「大禹聖人, 乃惜寸陰, 至於眾人, 當惜分陰, 豈可逸遊荒醉, 生無益於時, 死無聞於後, 是自棄也?」諸參佐或以談戲廢事者, 乃命取其酒器蒱博之具, 悉投之于江, 吏將則加鞭扑曰:「摴蒱者, 牧豬奴戲耳! 老莊浮華, 非先王之法言, 不可行也, 君子當正其衣冠, 攝其威儀, 何有亂頭養望, 自謂弘達耶!」

【陶侃】 자는 士行 혹은 士衡(259~334). 진나라 內亂을 안정시킨 공로로 각 곳의 刺史·侍中·太尉·都督 등을 지냈으며 長沙郡公에 봉해짐. 陶淵明의 증조부이기도 함. 《晉書》(66)에 전이 있음.

【中原】 당시 東晉시대로 그 이전 西晉 愍帝가 長安에서 匈奴의 劉曜에게
항복하여 서진이 망하자, 司馬睿(東晉 元帝)가 남쪽으로 내려와 建業(지금의
南京)을 도읍으로 하여 朝代를 이어가고 있었음. 중원은 黃河 중류 즉 長安
과 洛陽 일대를 말하며 이민족에게 빼앗겨 뒤에 五胡十六國이 亂據함.
【寡爾優逸】 이에 지나치게 편안히 지냄. 優逸은 편안함을 뜻하는 雙聲連綿語.
【閫外】 문 밖. 여기서는 구체적으로 荊州를 가리키며 도간은 荊州刺史였음.
〈集註〉에 "閫外, 謂邦域之外. 晉處江左, 以荊楚爲國之西門, 故曰閫外"라 함.
【大禹】 禹임금. 그는 일분일초를 아껴 쓰며 노력했다 함.
【蒱博】〈集註〉에 "蒱, 摴蒱; 博, 局戱·雙六之類"라 함.
【摴蒱】 樗蒲, 樗蒱, 摴蒲 등 여러 가지로 표기하며 삼국시대, 이후 남북조
때까지 유행했던 놀이이며 도박의 일종.
【牧猪奴】 돼지나 치는 노예. '猪'는 '豬'로도 표기함. 천한 신분을 말함.
【老莊】 여기서는 魏晉시대 三玄學, 즉《老子》,《莊子》,《周易》을 중심으로
크게 유행하였던 玄學과 淸談을 부정적으로 본 것이며, 오직 儒家만을 중시
한 陶侃의 學問觀을 반영한 것임.
【養望】 放誕曠達한 행동을 뜻하는 疊韻連綿語. 글자의 原義에는 관련이 없으
며 韻을 함께 하여 二音節의 連綿語를 이루되 새로운 뜻을 표기한 것임.
그러나 〈集註〉에에는 "吳氏曰:「養望, 養其虛望也.」"라 함.
【弘達】 당시 현학의 발달로 기괴한 행동과 특이한 청담을 잘하는 것을, 달관
하여 심오한 경지에 이른 듯이 여기던 풍조를 못마땅하게 여긴 것임.

참고 및 관련 자료

1.《晉書》(66) 陶侃傳

侃在州無事, 輒朝運百甓於齋外, 暮運於齋內, 人問其故, 答曰:「吾方致力中原,
過爾優逸, 恐不堪事.」 其勵之勤力, 皆此類也. ……侃性聰敏, 勤於吏職, 恭而
近禮, 愛好人倫. 終日斂膝危坐, 閫外多事, 千緒萬端, 罔有遺漏. 遠近書疏, 莫不
手答, 筆翰如流, 未嘗壅滯, 引接疏遠, 門無停客. 常語人曰:「大禹聖者, 乃惜
寸陰, 至於衆人, 當惜分陰, 豈可逸遊荒醉, 生無益於時, 死無聞於後, 是自棄也?」
諸參佐或以談戱廢事者, 乃命取其酒器·蒱博之具, 悉投之于江, 吏將則加鞭扑,
曰:「摴蒱者, 牧豬奴戱耳! 老莊浮華, 非先王之法言, 不可行也, 君子當正其衣冠,
攝其威儀, 何有亂頭養望, 自謂弘達邪!」

364(6-3-7)
초당사걸

○ 왕발王勃·양형楊炯·노조린盧照鄰·낙빈왕駱賓王 이 네 사람은 자못 문장
으로 이름이 높아 사걸四傑이라 불렸다. 배행검裴行儉은 이렇게 말하였다.
"선비로서 원대함에 이르려면 먼저 그릇과 식견이 있은 다음에 문예
文藝가 있어야 한다. 왕발 등 네 사람은 비록 문장의 재주는 있으나, 부박
浮薄하고 급하며 얕고 드러나는 재주이니, 어찌 작록爵祿을 누릴 그릇이
되겠는가? 양형은 침정沈靜하니 응당 영장令長 정도는 될 수 있으나, 그
나머지는 일생을 잘 마치는 것만으로도 다행일 것이다."
　그 뒤 왕발은 남해南海에서 물에 빠져 죽었고, 노조린은 영수潁水에 투신
하였으며, 낙빈왕은 주살을 당하였고, 양형은 영천령盈川令으로 생을 마쳤
으니 모두가 배행검의 말과 같았다.

○ 王勃·楊炯·盧照鄰·駱賓王, 頗有文名, 謂之四傑. 裴行儉曰:
「士之致遠, 先器識而後文藝, 勃等雖有文才而浮躁淺露, 豈享爵
祿之器耶? 楊子沈靜, 應得令長, 餘得令終爲幸.」其後勃溺南海,
照鄰投潁水, 賓王被誅, 炯終盈川令, 皆如行儉之言.

【王勃】 649~676. '初唐四傑' 중의 한 사람. 특히 〈登王閣序〉로 이름을 날렸
　　으며 "時來風送滕王閣, 運退雷轟薦福碑"의 성어를 낳음. 〈送杜少府之任蜀州〉
　　의 "海內存知己. 天涯若比隣"은 널리 알려진 구절이며 《新唐書》藝文志에

《王勃集》30권이 저록되어 있음. 그 외에 《周易發揮》5권, 《次論語》10권, 《舟中纂序》5권, 《千歲曆》 등이 있었다 하나 전하지 않음. 《全唐詩》에 그의 詩 2권이 실려 있으며(55·56), 《全唐詩外編》 및 《全唐詩續拾》에 16首와 1句를 補遺로 싣고 있음. 《唐詩紀事》 卷7에 그에 관한 기록이 있으며 〈四部備要本〉 《初唐四傑集》(中華書局, 1970)이 있음. 《舊唐書》(190, 上) 文苑傳(上)과 《新唐書》(201) 文藝傳(上)에 전이 있으며 《唐詩紀事》(7) 王勃 참조.

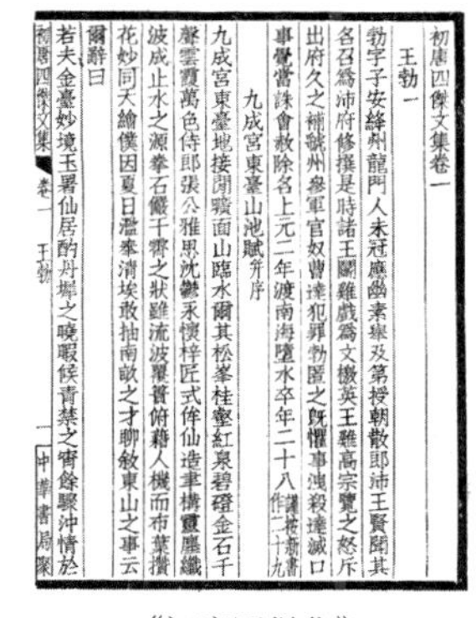

《初唐四傑集》

【楊炯】650~695? 역시 初唐四傑의 하나. 그의 文集 및 詩는 《新唐書》 藝文志(4)에 《盈川集》 30권이 있었다 하나, 失傳되고 明나라 때 輯錄된 10권이 있음. 《全唐詩》에는 그의 詩集 1권이 실려 있고, 《全唐詩續拾》에 2首가 補入되어 있음. 宋 計有公의 《唐詩紀事》 卷7에 그에 관한 기록이 있으며 그 외에 〈四部備要本〉 《初唐四傑集》(中華書局, 1970)이 있음. 《舊唐書》 文苑傳과 《新唐書》 文藝傳(上) 및 《唐詩紀事》(7), 《全唐詩》(50) 참조.

【盧照鄰】637~689? 역시 初唐四傑의 하나. '盧照隣'으로도 표기하며 文集과 詩는 《新唐書》 藝文志(4)에 《詩文》과 《幽憂子》 3卷이 있다 하였으나 失傳되었음. 《四部叢刊》에 明代에 한 문집이 있으며 《全唐詩》(41·42)에 그의 詩 2卷이 실려 있음. 《初唐四傑集》(《四部備要本》)이 있으며 《唐詩紀事》(7), 《舊唐書》 文苑傳(上), 《新唐書》 文藝傳(上)에 전이 있음.

【駱賓王】640?~684? '初唐四傑'의 하나. 《新唐書》 藝文志(4)에 역시 그의 文集이 있다고 하였음. 그의 詩는 《全唐詩》(77·78·79)의 3권으로 실려 있으며 〈四庫全書本〉(《駱丞集》), 〈四部備要本〉(《初唐四傑集》)이 있음. 《唐詩紀事》(7), 《舊唐書》 文苑傳, 《新唐書》 文藝傳(上) 참조.

【裴行儉】자는 守約(619~682). 唐나라 때 絳州 사람. 突厥을 평정하여 무공을 세우기도 하였음. 시호는 獻. 《選譜》, 《草字雜體》 및 문집이 있으며 《舊唐書》(84)와 《新唐書》(108)에 전이 있음.

【令長】현령이나 군수 등 지방 장관.

【令終】일생을 탈 없이 잘 마침. 〈集註〉에 "令終, 善終"이라 함.

【盈川】지명. 縣 이름.

1. 《初唐四傑集》을 참고할 것.

2. 《舊唐書》(84) 裵行儉傳

行儉尤曉陰陽·算術, 兼有人倫之鑒, ……時有後進楊炯·盧照鄰…駱賓王並以文章見稱, 吏部侍郎李敬玄盛爲延譽, 引以示行儉, 行儉曰:「才名有之, 爵祿蓋寡. 楊應至令長, 餘並鮮能令終.」

3. 《新唐書》(108) 裵行儉傳

裵行儉字守約, 絳州聞喜人. 父仁基, 隋光祿大夫, 自王世充所謀歸國, 被害, 贈原州都督, 諡曰忠. ……行儉通陰陽·曆術, 每戰, 豫道勝日. 善知人, 在吏部時, 見蘇味道·王劇, 謂曰:「二君後皆掌銓衡」李敬玄盛稱王勃·楊炯·盧照鄰·駱賓王之才, 引示行儉, 行儉曰:「士之致遠, 先器識, 後文藝. 如勃等, 雖有才, 而浮躁衒露, 豈享爵祿者哉! 炯頗沈嘿, 可至令長, 餘皆不得其死.」

365(6-3-8)
공감의 생활태도

○ 공감孔戡은 의를 행함에는 마치 즐겨하고 욕심내는 것 같이 하여 앞뒤를 돌아보지 아니하였지만, 이익과 봉록에 대한 것이라면 두려워하고 피하며 물러서고 겁내기를 마치 나약한 사나이처럼 하였다.

○ 孔戡於爲義, 若嗜慾, 不願前後; 於利與祿, 則畏避退怯, 如懦夫然.

【孔戡】 자는 君勝. 唐 憲宗 때 인물. 孔子 38대손.
【嗜慾】 기호와 욕구. 버릴 수 없음을 말함.
【懦夫】 나약한 사나이. 《孟子》萬章(下)에 "故聞伯夷之風者, 頑夫廉, 懦夫有立志"라 하였고, 盡心(下)에도 "故聞伯夷之風者, 頑夫廉, 懦夫有立志; 聞柳下惠之風者, 薄夫敦, 鄙夫寬"이라 함.
＊〈集註〉에 "言其勇於爲義, 而怯於趨利祿如此"라 함.

참고 및 관련 자료

1. 《孔戡墓誌銘》(韓愈)에 실려 있음.

366(6-3-9)
유공작과 그의 아들

　○ 유공작柳公綽이 외임을 맡아 번방이 있을 때, 그 아들이 매번 그 임지로 들어올 때 그곳 군읍郡邑에서 이를 알지 못했다. 이윽고 그가 이르러서는 매번 출입에 항상 극문戟門 밖에서 말을 내리게 하였으며, 막객幕客에 대한 호칭도 어른(丈)으로 부르게 하였고, 모두가 그가 절하는 것을 받게 하였다. 그리하여 한 번도 서로 친히 웃는 말을 주고받거나 다정하게 어울리도록 한 적이 없었다.

　○ 柳公綽居外藩, 其子每入境, 郡邑未嘗知. 旣至, 每出入, 常於戟門外下馬, 呼幕賓爲丈, 皆許納拜, 未嘗笑語款洽.

【柳公綽】 자는 子寬(765~832), 혹은 起之. 京兆 華原 사람으로 唐 德宗, 憲宗, 文宗 연간의 인물. 御史中丞, 兵部尙書, 河東節度使 등을 역임함. 시호는 元. 《舊唐書》(165)와 《新唐書》(163)에 전이 있음.
【外藩】 바깥 藩邦. 外任. 여기서는 그가 하동절도사로 있을 때를 말함.
【戟門】 軍營의 문. 〈集註〉에 "其門得列戟, 故戟門"이라 함.
【幕賓】 幕府(軍營)의 빈객. 〈李廣傳〉注:「衛靑征匈奴, 絶大漠大克獲. 帝就拜大將軍於幕中府, 故曰幕府」라 함.
【笑語款洽】 서로 隔意없이 웃는 말을 주고받으며 서로 어울려 사귐. 아들에게 그렇게 할 수 없도록 엄격히 공사를 구분하였으며, 아버지의 위엄을 지키도록 한 것임.

1.《柳氏家訓》을 참조할 것.

2.《舊唐書》(165) 柳公綽傳

柳公綽字起之, 京兆華原人也. ……公綽性謹重, 動循禮法. 屬歲飢, 其家雖給, 而每飯不過一器. 歲稔復初. 家甚貧, 有書千卷, 不讀非聖人書. 爲文不尙浮靡. ……子仲郢, 弟公權·公諒.

3.《新唐書》(163) 柳公綽傳

柳公綽字寬, 京兆華原人. 始生三日, 伯父子華曰:「興吾門者, 此兒也.」因小字起之. 有孝友, 性質嚴重, 起居皆有禮法. 屬文典正, 不讀非聖書.

367(6-3-10)
유중영의 가법

○ 유중영柳仲郢은 예禮로써 자산을 다스리는 원칙을 삼아, 평소 집안 생활에서도 역시 단정한 자세에 손을 모으고 앉았으며, 집안 서재에서 나올 때라도 허리띠를 띠지 않은 적이 없었다. 세 번이나 대진大鎭의 벼슬을 하였음에도 그의 마구간에는 좋은 말이 없었으며, 옷에는 향내를 풍기게 하는 일이 없었다. 공무를 마치고 물러나오면 반드시 글을 읽어 손에서 책을 놓아본 적이 없었다.

그의 가법家法은 이러하였다.

"관직에 있을 때는 상서로운 일이 생겼다는 상주를 하지 아니한다. 승려나 도사道士를 인정하지 않는다. 장물을 먹은 관리를 처벌하는 법을 관대하게 하지 않는다. 모든 번부藩府를 다스림에는 가난한 이를 구제하고, 고아를 구휼하는 일을 최우선으로 한다. 수재나 가뭄이 들었을 때는 반드시 우선 먼저 그 때에 맞추어 필요한 물건을 대여한다. 창고의 곡식을 군대에게 줄 때는 반드시 좋은 것으로 풍부히 한다. 미납된 조세는 반드시 면제한다. 자신 관내의 객관客館과 역전驛傳은 반드시 증축하고 꾸민다. 빈객을 맞아 여는 잔치와 군대를 위문하는 음식은 반드시 화려하고 풍성하게 한다. 자신이 임기를 마치고 교대할 때에는 창고에 저장된 탕장帑藏의 물건이 반드시 자신이 처음 부임할 때보다 차고 넘쳐야 한다. 자신의 관할 구역 내에 벼슬을 했던 자의 고아이며 가난한 딸로서 시집갈 나이가 된 자가 있으면, 모두 그들을 위해 신랑감을 골라주어 자신의 봉록에서 자금과 혼수를 마련하여 시집보내 준다."

○ 柳仲郢以禮律身, 居家無事, 亦端坐拱手, 出內齋, 未嘗不束帶.
三爲大鎭, 廐無良馬, 衣不熏香, 公退必讀書, 手不釋卷.

家法:「在官不奏祥瑞. 不度僧道. 不貸贓吏法. 凡理藩府, 急於
濟貧卹孤. 有水旱必先期假貸. 廩軍食必精豐. 逋租必貰免. 館傳必
增飾. 宴賓犒軍必華盛. 而交代之際, 倉儲帑藏, 必盈溢於始至.
境內有孤貧衣纓, 家女及笄者, 皆爲選壻, 出俸金爲資裝, 嫁之.」

【柳仲郢】 柳公綽의 아들. 자는 諭蒙. 山南西道節度使, 諫議大夫, 刑部尙書
　　등을 역임하였으며 河東縣男에 봉해짐.《柳仲郢集》이 있으며《舊唐書》
　　(165) 및《新唐書》(163) 柳公綽傳에 함께 그의 전이 들어 있음.
【律身】 자신의 몸을 다스리는 법률로 삼음. 律은 법률·법칙·기준을 뜻함.
【大鎭】 柳仲郢이 큰 鎭 세 곳, 즉 劍南節度使·山南西道節度使·天平軍節度使
　　등을 역임하였음.
【熏香】 薰香과 같음. 옷에 향내가 나도록 香草나 薰草, 麝香 따위를 사용함.
【不度僧道】 승려나 도사를 인정하지 아니함.《小學纂注》에 “不度僧道, 則異
　　端斥”이라 하였으며, 細注에는 “道, 化度之義”라 함. 그러나 ‘度’는 ‘度牒’,
　　즉 그 신분을 인정하는 신분증을 의미하며, 여기서는 度牒을 발부하지 아니
　　함을 뜻하는 것으로 봄.
【不貸贓吏法】 ‘貸’는 ‘寬大하게 풀어주다’의 뜻. 〈集註〉에 “貸, 寬也”라 함.
【逋租】 체납된 조세.
【官傳】 客館과 驛傳. 공무상 오가는 사람이 머무는 관소와 말을 갈아타며
　　숙식하는 곳.
【犒軍】 군대를 위로하여 음식을 대접함.
【帑藏】 돈이나 옷감 등을 저장하여 보관하는 창고. 〈集註〉에 “帑藏, 皆庫名,
　　所以貯金帛者”라 함.
【笄者】 여자로서 비녀를 꽂을 나이인 15세. 〈集註〉에 “笄, 年十五者”라 함.

참고 및 관련 자료

1. 《柳氏家訓》을 참조할 것.

2. 《舊唐書》(165) 柳仲郢傳

仲郢以禮法自持, 私居未嘗不拱手, 內齋未嘗不束帶. 三爲大鎭, 廐無名馬, 衣不薰香. 退公布卷, 不捨晝夜. 九經三史一鈔, 魏晉以來南北史再鈔, 手鈔分門三十卷, 號《柳氏自備》.

3. 《新唐書》(163) 柳仲郢傳

仲郢字諭蒙, 母韓, 則皋女也, 善訓子, 故仲郢幼嗜學, 嘗和熊膽丸, 使夜咀嚥以助勤. ……每私居內齋, 束帶正色, 服用簡素, 父子更九鎭, 五爲京兆, 再爲河南, 皆不奏瑞, 不度浮屠. 急於摘貪吏, 濟單弱. 每旱潦, 必貸匱蠲負, 里無逋家. 衣冠孤女不能自歸者, 斥槖爲婚嫁. 在朝, 非慶弔不至宰相第. 其迹略相同.

368(6-3-11)
칠십만 전의 비녀

○ 유빈柳玭이 말하였다.

"상국相國 왕애王涯는 마침 재상의 지위에다가 이권利權까지 장악하고 있는 터였다. 그런데 두씨竇氏 집안에 시집간 딸이 와서 이렇게 청하는 것이었다.

'옥공이 만든 비녀 하나가 있는데 아주 기묘합니다. 그런데 값을 70만 전錢이나 달라고 하더이다.'

왕애가 말하였다.

'70만 전이라면 이는 내 한 달 봉급에 불과하다. 어찌 너에게 그쯤을 아끼겠느냐? 다만 비녀 하나에 70만 전이라면 이는 요물妖物이다. 틀림없이 재앙이 그를 따라다닐 것이다.'

딸은 다시는 감히 말을 꺼내지 않았다.

몇 달 뒤, 딸이 어떤 집 혼인잔치에서 돌아와 아버지 왕애에게 이렇게 말하는 것이었다.

'전에 말씀드렸던 그 비녀를 풍외랑馮外郎의 아내가 머리 수식으로 하고 있더이다.'

풍외랑은 바로 풍구馮球였다. 왕애는 이렇게 탄식하였다.

'풍구는 한갓 낭리郎吏의 벼슬로써 아내의 머리 장식에 70만 전을 들였으니 오래 가겠는가?'

풍구는 재상 가속賈餗의 문인으로 가속과 가장 친밀하였다. 그 가속의 집안에 하인이 있었는데 자못 주인의 위세를 믿고 형벌과 재물을 제멋대로 처리하는 것이었다. 풍구가 이에 면전에서 그를 타일렀는데 불과 열흘이 채 안 되었을 때였다. 풍구가 새벽에 가속을 뵈러 갔을 때 두 시녀가

지황地黃으로 빚은 술을 올렸다. 풍구는 이를 마시고 한 식경食頃이 지나 죽고 말았다. 가속이 그를 위해 울며불며 애도하였지만, 끝내 그 원인을 알아내지 못하였다.

다시 그 이듬해, 왕애와 가속이 모두 재앙을 만나고 말았다. 아! 왕애가 진귀한 완상품을 보고 요물이라 한 것은 진실로 맞는 말이었다. 그러나 한갓 물건의 요화妖禍만 알았지, 은혜와 권세의 융성하고 빛남에서 오는 요화가 물질의 요화보다 심하다는 것은 알지 못한 것인가! 풍구는 낮은 지위임에도 보물로 수식을 삼았으니 이미 그 가정을 능히 바르게 다스리지 못한 것이며, 자신이 모시던 자에게 충성을 다하면서도 제 몸 하나 능히 보전하지 못하였으니 이 역시 더 거론하기에 부족하다. 가속은 자신의 노비가 자신의 집안에서 문객을 해쳤음에도 이를 모르고 있었으니, 부귀의 시작과 끝을 잘 맺고자 한들 그것이 가능하겠는가! 이는 비록 한 가지 사건이지만, 경계로 삼을 일은 여러 가지로다."

○柳玭曰:「王相國涯, 方居相位掌利權, 竇氏女歸, 請曰:『玉工貨一釵, 奇巧, 須七十萬錢.』王曰:『七十萬錢, 我一月俸金耳, 豈於文惜? 但一釵七十萬, 此妖物也. 必與禍相隨.』女子不復敢言.

數月, 女自婚姻會歸, 告王曰:『前時釵, 爲馮外郞妻首飾矣.』乃馮球也. 王嘆曰:『馮爲郞吏, 妻之首飾有七十萬錢, 其可久乎?』

馮爲賈相餗門人, 最密. 賈有蒼頭, 頗張威福, 馮乃面勗之, 未浹旬, 馮晨謁賈, 有二靑衣, 捧地黃酒出, 飮之, 食頃而終, 賈位出涕, 竟不知其由.

又明年, 王賈皆遘禍, 噫! 王以珍玩奇貨, 爲物之妖, 信知言矣. 徒知物之妖, 而不知恩權隆赫之妖, 甚於物耶! 馮以卑位飾寶貨, 已不能正其家, 盡忠所事, 而不能保其身, 斯亦不足言矣. 賈之臧獲, 害門客于牆廡之間, 而不知, 欲終始富貴, 其可得乎! 此雖一事, 作戒數端.」

【柳玭】자는 直清. 唐나라 때 인물로 柳公綽의 손자이며 柳仲郢의 아들. 僖宗 때 吏部侍郎修國史를 거쳐 御史大夫에 올랐으며, 昭宗 때 宦官과 알력으로 瀘州刺史로 폄직되기도 하였음. 《續貞陵遺事》를 남겼으며 《舊唐書》(165), 《新唐書》(163)의 柳公綽傳에 함께 傳이 실려 있음.

【掌利權】이권을 손아귀에 쥐고 있음. 당시 鹽鐵과 茶 등을 관장하는 이권을 말함. 〈集註〉에 "掌利權, 謂其兼度支鹽鐵榷茶等"이라 함.

【王相國涯】相國 王涯(?~835). 자는 廣津. 唐나라 文宗 때의 재상. 환관 仇士良 등에게 억울한 죽음을 당함. 《唐才子傳》(5)에 그의 일화가 실려 있으며 《舊唐書》(169) 및 《新唐書》(179)에 전이 있음.

【竇氏女】竇氏에게 시집간 왕애의 딸.

【歸】歸寧, 親觀과 같음. 시집간 딸이 친정에 부모를 뵈러 오는 것.

【妖物】〈集註〉에 "熊氏曰: 「涯實斬齧託辭拒之. 然妖物必與禍隨, 則名言也. 蓋妖巧之物, 人所貪競, 固有招禍之道也.」"라 함.

【馮外郞】馮球라는 인물. 員外郞의 벼슬을 가지고 있었음.

【賈餗】인명. 자는 子美. 河南 사람으로 宰相에 이르렀음.

【蒼頭】머리에 푸른색 띠를 둘러 당시 奴僕을 이렇게 칭하였음. 〈集註〉에 "奴僕, 以蒼爲巾, 故曰蒼頭"라 함.

【張威福】형벌을 주고 복을 주는 일을 마음대로 함. 〈集註〉에 "球以奴張威福, 恐爲主累, 故戒之; 奴恐球告主, 故毒殺之"라 함.

【勗之】'勗'은 '권면하다'의 뜻이며 여기서는 '타일러 경계시키다'의 뜻으로 쓰였음. 〈集註〉에 "勗, 勉也"라 함.

【未浹旬】아직 열흘이 지나지 않았을 때. '浹'은 '周'와 같음.

【靑衣】婢女. 당시 비녀는 푸른 옷을 입었음.

【地黃酒】지황을 넣어 빚은 술. 지황은 약초 이름으로 生地黃과 熟地黃이 있음. 여기서는 거짓으로 지황주라 속여 독약을 먹인 것으로 봄. 〈集註〉에 "地黃, 藥名, 無毒. 蓋他酒詭稱耳"라 함.

【王賈】王涯와 賈餗. 唐 文宗 大和 9년(835) 李訓과 鄭注 등이 仇士良 등의 환관 일당을 주살하려다 도리어 11명이 사형을 당하였으며, 이 때 왕애와 가속도 그 사건에 연루되어 죽음을 당함.

【知言】진실을 아는 말. 〈集註〉에 "知言, 本謂知言之是非, 此則謂知理之言也"라 함.

【臧獲】노비를 말함. 臧은 奴, 獲은 婢를 뜻함. 〈集註〉에 "奴曰臧, 婢曰獲"

이라 함.

【牆廡之間】집안에서 벌어진 일을 말함. 牆은 牆垣, 廡는 廊廡.

【作戒數端】몇 가지 事端의 警戒거리가 됨을 말함.

＊〈集註〉에 "熊氏曰:「珍玩奇貨不可貪, 一戒也. 恩權隆赫不可恃, 二戒也. 溺愛而不能正家, 三戒也. 失言而不能保身, 四戒也. 嬖臧獲張威福害門客而不知, 五戒也.」"라 함.

1.《柳氏家訓》에 실려 있음.

369(6-3-12)
왕증의 평소 가지고 있던 뜻

○왕문정공王文正公은 발해發解·남성南省·정시廷試 모두를 최고 수석으로 합격하였다. 그러자 어떤 이가 농담으로 이렇게 말하였다.
"세 가지 시험을 모두 장원으로 급제하였으니 한결같이 먹고 입는 것은 다함이 없겠소이다."
그러자 그는 정색을 하면서 이렇게 말하였다.
"나(曾)의 평소 뜻은 따뜻이 입고 배부르게 먹는 데에 있지 않았소."

○ 王文正公, 發解南省廷試, 皆爲首冠, 或戱之曰:「狀元試三場, 一喫著不盡.」公正色曰:「曾平生之志, 不在溫飽.」

【王文正公】王曾. 자는 孝先. 宋나라 靑州 사람으로 재상에 올랐으며 시호는 文正. 《宋史》(310)에 전이 있음.
【發解】鄕試를 말함. 이 시험에 합격해야 省試에 응할 자격이 주어짐. 이에 합격한 사람을 解額, 혹은 解人이라 하며, 해인에 선발되었음을 뜻하는 말.
【南省】進士試를 말하며, 唐나라 開元 때 尙書省을 南省이라 부른데서 온 말. 進士試는 尙書省 禮部에서 주관하여 유래된 것임.
【廷試】朝廷에서 天子의 입회 아래 보는 최종 시험. 科擧 시험의 최종 단계.
【首冠】최고 성적으로 으뜸이 됨.
【狀元三試】〈集註〉에 "鄕試, 省試, 廷試皆第一也"라 함.
【喫著】'喫'은 백화어 '吃'과 같음. '먹다'의 뜻. '著'은 음이 '착'이며 옷을 입음. 着과 같음. 먹고 입는 것. 음식과 의복.

【溫飽】옷을 따뜻이 입고 밥을 배부르게 먹음.
  ＊〈集註〉에 "志不在溫飽, 則安天下矣"라 함.

참고 및 관련 자료

1.《東軒筆錄》을 참조할 것.

2.《宋史》(310)

王曾字孝先, 靑州益都人. 少孤, 鞠於仲父宗元, 從學於里人張震, 善爲文辭. ……寶元元年冬, 大星晨墜其寢, 左右驚告. 曾曰:「後一月當知之.」如期而薨, 年六十一, 贈侍中, 諡文正.

3.《十八史略》(6)

曾初擧進士, 靑州發解, 禮部, 廷試, 皆第一. 人曰:「狀元三場, 喫著不盡.」曾曰: 「曾平生之志, 不在溫飽.」眞宗末, 正色立朝, 朝廷賴以爲重, 作相日, 所進退士, 莫有知者. 或問其故, 曾曰:「恩欲歸己, 怨使誰當.」

370(6-3-13)
천하의 근심을 먼저하고

○ 문정공文正公 범중엄范仲淹은 젊은 시절부터 큰 절의가 있었다. 그는 부귀나 빈천, 훼예毁譽나 환척歡戚에 대하여 조금도 그 마음을 움직이지 않았으며, 개연히 천하에 뜻을 두고 있었다. 그는 일찍이 스스로 이렇게 읊었다.

"선비란 천하 사람들이 근심하기 전에 먼저 근심해야 하며, 천하 사람들이 즐거워한 뒤에 즐거워해야 한다."

그는 윗사람을 섬기고 남을 대우함에 있어서 한결같이 자신의 믿음대로 하였으며, 이해를 선택하여 쫓아가거나 뿌리치는 일이 없었다. 그리고 그가 어떤 일을 할 때라면 반드시 할 수 있는 방법을 다 동원하면서 이렇게 말하였다.

"이를 위해 내가 할 수 있는 것이라면 마땅히 이와 같이 해야 한다. 그 성공의 여부는 나에게 있는 것이 아니다. 비록 성현일지라도 반드시 그렇게 된다고 하지 못하였는데, 내가 어찌 진실로 그렇게 되리라 확신하겠는가!"

○ 范文正公, 少有大節, 其於富貴貧賤, 毁譽歡戚, 不一動其心, 而慨然有志於天下. 嘗自誦曰:「士當先天下之憂而憂, 後天下之樂而樂也.」

其事上遇人, 一以自信, 不擇利害爲趨捨. 其有所爲, 必盡其方曰:「爲之自我者, 當如是. 其成與否, 有不在我者. 雖聖賢不能必, 吾豈苟哉!」

【范文正公】范仲淹(989~1052). 자는 希文. 北宋 蘇州 吳縣 사람으로 2살에 고아가 되었으며, 어머니가 朱氏에게 재가하여 이름을 朱說이라 하였음. 뒤에 자신의 정체성을 위해 어머니를 떠나 應天府(지금의 河南 商丘)로 가서 고학한 끝에 眞宗 8년 진사에 오름. 그리고 벼슬길에 오르자 어머니를 모시고 본 이름을 되찾았으며, 仁宗 때 吏部員外郞·權開封府 등을 역임함. 당시 呂夷簡 등과 정치적 갈등을 겪기도 하였으며, 뒤에 陝西의 羌人을 토벌한 공로로 재상에 오르기도 하였음. 시호는 文正, 저서에는 《范文正公集》이 있음. 《宋史》(314)에 전이 있음.

范仲淹(希文)《三才圖會》

【不一動其心】〈集註〉에 "不一動其心, 謂富貴不慕, 貧賤不厭"이라 함.

【毀譽歡戚】비방과 칭송, 그리고 기쁨과 슬픔, 감정의 변화를 뜻함. 〈集註〉에 "毀之不怒, 譽之不喜, 得而不歡, 失而不戚也"라 함.

【先天下之憂】〈集註〉에 "天下未憂而先憂, 天下已樂而後樂, 仁人之心如此"라 함.

참고 및 관련 자료

1. 〈岳陽樓記〉范仲淹(希文)

慶曆四年春, 滕子京謫守巴陵郡. 越明年, 政通人和, 百廢具興. 乃重修岳陽樓, 增其舊制, 刻唐賢今人詩賦于其上, 屬予作文以記之. 予觀夫巴陵勝狀, 在洞庭一湖. 銜遠山, 呑長江, 浩浩蕩蕩, 橫無際涯; 朝暉夕陰, 氣象萬千. 此則岳陽樓之大觀也, 前人之述備矣. 然則北通巫峽, 南極瀟湘, 遷客騷人, 多會於此, 覽物之情, 得無異乎? 若夫霪雨霏霏, 連月不開, 陰風怒號, 濁浪排空; 日星隱耀, 山岳潛形; 商旅不行, 檣傾楫摧; 薄暮冥冥, 虎嘯猿啼. 登斯樓也, 則有去國懷鄕, 憂讒畏譏, 滿目蕭然, 感極而悲者矣! 至若春和景明, 波瀾不驚, 上下天光, 一碧萬頃; 沙鷗翔集, 錦鱗游泳; 岸芷汀蘭, 郁郁靑靑, 而或長煙一空, 皓月千里; 浮光耀金, 靜影沈璧; 漁歌互答, 此樂何極! 登斯樓也, 則有心曠神怡, 寵辱俱忘, 把酒臨風, 其喜洋洋者矣! 嗟夫! 予嘗求古仁之心, 或異二者之爲, 何哉? 不以物喜, 不以己悲. 居廟堂之高, 則憂其民; 處江湖之遠, 則憂其君. 是進亦憂,退亦憂, 然則何時而樂耶? 其必曰「先天下之憂而憂, 後天下之樂而樂」歟? 噫!
微斯人, 吾誰與歸?

2.《宋史》(314) 范仲淹傳

范仲淹字希文, 唐宰相履冰之後. 其先邠州人也. 後徙家江南, 遂爲蘇州吳縣人.
仲淹二歲而孤, 母更適長山朱氏, 從其姓, 名說. 少有志操, 旣長, 知其世家, 迺感
泣辭母, 去之應天府, 依戚同文學. 晝夜不息, 冬月憊甚, 以水沃面; 食不給, 至以
糜粥繼之, 人不能堪, 仲淹不苦也. ……尋徙杭州, 再遷戶部侍郎, 徙靑州.
會病甚, 請潁州, 未至而卒, 年六十四. 贈兵部尙書, 謚文正.

371(6-3-14)
말 못할 일이란 없었다

○ 사마온공司馬溫公은 일찍이 이렇게 말하였다.

"내 남보다 나은 것이란 없다. 다만 평소 한 일로써 남에게 말하지 못할 일을 한 것이란 있어 본 적이 없을 뿐이다."

○ 司馬溫公嘗言:「吾無過人者, 但平生所爲, 未嘗有不可對人言者耳.」

【司馬溫公】 司馬光(1019~1086). 北宋의 사학가이며 문장가, 사상가. 자는 君實. 만년의 호는 迂叟, 陝州 夏縣(지금의 山西 夏縣) 사람으로 涑水鄕(지금의 하현 서쪽)에 살아 涑水先生이라고도 부름. 북송 眞宗 天禧 3년에 태어나 哲宗 元祐 원년에 죽었음. 향년 68세. 인종 寶元 원년(1038)에 진사에 올라 仁宗·英宗·神宗 3조를 섬겼음. 신종 때 왕안석의 신법에 반대하였으며, 判西京 御史臺를 그만두고 洛陽에 15년을 살았음. 철종이 즉위하자 조정으로 들어가 재상이 되어, 신법을 파기하고 구제를 회복하였으나 재위 8개월 만에 죽고 말았음. 시호는 文正, 溫國公에 봉해져 흔히 溫公이라 부름. 《資治通鑑》을 편찬하였으며 《涑水紀聞》, 《溫國文正司馬文集》 등이 있음. 《宋史》(336)에 전이 있음.
【過人】 남보다 뛰어난 점.
【平生】 일생, 그러나 평소라는 뜻으로도 널리 쓰임.
【不可對人言】 수치스럽거나 양심에 그릇된 행동을 하여, 차마 남에게 말할 수 없어 숨기거나 거짓을 행함.
＊〈集註〉에 "誠而已"라 함.

1.《宋史》(336) 司馬光傳

自少至老, 語未嘗妄, 自言:「吾無過人者, 但平生所爲, 未嘗有不可對人言者耳.」
誠心自然, 天下敬信, 陜·洛間皆化其德, 有不善, 曰:「君實得無知之乎!」

2.《十八史略》(7)

光嘗語晁無咎曰:「吾無過人, 但平生所爲, 未嘗不可對人言者耳.」劉安世問光:
一言可以終身行之者, 光曰:「其誠乎!」安世問其所從入, 曰:「自不妄語入.」

372(6-3-15)
관녕

○ 관녕管寧은 일찍이 나무 평상 위에 앉으면서 50여 년이 되도록 한 번도 다리를 뻗고 앉아 본 적이 없었다. 그리하여 평상 위의 무릎이 닿는 곳은 모두가 구멍이 났다.

○ 管寧嘗坐一木榻, 積五十餘年, 未嘗箕股, 其榻上當膝處, 皆穿.

【管寧】 자는 幼安(158~241). 삼국시대. 魏나라 先虛人. 春秋 齊나라 때 管仲의 후손으로 遼東에 피해 살다가 魏나라 文帝와 明帝 때 벼슬을 내렸으나 끝내 사양하였음. 寧은 甯으로도 씀.《三國志》(11)에 전이 있음. 華歆과 함께 공부하다가 '割席絶交'의 故事를 낳은 인물.
【木榻】 나무로 만든 평상. 평상으로 사용하는 나무 자리.
【箕股】 두 다리를 쭉 뻗고 앉는 자세를 말하는 雙聲連綿語. 〈集註〉에 "古人危坐, 如跪. 箕股, 謂兩展其股, 狀如箕也"라 함.

> 참고 및 관련 자료

1.《世說新語》德行篇
管寧·華歆共園中鋤菜, 見地有片金, 管揮鋤與瓦石不異, 華捉而擲去之. 又嘗同席讀書, 有乘軒過門者, 寧讀書如故, 歆廢書出看. 寧割席分坐曰:「子非吾友也!」
2.《三國志》魏志 管寧傳 注에 인용된《高士傳》
《高士傳》曰:「管寧自越海及歸, 常坐一木榻, 積五十餘年, 未嘗箕股, 其榻上當膝處, 皆穿.」

373(6-3-16)
정헌공 여공저

○ 정헌공正獻公 여공저呂公著는 어려서부터 학문을 하는 데에 있어서 치심양성治心養性을 근본으로 하였다. 기욕嗜慾을 줄이고, 자미滋味를 적게 하였으며, 급한 말이나 서두르는 얼굴색은 띠지 않았고, 급박한 걸음은 걷지 않았고, 게으른 용모는 없이 하였다. 무릇 희희낙락하는 웃음이나 비천한 언사는 입 밖으로 내어본 적이 없었다. 세상의 분란하고 화려한 이익이나 노랫소리, 기예, 놀이나 잔치, 심지어 바둑이나 장기, 기이한 완상품에 이르기까지 담담하게 대하여 이를 용납하지 않았다.

○ 呂正獻公, 自少講學, 卽以治心養性爲本. 寡嗜慾, 薄滋味, 無疾言遽色, 無窘步, 無惰容. 凡嬉笑俚近之語, 未嘗出諸口. 於世利紛華, 聲伎游宴, 以至於博弈奇玩, 淡然無所容.

【呂正獻公】呂公著(1018~1089). 자는 晦叔. 시호는 正獻. 宋나라 때 壽州 사람으로 哲宗을 도와 申國公에 봉해짐. 재상 呂夷簡의 아들이며 呂公弼의 아우. 司馬光과 함께 王安石의 新法을 반대하였으며 뒤에 司空, 同平章軍國事 등을 역임함.《宋史》(336)에 전이 있음.

【治心養性】본 마음을 다스리고 본성을 양성함. 〈集註〉에 "治心, 收其放心也; 養性, 養其德性也"라 함.

【嗜慾】기호나 욕심.

【滋味】맛있는 음식.

【窘步】군색한 걸음걸이. 좁은 길을 억지로 지나가려는 태도 따위를 말함.

【博弈】 ‘博奕’으로도 표기하며 바둑이나 장기 따위.
【所容】 다른 판본에는 ‘所好’로 되어 있음.

1. 《呂申公家傳》을 볼 것.
2. 《宋史》(336) 呂公著傳

呂公著字晦叔, 幼嗜學, 至忘寢食. 父夷簡器異之, 曰:「他日必爲公輔.」……
公著自少講學, 卽以治心養性爲本, 平居無疾言遽色, 於聲利紛華, 泊然無所好.
暑不揮扇, 寒不親火, 簡重淸靜, 蓋天稟然. 其識慮深敏, 量閎而學粹, 遇事善決,
苟便於國, 不以私利害動其心. 與人交, 出於至誠, 好德樂善, 見士大夫以人物爲
意者, 必問其所知與其所聞, 參互考實, 以達于上. 每議政事, 博取衆善以爲善,
至所當守, 則毅然不回奪.

王安石(1021~1086)

374(6-3-17)
석고상 같은 정호

○ 명도明道 선생 정호程顥는 종일 단정하게 앉아 있어 마치 진흙으로 빚은 소상塑像 같이 조용하였지만, 사람의 방문을 받아 그를 접견할 때면 온몸에 한 덩어리의 온화한 기운이 돌았다.

○ 明道先生, 終日端坐, 如泥塑人. 及至接人, 則渾是一團和氣.

【明道】北宋 理學의 대가 程顥(1032~1085). 자는 伯淳이며 明道先生이라 부름. 저서로는 《識仁篇》과 《定性》 등이 있으며 아우 伊川(程頤)과 구분하여 大程子라 하며, 두 사람을 합해 二程이라 부름. 北宋 理學 四派 즉, 濂溪學派(周敦頤)·百源學派(邵雍)·關學派(張載)와 더불어 洛學派의 대표적인 인물. 이들의 저술과 어록을 묶은 《二程集》이 있음. 그 학통이 南宋 閩學派(朱熹)에게로 이어진 것임.
【泥塑人】진흙으로 빚어 만든 塑像. 전혀 살아 있는 사람 같지 않게 조용하고 敬虔함.
【渾】전체.
【一團】한 덩어리.
＊〈集註〉에 "終日端坐如泥塑人, 敬也"라 함.

[참고 및 관련 자료]

1.《程子外書》에 실려 있음.

375(6-3-18)
글씨를 바르게 쓰는 이유

○ 명도明道 선생 정호程顥는 글씨를 쓸 때면 매우 경건하였다. 그리고 일찍이 남에게 이렇게 말하였다.

"글씨를 잘 쓰고자 함이 아니라, 이것이 곧 학문이기 때문이다."

○ 明道先生, 作字時甚敬, 嘗謂人曰:「非欲字好, 卽此是學.」

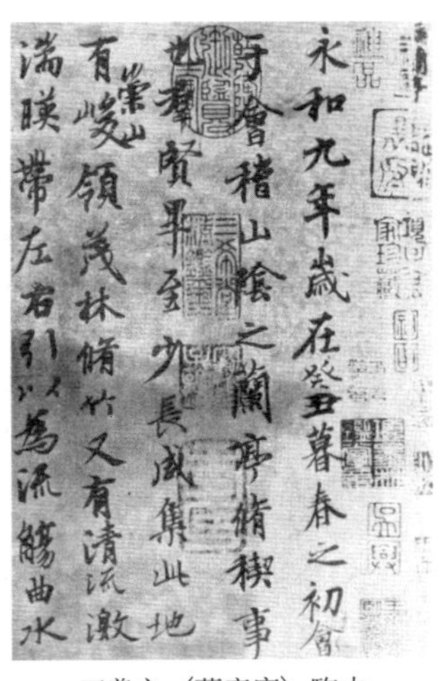

王羲之 〈蘭亭序〉 臨本

【敬】 경건함.

【卽此是學】 이것 자체가 바로 배움이며 학문이라는 뜻.

＊〈集註〉에 "朱子曰:「此亦可以收放心.」"이라 함.

참고 및 관련 자료

1. 《二程遺書》에 실려 있음.

376(6-3-19)
종신토록 지녀야 할 덕목

○ 충정공忠定公 유기지劉器之가 사마온공司馬溫公을 뵙고 '마음을 다하여 자신을 실행하는 요체로써 가히 종신토록 할 수 있는 것'을 물었다.

사마온공이 말하였다.

"그것은 성실誠實이겠지요!"

유공이 물었다.

"성실을 행함에는 무엇부터 먼저 해야 합니까?"

온공이 말하였다.

"말을 마구하지 않는 것으로부터 시작해야겠지요."

유공은 처음에는 이를 아주 쉬운 것이라 여겼다. 물러나 스스로 이를 잣대로 하여 날마다 자신이 행동한 일과 말한 것을 비교 검토해 보았더니 스스로 서로 견제되고 모순된 것이 많았다. 이렇게 7년을 힘써 실행해 본 이후에야 성취를 얻을 수 있었다. 이로부터 언행이 일치하고 표리가 상응하였으며, 일을 만나도 탄연坦然하여 항상 여유를 가질 수 있었다.

○ 劉忠定公, 見溫公, 問「盡心行己之要, 可以終身行之者」

公曰:「其誠乎!」

劉公問:「行之何先?」

公曰:「自不妄語始」

劉公初甚易之, 及退而自檃括日之所行, 與凡所言, 自相掣肘矛盾者多矣. 力行七年, 以後成. 自此言行一致, 表裏相應, 遇事坦然, 常有餘裕.

【劉忠定公】劉器之. 劉安世(1048~1125). 宋나라 때 大名府 元城 사람으로 元城先生이라 부름. 劉航의 아들이며 神宗 때 진사에 올랐으나 나가지 아니하고 司馬光에게 학문을 배움. 사마광이 재상이 되자, 사마광과 呂公著의 추천으로 右正言에 오름. 寶文閣待制·諫議大夫·樞密都承旨 등에 올랐으나, 章惇의 탄핵을 입어 海州로 유배당하기도 하였음. 시호는 忠定.《盡言集》등을 남겼으며,《宋史》(345)에 전이 있음.

【溫公】司馬光(1019~1086). 北宋의 사학가이며 문장가, 사상가. 자는 君實. 만년의 호는 迂叟, 陝州 夏縣(지금의 山西 夏縣) 사람으로 涑水鄉(지금의 하현 서쪽)에 살아 涑水先生이라고도 부름. 북송 眞宗 天禧 3년에 태어나 哲宗 元祐 원년에 죽었음. 향년 68세. 인종 寶元 원년(1038)에 진사에 올라 仁宗·英宗·神宗 3조를 섬겼음. 신종 때 왕안석의 신법에 반대하였으며, 判西京 御史臺를 그만두고 洛陽에 15년을 살았음. 철종이 즉위하자 조정으로 들어가 재상이 되어, 신법을 파기하고 구제를 회복하였으나 재위 8개월 만에 죽고 말았음. 시호는 文正, 溫國公에 봉해져 흔히 溫公이라 부름.《資治通鑑》을 편찬하였으며《涑水紀聞》,《溫國文正司馬文集》등이 있음.《宋史》에 전이 있음.

【誠】〈集註〉에 “朱子曰:「溫公所謂誠, 卽大學所謂‘誠其意’者. 指人之實其心而不自欺也.」”라 함.

【檃括】‘檃栝’로 표기된 판본이 많으며 실제 ‘檃栝’이 맞음. 〈集註〉에 “揉曲者曰檃, 正方者曰括. 皆制木之器也”라 함.

【掣肘】‘철주’로 읽으며, 팔꿈치를 잡아당겨 제대로 행동할 수 없음을 말함. 견제를 당함. 〈集註〉에 “吳氏曰:「掣, 挽也; 肘, 臂節也. 掣肘, 謂肘欲運動而人挽之. 不能運也.」”라 함. 이 이야기는《孔子家語》(屈節解),《呂氏春秋》(具備篇),《新序》(雜事二) 등에 실려 있음.

【矛盾】矛楯과 같음. 창과 방패처럼 서로가 서로를 이겨내려 하는 상황. 〈集註〉에 “矛, 有鉤之兵; 盾, 卽今傍牌也. 矛盾, 謂矛欲傷人, 而盾蔽之, 不能傷也”라 함. 그리고 이상 掣肘와 矛盾을 묶어 〈集註〉에 “掣肘·矛盾, 喩言行相違也”라 함.

【坦然】막힘이 없이 평탄함.

1. 《元城語錄》을 참조할 것.

2. 《孔子家語》屈節解

二史歸報於君曰:「宓子使臣書而掣肘, 書惡以又怒臣, 邑吏皆笑之, 此臣所以去之而來也.」魯君以問孔子, 子曰:「宓不齊, 君子也. 其才任霸王之佐, 屈節治單父, 將以自試也. 意者, 以此爲諫乎?」公寤, 太息而歎曰:「此寡人之不肖, 寡人亂宓子之政, 而責其善者非矣. 微二史, 寡人無以知其過; 微夫子, 寡人無以自寤.」遽發所愛之使告宓子曰:「自今已往, 單父非吾有也, 從子之制, 有便於民者, 子決爲之, 五年一言其要.」

3. 《韓非子》難一

楚人有鬻楯與矛者, 譽之曰:「吾楯之堅, 物莫能陷也.」又譽其矛曰:「吾矛之利, 於物無不陷也.」或曰:「以子之矛陷子之楯, 何如?」其人弗能應也. 夫不可陷之楯與無不陷之矛, 不可同世而立. 今堯·舜之不可兩譽, 矛楯之說也.

377(6-3-20)
빈객을 만나서의 태도

○ 유공劉公은 빈객을 접견하다가 담론이 시간을 넘겼으나 몸을 기대어 기울지 않았으며, 어깨와 등은 곧게 바로 세웠고, 몸은 조금도 흐트러짐이 없었으며, 심지어 손발 역시 옮김이 없었다.

○ 劉公見賓客, 談論踰時, 體無敧側, 肩背竦直, 身不少動, 至手足亦不移.

【劉公】劉忠定公. 劉器之. 元城先生. 앞장 참조.
【敧側】피곤과 지루함을 견디지 못하여 어디에 기대거나 비스듬히 함.
【竦直】곧고 바르게 폄.
【不移】옮기거나 흐트러진 모습을 보이지 않음.
＊〈集註〉에 "敬而已矣"라 함. 한편 《小學纂注》 주에는 "按劉公於哲宗時, 抗疏忤章惇, 斥嶺表, 凡烟瘴遠惡地無不歷, 惇屢嗾其黨殺之, 卒不死. 文忠蘇公稱爲眞鐵漢. 蓋卽與客坐談時, 固先有以養成之矣"라 함.

> 참고 및 관련 자료

1. 《元城語錄序》(馬大年)에 실려 있음.

378(6-3-21)
절효 선생 서적

○ 서적徐積 중거仲車가 처음 안정安定 호원胡瑗 선생을 좇아 배웠으니,
학문에 마음을 기울이고 실천에 힘써 다시는 벼슬길에 나아가지 않았다.
그의 학문은 지성至誠을 근본으로 했으며, 어머니를 지극한 효성으로
모셨다. 그는 스스로 이렇게 말하였다.

"처음 안정 선생을 뵙고 물러서는데 머리 모습이 조금 기울었더니 안정
선생께서 갑자기 무섭게 소리를 지르셨다. '머리를 바르게 가져라.' 그리하여
나는 이로 인해 이렇게 스스로 생각하였다. '머리만을 바르게 갖는 것이
아니라 마음 역시 바르게 가져야 한다.' 이로부터 감히 사악한 마음을 갖지
않게 된 것이다."

그가 생을 마침에 시호를 절효節孝 선생이라 하였다.

○ 徐積仲車, 初從安定胡先生學, 潛心力行, 不復仕進. 其學以
至誠爲本, 事母至孝. 自言:「初見安定先生, 退, 頭容少偏, 安定忽
厲聲云:『頭容直.』某因自思:『不獨頭容直, 心亦要直也.』自此
不敢有邪心」卒諡節孝先生.

【徐積】宋나라 때 理學家. 자는 仲車(1028~1103). 楚川 山陽 사람으로 安定
胡瑗에게 수학하여 학문을 이룸. 監中岳廟의 직책을 수행하였으며, 徽宗이
그에게 節孝先生의 시호를 내림. 아버지가 일찍 죽어 지극한 효성으로
어머니를 모셨음.《節孝語錄》,《節孝集》등이 있으며《宋史》(459) 卓行傳에
전이 실려 있음.

【安定胡先生】胡瑗. 安定은 지명. 송대에 泰州에 속했으며 지금의 陝西省에 있음. 胡瑗이 살던 곳이어서 그를 안정 선생이라 부름. 胡瑗(993~1059)은 자는 翼之. 范仲淹의 추천으로 벼슬길에 올라 鐘律을 정리하였으며, 天章閣待制·太常博士 등을 지냄. 뒤에 敎學에 힘써 제자가 수백 명에 이르렀음. 저술로 《周易口議》·《洪範口議》·《皇祐新樂圖記》 등이 있으며 《宋史》(432) 儒林傳에 전이 있음.

【某】자신을 일컬을 때 쓰는 말.

＊〈集註〉에 "朱子曰:「這樣人, 都是資質美, 所以一撥便轉, 終身不爲惡也.」" 라 함.

참고 및 관련 자료

1.《童蒙訓》卷上 呂本中

徐積仲車先生, 山陽人. 小許牓登科. 初從安定胡先生學, 潛心力行, 不復仕進. 其學以至誠爲本, 積思六經而喜爲文詞, 老而不衰. 先生自言:「初見安定先生, 退, 頭容少偏, 安定忽屬聲云:『頭容直.』某因自思:『不獨頭容直, 心亦要直也.』 自此不敢有邪心. 自此不敢有邪心.」後因具公裳以見貴官, 又自思云:「見貴官, 尚必用公裳, 豈有朝夕見母, 而不具公裳者乎?」遂晨夕具公裳揖母. 先生事母 至孝, 山陽人化之.

2.《宋史》(459) 卓行傳 徐積

徐積字仲車, 楚州山陽人. 孝行出於天稟. 三歲父死, 旦旦求之甚哀, 母使讀 《孝經》, 輒淚落不能止. 事母至孝, 朝夕冠帶定省. 從胡翼之學, 所居一室, 寒一 衲裘, 啜菽飲水, 翼之饋以食, 不受. ……居數歲, 使者又交薦之, 轉和州防禦 推官, 改宣德郎, 監中岳廟. 卒, 年七十六. 政和六年, 賜諡節孝處士, 官其一子.

379(6-3-22)
문중자 왕통

○ 문중자文中子 왕통王通의 복장은 검소하면서도 깨끗하여 여유 있는 부분이 없었다. 비단이나 수놓은 옷은 그 집안으로 들여놓을 수 없도록 하면서 이렇게 말하였다.

"군자는 황백색 옷이 아니면 사용할 수 없도록 하고, 부인의 옷은 청벽색靑碧色을 써도 좋다."

○ 文中子之服, 儉以潔, 無長物焉. 綺羅錦繡, 不入宇室, 曰:「君子非黃白不御, 婦人則有靑碧.」

【文中子】隋나라 때 王通(584~618)의 私諡. 책이름이기도 하며 책은 《中說》이라고도 함. 왕통은 자는 仲淹. 龍門(지금의 山西 河津) 사람으로 初唐四傑의 하나인 王勃의 조부. 시호는 文中子. 《중설》은 2권 10편(〈王道〉·〈天地〉·〈事君〉·〈周公〉·〈問易〉·〈禮樂〉·〈述史〉·〈魏相〉·〈立命〉·〈關郎〉)으로 되어 있으며 정치의 득실에 관한 것과 수신 치국 등에 대한 것임. 왕통이 문인들과 대화한 내용을 그 제자 薛收와 姚義 등이 편집한 것.
【絜】일부본에는 '潔'로 되어 있음. 〈集註〉에 "絜, 音潔. 儉, 謂不華靡; 潔, 謂不垢汚"라 함.
【長】몸의 크기에 남도록 옷감을 길게 사용하거나 장식, 수식을 더함을 말함. 〈集註〉에 "長, 剩也. 無長物, 謂儉潔之外, 無所增飾也"라 함.
【御】사용함. '用'과 같음.
【黃白·靑碧】황벽은 자연색 옷감이며 청벽은 인공 색으로 염색한 것. 〈集註〉에 "黃白, 麻絲自然之色; 靑碧, 染造使然之色"이라 함.

1.《文中子》事君篇

子之服, 儉以潔, 無長物焉. 綺羅錦繡, 不入宇室, 曰:「君子非黃白不御, 婦人則有靑碧」子宴賓無貳饌, 食必去生, 味必適, 果菜非其時不食, 曰:「非天道也.」非其土不食, 曰:「非地道也.」

王通(文中子)《三才圖會》

380(6-3-23)
유빈의 식사 반찬

○ 유빈劉玭이 말하였다.

"시랑侍郞 고월高鉞 형제 세 사람은 청현의 벼슬자리에 있었으나, 손님을 초대하는 자리가 아니면 고깃국과 육적肉炙의 두 가지 반찬을 함께 먹는 법이 없었으며, 저녁 식사는 그저 무와 박나물로 반찬을 할 뿐이었다."

○ 劉玭曰:「高侍郞兄弟三人, 俱居淸列, 非速客, 不二羹胾, 夕食齕葍匏而已.」

【柳玭】 자는 直淸. 唐나라 때 인물로 柳公綽의 손자이며 柳仲郢의 아들. 僖宗 때 吏部侍郞修國史를 거쳐 御史大夫에 올랐으며, 昭宗 때 宦官과 알력으로 瀘州刺史로 폄직되기도 하였음. 《續貞陵遺事》를 남겼으며 《舊唐書》(165), 《新唐書》(163)의 柳公綽傳에 함께 傳이 실려 있음.
【兄弟三人】 高鈌(鉞)·高銖·高鍇 세 형제. 모두 唐나라 元和 연간에 進士에 올라 高鈌은 翰林學士와 吏部侍郞을, 둘째 高銖는 給事中을, 셋째 高鍇는 禮部侍郞을 역임하였음.
【淸列】 淸顯한 班列. 뛰어나고 깔끔한 신분이었음을 표현한 말.
【速客】 손님을 초청함. '速'은 '召'와 같으며 雙聲假借.
【羹胾】 갱은 고깃국. 자(胾)는 생고기를 잘게 썬 肉膾 따위의 切肉.
【齕】 '핵'으로 읽음. '깨물어 씹어먹다'의 뜻.
【葍匏】 복는 蕾葍, 蘆茯, 즉 우리말로 '나박'으로 바뀌었으며 채소 '무'를 말함. 포(匏)는 박나물. 아주 거친 반찬이었음을 말함. 〈集註〉에 "葍匏, 皆菜名"이라 함.
【齕】 '핵'으로 읽음. '齧', '嚼'과 같음. '깨물어 씹어먹다'의 뜻.

1. 《柳氏家訓》에 실려 있음.

문정공 이항

○ 문정공文靖公 이항李沆이 봉구문封邱門 밖에 저택을 지으면서 사무를 보는 대청 앞을 겨우 말을 돌릴 정도의 좁은 공간으로 하는 것이었다. 어떤 이가 너무 좁다고 하자, 그는 웃으며 이렇게 말하였다.

"사는 집이란 항상 자손에게 전해 주어야 하는 것이오. 이곳이 재상으로서 사무를 보는 청사로는 진실로 좁겠지만, 태축太祝이나 봉례奉禮를 위한 청사로서는 넓은 것이오!"

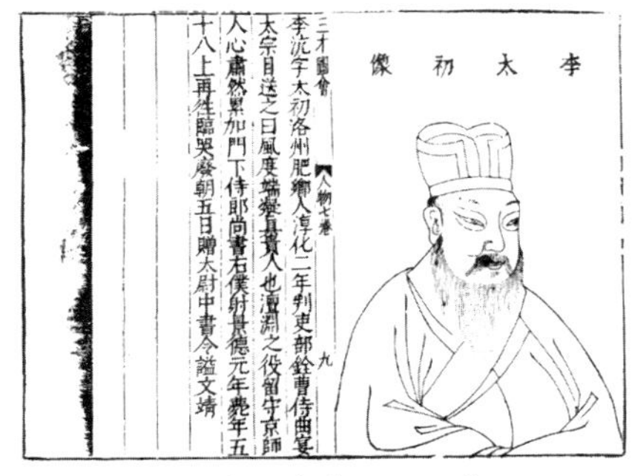

李沆(太初) 《三才圖會》

○ 李文靖公, 治居第於封邱門外, 廳事前, 僅容旋馬, 或言其太隘, 公笑曰:「居第常傳子孫, 此爲宰輔廳事誠隘, 爲太祝奉禮廳事, 則已寬矣!」

【李文靖公】 李沆((947~1004). 宋나라 때 雒州 肥鄕 사람으로 자는 太初. 李炳의 아들로서 右補闕, 知制誥 등을 거쳐 宰相을 역임하였으며 '聖相'으로 칭송을 받았음. 시호는 文靖.《宋史》(282)에 전이 있음.

【封邱門】 당시의 수도 汴京에 있던 都門. '封丘門'으로도 표기함.

【廳事】 사무를 보는 대청. 〈集註〉에 "廳, 所以治事, 故曰廳事"라 함. 고대 관리는 자신의 저택을 곧 廳舍로 삼았으며, 뒤에 이를 자손에게 물려주었음.

【旋馬】말이 왔다가 되돌릴 수 있을 정도의 좁은 공간.

【宰輔】재상으로서의 輔弼. 여기서는 자신이 재상 신분임을 말한 것.

【太祝·奉禮】제사를 담당하는 관직. 흔히 재상의 후손이 蔭官으로 처음 벼슬 자리에 나설 때 이 직책을 주는 것으로 시작하였으며, 여기서는 재상보다 낮은 관직을 받을 것임을 말한 것. 〈集註〉에 "太祝·奉禮, 皆世蔭之官"이라 함.

【已寬】'已'는 '太'와 같음. 부사로 '너무'의 뜻. 〈集註〉에 "已, 太也"라 함.

참고 및 관련 자료

1. 《訓儉文》(司馬光)을 볼 것.

382(6-3-25)
문절공 장지백

○ 문절공文節公 장지백張知白이 재상이 되어 스스로 자신이 하양장서기河陽掌書記였을 때처럼 생활하였다. 그러자 그와 친분이 있던 어떤 이가 이렇게 충고하였다.

"지금 공께서 받는 봉록이 적지 않은데 스스로 생활이 이렇게 검소하니, 비록 자신은 청빈하고 절약한다 하나 바깥사람들은 자못 공손홍公孫弘의 베 이불 고사를 들어 기롱하고 있습니다. 공께서는 의당 다른 사람들의 공론을 조금은 따라야 합니다."

문절공은 이렇게 탄식하였다.

"내 오늘의 봉록이면 온 집안 식구가 모두 비단옷 입고 쌀밥 먹는다 한들 어찌 그렇게 못한다고 걱정하겠습니까? 그러나 인지상정人之常情을 돌아보건대 검소함에서 사치함으로 들어가기는 쉽지만, 사치하며 살다가 검소함으로 내려가기는 어렵다오. 내 지금의 봉록이 어찌 항상 이렇게 많을 수 있겠으며, 내 몸이 어찌 항상 이렇게 건강하여 그대로 있을 수 있겠소? 하루아침에 오늘 이 상태와 달라졌는데 집안 식구들이 이미 사치를 오래도록 습관처럼 누려왔다면 틀림없이 어떻게 해야 할 지를 잃게 될 것이오. 그러니 내가 벼슬에 있거나 벼슬에서 떠나거나 또는 몸이 이렇게 있거나 죽고 없거나 어찌 오늘 하루같이 사는 것만 하겠소!"

○ 張文節公爲相, 自奉如河陽掌書記時, 所親或規之曰:「今, 公受俸不少, 而自奉若此, 雖自信淸約, 外人頗有公孫布被之譏. 公宜少從衆.」

公嘆曰:「吾今日之俸, 雖擧家錦衣玉食, 何患不能? 顧人之常情, 由儉入奢易, 由奢入儉難. 吾今日之俸, 豈能常有? 身豈能常存? 一旦異於今日, 家人習奢已久, 必至失所, 豈若吾居位去位, 身存身亡, 如一日乎!」

【張文節公】張知白(?~1028). 자는 用晦. 宋나라 때 滄州 사람이며 처음 河陽의 掌書記(節度判官)였다가 뒤에 宰相에 올랐으나 寒士처럼 청빈하게 살았다 함. 시호는 文節. 《宋史》(310)에 전이 있음.
【自奉】자신의 몸을 보살피기 위한 생활.
【淸約】청빈하고 검약함.
【公孫弘】자는 季(B.C.200~B.C.121). 菑川 薛(지금의 山東省 滕縣) 출신. 처음 獄吏였으나 나이 마흔에 《春秋公羊傳》을 공부하여 元光 5년(B.C.130)에 賢良 文學科에 올라 博士가 됨. 뒤에 武帝에게 신임을 얻어 元朔 초에 御史大夫 에서 丞相에까지 올랐으며 平津侯에 봉해짐. 《史記》와 《漢書》에 傳이 있음. 그가 재상이면서 삼베 이불을 덮고 자는 것을 두고 汲黯이 의심하여 남을 속이기 위해 거짓으로 그러한 짓을 한다고 비꼬았음. 〈集註〉에 "漢丞相公 孫弘爲布被, 汲黯曰:「弘俸祿多而爲布被, 此詐也.」或人文節之儉約, 亦疑其詐, 故引是以譏之"라 함.

1. 《家範》(2) 祖 司馬光

近故張文節公爲宰相, 所居堂室, 不蔽風雨, 服用飮膳, 與始爲河陽書記時無異. 其所親或規之曰:「公月入俸祿幾何, 而自奉儉薄若此. 外人不以公淸儉爲美, 反以爲有公孫布被之詐.」文節歎曰:「以吾今日之祿, 雖侯服王食何憂不足? 然人情, 由儉入奢則易, 由奢入儉則難. 此祿安能常恃? 一旦異失之, 家人旣習 於奢, 不能頓儉, 必至失所, 曷若無失其常, 吾雖違世, 家人猶如今日乎!」聞者 服其遠慮. 此皆以德業遺孫子也. 所得頗不多乎!

2.《史記》(112) 平津侯主父列傳

汲黯曰:「弘位在三公, 奉祿甚多, 然爲布被, 此詐也.」上問弘. 弘謝曰:「有之. 夫九卿與臣善者無過黯, 然今日庭詰弘, 誠中弘之病. 夫以三公爲布被, 誠飾詐欲以釣名. 且臣聞管仲相齊, 有三歸, 侈擬於君, 桓公以霸, 亦上僭於君. 晏嬰相景公, 食不重肉, 妾不衣絲, 齊國亦治, 此下比於民. 今臣弘位爲御史大夫, 而爲布被, 自九卿以下至於小吏, 無差, 誠如汲黯言. 且無汲黯忠, 陛下安得聞此言.」天子以爲謙讓, 愈益厚之. 卒以弘爲丞相, 封平津侯.

3.《漢書》(58) 公孫弘卜式兒寬傳

汲黯曰:「弘位在三公, 奉祿甚多, 然爲布被, 此詐也.」上問弘, 弘謝曰:「有之. 夫九卿與臣善者無過黯, 然今日庭詰弘, 誠中弘之病. 夫以三公爲布被, 誠飾詐欲以釣名. 且臣聞管仲相齊, 有三歸, 侈擬於君, 桓公以霸, 亦上僭於君. 晏嬰相景公, 食不重肉, 妾不衣絲, 齊國亦治, 亦下比於民. 今臣弘位爲御史大夫, 爲布被, 自九卿以下至於小吏無差, 誠如黯言. 且無黯, 陛下安聞此言?」上以爲有讓, 愈益賢之.

383(6-3-26)
아버지의 음주 모습

○ 사마온공^{司馬溫公}이 말하였다.

"나의 아버지께서는 군목판관^{羣牧判官}의 벼슬을 하면서 손님이 찾아오면 술자리를 마련하지 않은 적이 없었다. 그리하여 혹 세 순배, 혹 다섯 순배의 술을 마시되 일곱 순배를 넘기지는 않았다. 그리고 술은 시장에서 사왔으며 과일도 배·밤·대추·감 정도에 그쳤으며, 안주는 포나 젓갈·나물국에 그쳤으며, 그릇도 자기와 칠기 정도였다. 당시 사대부들은 모두가 이와 같았으며 남들이 이를 비난하지도 않았다. 모임을 자주 갖되 예를 부지런히 차렸고, 물질은 박약하되 정은 두터웠다.

그런데 근래 사대부 집안에서는 술이 궁궐 내에서 빚는 법대로 한 것이 아니거나, 과일이 먼 곳에서 온 진기한 것이 아니거나, 음식이 많은 종류가 아니거나, 그릇이 상에 가득 채워지지 않거나 하면 감히 빈객이나 친구를 부르지 않는다. 항상 며칠을 두고 만들고 모으고 한 연후에야 감히 초청장 편지를 발송하며 만약 혹 그렇게 하지 않으면 사람들은 다투어 이를 비난하며 비루하고 인색하다고 여긴다. 그 때문에 이러한 사치와 낭비의 풍속을 따르지 않는 자는 드물다. 안타깝도다! 풍속이 허물어지고 피폐함이 이와 같아졌구나. 직위에 있는 자가 비록 능히 금하지는 못할망정 차마 이런 풍조를 조장하고 있다니!"

○ 溫公曰:「先公爲羣牧判官, 客至, 未嘗不置酒, 或三行, 或五行, 不過七行. 酒沽於市, 果止梨栗棗柿, 肴止於脯醢菜羹, 器用瓷漆. 當時士大夫皆然, 人不相非也. 會數而禮勤, 物薄而情厚. 近日

士大夫家, 酒非內法, 果非遠方珍異, 食非多品, 器皿非滿案, 不敢
會賓友. 常數日營聚, 然後敢發書苟或不然, 人爭非之, 以爲鄙吝.
故不隨俗奢靡者, 鮮矣. 嗟乎! 風俗頹弊如是, 居位者雖不能禁.
忍助之乎!」

【溫公】司馬溫公. 司馬光(1019~1086). 北宋의 사학가이며 문장가, 사상가. 자는
　君實. 만년의 호는 迂叟, 陝州 夏縣(지금의 山西 夏縣) 사람으로 涑水鄕
　(지금의 하현 서쪽)에 살아 涑水先生이라고도 부름. 북송 眞宗 天禧 3년에
　태어나 哲宗 元祐 원년에 죽었음. 향년 68세. 인종 寶元 원년(1038)에 진사에
　올라 仁宗·英宗·神宗 3조를 섬겼음. 신종 때 왕안석의 신법에 반대하였으며,
　判西京御史臺를 그만두고 洛陽에 15년을 살았음. 철종이 즉위하자 조정으로
　들어가 재상이 되어, 신법을 파기하고 구제를 회복하였으나 재위 8개월 만에
　죽고 말았음. 시호는 文正, 溫國公에 봉해져 흔히 溫公이라 부름.《資治通鑑》
　을 편찬하였으며《涑水紀聞》,《溫國文正司馬文集》등이 있음.《宋史》에
　전이 있음.
【先公】돌아가신 아버지를 가리킴. 구체적으로 사마광의 아버지 이름은
　司馬池였으며 자는 和中.
【羣牧判官】여러 주를 순회하면서 말에 대한 행정을 살피는 직책.
【會數禮勤】‘數’은 ‘삭’으로 읽음. 모임을 자주 가지며 예절을 부지런히 챙김.
【內法】궁궐 안에서 술을 빚는 방법으로 술을 빚어냄.〈集註〉에 "內法, 宮內
　造酒之法"이라 함.
【發書】초청장을 보냄.

참고 및 관련 자료

1.《訓儉文》(司馬光)에 실려 있음.

2.《宋史》(336) 司馬光傳

司馬光字君實, 陝州夏縣人也. 父池, 天章閣待制. 光生七歲, 凜然如成人, 聞講
《左氏春秋》, 愛之, 退爲家人講, 即了其大指. 自是手不釋書, 至不知飢渴寒暑.

羣童戲於庭, 一兒登甕, 足跌沒水中, 衆皆棄去, 光持石擊甕破之, 水迸, 兒得活.
其後京·洛間畫以爲圖. ……光曰:「生死, 命也.」爲之益力. 病革, 不復自覺,
諄諄如夢中語, 然皆朝廷天下事也. 是年九月薨, 年六十八. 太皇太后聞之慟,
與帝卽臨其喪, 明堂禮成不賀, 贈太師·溫國公, 襚以一品禮服, 賻銀絹七千.
詔戶部侍郎趙瞻·內侍省押班馮宗道護其喪, 歸葬陝州. 諡曰文正, 賜碑曰〈忠淸
粹德〉. 京師人罷市往弔, 鬻衣以致奠, 巷哭以過車. 及葬, 哭者如哭其私親. 嶺南
封州父老, 亦相率具祭, 都中及四方皆畫像以祀, 飮食必祝.

384(6-3-27)
내 성격이 그러할 뿐

○ 사마온공司馬溫公이 말하였다.

"우리 집안은 본래 빈한한 가문으로 대대로 청백淸白으로 이어왔다. 나의 성격은 화려하고 아름다운 것을 즐겨하지 않는다. 젖먹이 어린 시절부터 어른들이 나에게 금은을 장식한 화려한 옷을 입혀주면 나는 문득 부끄러워 얼굴을 붉힌 채 이를 벗어버리곤 하였다. 나이 스물이 되어 과거 시험에 이름을 더럽혀 문희연聞喜宴의 잔치에 홀로 꽃을 머리에 꽂지 않았다. 그랬더니 동년同年이 '임금께서 내려주신 것이니 거스를 수 없다'라 하여 이에 꽃 한 가지를 비녀처럼 꽂았던 것이다.

평소 옷은 추위를 막으면 되는 것이며, 음식이란 배를 채우면 그만인 것이라 여겼다. 그러나 역시 감히 일부러 때묻고 해진 옷을 입어 세속을 교정하여 그 이름을 드러내겠다는 생각도 하지 않았다. 단지 내 성격을 따랐을 뿐이다."

○ 溫公曰:「吾家本寒族, 世以淸白相承. 吾性不喜華美, 自爲乳兒時, 長者加以金銀華美之服, 輒羞赧棄去之. 年二十忝科名, 聞喜宴獨不戴花, 同年曰:『君賜不可違也.』乃簪一花. 平生衣取蔽寒, 食取充腹, 亦不敢服垢弊, 以矯俗干名, 但順吾性而已.」

【溫公】 司馬光(1019~1086). 北宋의 사학가이며 문장가, 사상가. 자는 君實. 만년의 호는 迂叟, 陝州 夏縣(지금의 山西 夏縣) 사람으로 涑水鄕(지금의 하현

서쪽)에 살아 涑水先生이라고도 부름. 북송 眞宗 天禧 3년에 태어나 哲宗 元祐 원년에 죽었음. 향년 68세. 인종 寶元 원년(1038)에 진사에 올라 仁宗·英宗·神宗 3조를 섬겼음. 신종 때 왕안석의 신법에 반대하였으며, 判西京御史臺를 그만두고 洛陽에 15년을 살았음. 철종이 즉위하자 조정으로 들어가 재상이 되어, 신법을 파기하고 구제를 회복하였으나 재위 8개월 만에 죽고 말았음. 시호는 文正, 溫國公에 봉해져 흔히 溫公이라 부름.《資治通鑑》을 편찬하였으며《涑水紀聞》,《溫國文正司馬文集》 등이 있음.《宋史》(336)에 전이 있음.

【羞赧】부끄러워 얼굴이 붉어짐.

【忝科名】더럽게 과거에 이름을 올림. 자신이 충분한 실력을 갖춘 것이 아닌데 합격하였다고 여겨 합격을 겸손하게 말한 것.

【聞喜宴】새롭게 진사에 올랐을 때 열어주는 잔치.

【同年】같은 진사시험에 합격한 사람.

【矯俗干名】세속을 고쳐 명예를 구하고자 함.

1.《訓儉文》(司馬光)에 실려 있음.

2.《宋史》(336) 司馬光傳.

仁宗寶元初, 中進士甲科. 年甫冠, 性不喜華靡, 聞喜宴獨不戴花, 同列語之曰: 「君賜不可違.」 乃簪一枝.

385(6-3-28)
나물 뿌리를 씹는 맛으로

○ 왕신민汪信民이 일찍이 "사람이 항상 나물 뿌리를 씹어먹는 맛으로 산다면 그 어떤 일도 해낼 수 있을 것이다"라고 말하자, 강후康侯, 胡安國가 이를 듣고 손뼉을 치면서 탄복하여 칭찬하였다.

○ 汪信民常言: 「人常咬得菜根, 則百事可做」 胡康侯聞之, 擊節嘆賞.

【汪信民】 송나라 때의 학자 汪革, 자는 信民, 淸溪先生이라 부름. 撫州 臨川人으로 呂希哲의 門人이며 哲宗 4년에 進仕에 급제, 長沙·宿州·楚州 등의 敎官을 역임함. 40세에 卒하였으며 《淸溪類稿》, 《論語直解》 등이 있음. 《新安文獻志》(77)에 사적이 실려 있음.

【百事】 온갖 일, 모든 일, 그 어떠한 일도 모두 이에 해당함을 말함.

【胡康侯】 文定公. 宋나라 이학자 胡安國(1074~1138). 자는 康侯, 호는 武夷先生, 혹은 草庵居士. 시호는 文定. 《上蔡語錄》, 《通鑑擧要補遺》 등의 저술을 남김. 《宋史》(435) 儒林傳에 전이 있음.

【做】 '作'과 같음. 당시 白話語로 '作'을 이렇게 표기하였음.

【擊節】 손마디를 접어 소리냄. 그러나 손뼉을 치면서 즐겁게 여김을 뜻함. 〈集註〉에 "擊節, 一說, 擊手指節; 一說, 擊器物爲節, 皆通"라 함.

【嘆賞】 감탄하여 칭송함. 훌륭하다 여김. 〈集註〉에 "嘆, 嗟嘆; 賞, 稱賞"이라 함.

＊〈集註〉에 "人能甘淡泊, 而不以外物動心, 則可以有爲矣. 朱子曰:「學者, 須常以'志士不忘在溝壑'爲念, 則道義重; 而計較死生之心輕矣. 況衣食外物,

至微末事, 不得未必便死, 亦何用犯義犯分, 投心投志, 營營以求之耶! 某觀今人, 因不能咬菜根, 而至於違其心者, 衆矣. 可不戒哉!」라 함.

1. 明代 洪自誠(洪應明)의《菜根譚》은 바로 이 구절에서 의미를 취하여 書名으로 삼은 것임. 본인 역주《菜根譚》해설 및 서발 참조.

2. 南宋 呂本中《東萊呂紫微師友雜志》

汪信民嘗言: 「人常咬得菜根, 則百事可做.」

3.《呂氏師友雜志》에도 실려 있음.

4.《明心寶鑑》安分篇

汪信民嘗言: 「人常咬得菜根, 則百事可做.」

5.《昔時賢文》(641)

「咬得菜根香, 尋出孔顏樂.」

6.《小學集說》

陳氏曰: 信民, 名革, 臨川人. 康侯, 文定公字也. 人能甘淡泊, 而不以外物動心, 則可以有爲矣. 擊節, 一說, 擊手指節; 一說, 擊器物爲節, 皆通. 嘆, 嗟嘆賞, 稱賞. 朱子曰: 「學者, 須常以‘志士不忘在溝壑’爲念, 則道義重而計較死生之心輕矣. 況衣食外物, 至微末事, 不得未必便死, 亦何用犯義犯分, 投心投志, 營營以求之耶! 某觀今人, 因不能咬菜根, 而至於違其心者, 衆矣. 可不戒哉!」

明 洪自誠(應明)의《菜根譚》

右實敬身

이상은 경신敬身의 실제이다.

* 〈集註〉에 "李氏曰:「首十四章, 實心術之要; 次七章, 實威儀之則; 次一章, 實衣服之制; 末六章, 實飲食之節.」"이라 함.

〈銅馬〉

부록
序跋 및 관련자료

1. 〈御製小學序〉 ························· 清, 世宗 雍正皇帝(愛新覺羅胤禛)

　古者, 八歲而入小學, 敎之以灑掃·應對·進退之節; 愛親·敬長之義,
俾童而習之, 以養其德性. 其說散見經傳, 朱子採集爲《小學》一書, 所以示
人敎學之方, 而有以爲正心·修身之本, 其言約其理該. 蓋六經四子性理
諸書之階梯也. 皇考聖祖仁皇帝嘗特頒諭旨, 令有司兼以命題課士, 海內
士子, 固已咸知誦法矣. 又命尙書顧八代一人翻譯淸文, 日進呈覽. 欽定
三年而後成, 嘉惠後學之心, 至深且厚. 當曰:「未經刊刻頒行, 朕敬承皇
考遺志, 特命校對, 授梓以資, 肄習讀者, 宜知綱常倫紀之當. 崇視聽言
動之當, 謹與夫嘉言懿行之當, 遵循慕效修其職; 自在家庭日用之常經,
而充其量, 可以成聖賢忠孝之大節, 子弟之習於是, 而淳敎化之原於是而備.
詩曰『成人有德, 小子有造』, 朕蓋深有望焉.」

　雍正五年(1727)十二月　初三日.

2. 〈小學纂註原序〉(高愈, 紫超) ························· 清, 華泉

　　昔朱子嘗草〈奏乞修三禮〉, 不果上. 晩著《儀禮經傳通解》, 未成而卒,
爲千古之憾. 然泉嘗謂:「朱子《小學》一書, 博探傳記, 擇其禮之可通行
於今古者, 以〈立敎〉·〈明倫〉·〈敬身〉爲之綱, 以父子君臣夫婦長幼朋友心
術威儀衣服飮食九者爲之紀. 固已萃三禮之精, 學者幼而習之, 終身行之,
莫能盡. 其道不可一日不講也. 然自朱子以來五百餘年, 其書具在, 學士
能擧其辭者, 蓋已鮮矣. 矧望有能通其條貫, 窮其指歸, 推明其立言之意,
以持身而淑世者乎! 吾邑紫超高先生, 敦行孝弟, 硏精理學, 蓋躬行君子
人也. 而其敎人, 一本之於《小學》, 嘗與恒惺顧子, 倣其從祖忠憲先生復
七規, 以切劘同志. 然而伏處窮廬, 其敎不足以及乎天下, 抱其殘經, 箋釋
詁訓, 日講求而肄習之. 以私淑其弟子而已矣. 泉嘗讀先生所箋注《儀禮》·
《周禮》二書, 可以補朱子之所未竟. 惜乎! 未有能梓而傳之者也. 又其緖餘,
爲《小學纂註》.《小學》之有注, 久矣. 然大抵沿襲他經之解, 而本義莫彰.
櫛比字句之間, 而條理鮮貫. 朱子立言之意, 塵封於俗儒詁訓之中, 所從
來矣. 先生本陳恭愍之舊注, 而是正其得失, 刪節其繁冗. 次第章法, 脈絡
貫通, 參伍衆說, 發揮盡義, 俾學者讀之, 曉然於朱子集書之旨. 間出其
所獨得, 如《周禮》智仁聖義忠和, 而《易》忠爲中之類, 政經文之誤, 決千
古之疑, 蓋先生學本躬行, 胸藏二酉, 而尤沉涵浸漬於三禮之書. 故其所
推說, 根極理要, 其所考證, 確據經史, 自有《小學》以來五百餘年, 得先
生之注釋, 而後燦然大明於天下. 朱子之功在萬世, 而先生之所以開導後
學者, 其功亦豈小補哉!
　　康熙歲次丁丑(康熙 36年, 1697)重九前三日. 同學弟華泉, 題於讀易廬.

3. 〈小學句讀序〉 ························· 明, 陳選

　昔二帝三王, 我朝一祖四宗之道統, 聖天子旣承之, 憂士或遺實學而鶩
空文, 無以贊道化也. 復慨然兪商相國之言, 詔天下士, 皆先從事於《小學》,
然後進於《大學》. 於乎! 士不幸不逢時, 猶將違俗, 而學聖人之道, 以成
其身; 幸而值乎今之世, 道化方盛, 有《小學》以成始, 有《大學》以成終.
有選擧之塗, 出而行所學以及人, 盍亦思所以學乎? 聖人之道, 人倫而已矣,
學之必自《小學》始. 子朱子《小學》一書, 其敎在於〈明倫〉, 其要在於〈敬身〉,
蓋作聖人之基也. 從事于斯, 豈惟讀其辭而已耶! 讀〈明倫〉, 而知父子之親·
君臣之義·夫婦之別·長幼之序·朋友之交, 必踐其事焉; 讀〈敬身〉, 而知
心術之要·威儀之則·衣服之制·飮食之節, 必嚴諸己焉. 及進乎《大學》,
格物·致知, 則因吾已知者而究極之也. 誠意·正心·修身, 則因吾已行者
而惇篤之也. 由是推之於家, 則家可齊; 推以贊道化, 則國可治·天下可平.
故學聖人之道, 必自《小學》始, 否則雖欲勉焉以進乎《大學》, 猶作室而無
基也, 成亦難矣, 況鶩空文乎! 夫爲學, 而不嚴諸己·不踐其事, 誦說雖多·
辭章雖工, 皆空文也, 於吾身何益哉! 於家國天下何補哉! 於聖人之道何
所似哉! 選學也晚, 道未之聞, 以奉詔來總中州之敎, 周還諸士間, 有一朝
之義, 故敢句讀是書, 相與講而行之, 期底於成, 以副聖天子作人之盛意,
若四方之士, 則惡乎敢!
　成化癸巳, 五月望日, 天台陳選序.

4. 〈小學示蒙句解序〉 ························· 日, 平安仲欽敬甫

　古者小學之敎廢墜, 求道無根基, 或旣失蒙養之正, 而後悔之, 亦無以
及矣. 子朱子有憂之, 故纂輯兩篇書, 以補古典之闕, 人君成敎於天下,
師儒授學於生徒, 欲使其初知所趣者, 皆不可不賴此, 不啻幼學之規也.
且此書修身之大法備焉. 猶時政有榜諭, 男女老少, 日夕居常, 省守勸戒,
不敢不奉行矣. 實天壤之間, 不可少之重典也. 予往歲注片字於句間, 課諸
子弟使領略其文義. 有客曰:「朱子於此書, 敎人以旬日之功讀之. 故不爲
注解. 特采司馬公《書儀》之說, 可與本文相發者附之耳. 如元亨利貞, 仁義
禮智者, 止識其名目斯可也. 集解句讀之作, 恐非朱子之意, 子何爲亦屑
屑然, 字釋句訓徒勞心力?」予曰:「朱子此言, 見後世人, 未嘗肄小學藝業,
而欲直從事於大學者, 使其先虛心退步費旬日之功, 以讀此書耳. 纂輯所由
蓋非專爲此一流人也. 不爲注解, 亦豈惟由是哉! 凡篇中所出, 經文名數,
大槩學者平時所口誦, 義訓各具本書. 故此書在華人則不必解. 吾邦語音
之異, 蒙士小生, 雖嘗受訓讀, 尙須字字問辨于師友而後方了. 今試以此解
授之, 纔通章句者, 詞義隨登口, 故竊謂可以少助敎, 乃存之於家庭也.」
客雖未服, 然自信其不至誤人. 於是錄答客之語于篇端爲之序矣.

　元祿三年夏六月, 平安仲欽敬甫書.

5. 〈四庫全書提要〉 ·························紀昀, 陸費墀(等)

臣等謹案御定《小學集註》六卷雍正五年, 世宗憲皇帝詔儒臣, 因明臣陳選集注而訂正刊行之者. 冠以御製序文發明綱常倫紀之當, 崇視聽言動之當, 謹與嘉言懿行之當, 遵循慕效, 蓋儒者爲學之始基, 實備於此. 朱子作《小學》內外篇, 以迪蒙幼, 皆雜取經傳中論幼儀者, 分類條繫而以史實, 廣之宋儒所謂養正之功, 立敎之本, 諒非溢美. 選爲此註, 隨文衍義, 務取明白曉暢, 俾鄉塾童蒙皆可省覽, 而得其意義, 實爲有功初訓. 選字士賢, 臨海人, 天順庚辰進士, 官至廣東布政使, 追贈光祿寺卿, 諡恭愍(恭愍). 其爲御史時, 救羅倫, 劾倪謙·錢溥·馬昂·汪直. 風采可觀, 及官廣東, 又以爭市舶, 忤宦官, 卒至逮死, 其立身本末, 足以不愧所學, 而此注復得大聖人表章, 家絃戶誦, 其食報亦榮且厚矣. 乾隆四十五年(1780)二月恭校上.

總纂官臣紀昀, 臣陸錫熊, 臣孫士毅; 總校官臣陸費墀.

6. 〈四庫全書總目提要〉 ·· 淸, 阮元

《小學集註》六卷: 通行本, 宋朱子撰, 明陳選註. 選字士賢, 臨海人,
天順庚辰進士, 官至廣東布政使, 追贈光祿寺卿, 諡恭愍(恭愨), 事蹟具
《明史》本傳. 朱子是書, 成於淳熙丁未(1187)三月, 凡內篇四: 曰立敎, 曰
明倫, 曰敬身, 曰稽古; 外篇二: 曰嘉言, 曰善行. 考《晦菴集》中, 有〈癸卯
與劉子澄書〉, 蓋編類此書, 實託子澄, 其初有文章一文:「故書中稱文章尤
不可泛, 如〈離騷〉一篇, 已自多了. 敍古《蒙求》亦太多, 兼奧澀難讀, 非啓
蒙之具, 卻是〈古樂府〉及〈杜子美詩〉, 意思好, 可取者多.」又有〈乙巳與子
澄書〉, 稱小學見比修改, 凡定著六篇云云. 時淳熙十二年(1185), 始改定
義例, 又越二年乃成也. 案〈語類〉陳淳錄曰:「或問《小學》明倫篇, 何以無
〈朋友〉一條?」曰:「當時是衆人編類, 偶闕此爾.」又黃義剛錄曰:「曲禮
"外言不入於閫, 內言不出於閫"一條, 甚切, 何以不編入《小學》?」曰:「這樣
處漏落也多.」王懋竑〈朱子年譜考異〉, 謂據此, 則編類不止子澄一人, 而於
兩錄. 又可見古人著書, 得其大者, 小小處亦不屑尋究, 其說最確. 後人
或援引古書, 證其疎略, 或誤以一字一句, 皆朱子所手錄. 遂尊若六經,
皆一偏之論也. 選註爲鄕塾訓課之計, 隨文衍義, 務取易解, 其說頗爲淺近.
然此書意取啓蒙, 本無深奧. 又雜取文集子史, 不盡聖言, 註釋者, 推衍
支離, 務爲高論, 反以晦其本旨, 固不若選之所註, 猶有裨於初學矣. 是書
自陳氏《書錄解題》, 卽列之經部小學類. 考《漢書》藝文志, 以弟子職附
《孝經》, 而小學家之所列, 始於《史籀》, 終於《杜林》, 皆訓詁文字之書.
今案以幼儀附之《孝經》, 終爲不類, 而入之《小學》, 則於古無徵. 是書所錄,
皆宋儒所謂「養正之功, 敎之本」也. 改列儒家, 庶幾協其實焉.

《小學》一書, 最切於人道, 如菽粟水火之不可闕第. 吾東人鮮曉文字,
如不以方言爲之解, 則窮閭僻巷婦人·小子, 雖欲習學而末由. 此飜譯之
所以作也. 往在中廟戊寅年間, 館閣諸臣, 奉敎撰解. 其時多以文學自許者,
爲此解頗詳密, 獨舍其字義, 衍以註語, 故文與釋, 判爲二, 覽者病之.
萬曆乙酉春, 設校正廳, 選儒臣若干人, 使之釐正舊本, 刪去繁冗, 逐字
作解, 要以不失文義爲重, 皆上旨也. 翌年夏事訖, 卽繕寫投進上, 可之,
下芸閣, 印出累十百件. 仍命臣跋其尾. 臣竊惟三代而降, 庠塾敎廢, 導率
乖方, 記誦詞章之習·功名利祿之念, 已淈於幼少之時; 浮靡躁競, 日滋
月甚, 終至於茅塞梏亡, 而後已此, 猶根本不培而枝條自萎. 人材之不作,
善治之不復, 職此由也. 間者名賢, 際遇有志, 復古而娼嫉之徒, 伺釁嫁禍.
自此人皆以小學爲戒, 先正敬信之書, 反爲目動心怵之具, 而陳編敗冊,
抛棄於塵蠹者, 久矣. 近年以來, 士氣稍蘇, 人知慕善興起, 而猶不知升高
自卑·行遠自邇之義. 不先用力於修身大法, 而徑從事於性命之說. 故踐
履未篤, 氣質難變. 名雖爲學, 不歸鹵莽者蓋寡. 小學之不行於世, 猶夫
前也, 爲士者尙如此, 況在婦·人小子乎? 惟我殿下以睿聖之資, 處君師
之位, 躬行旣盡, 惓惓興化. 其小異扶植彝倫, 崇獎節義者, 固無所不用
其極, 而今又訂解是書, 廣印流布. 嗚呼! 是書之頒, 豈特爲蒙士之指南哉!
人無貴賤老少, 皆知做人樣子, 唯在於此而惕然警動, 收斂身心, 男誦而
女習, 朝學而暮行. 習與性成而無扞格之患, 循序漸進而有上達之效, 將見
爲君子·爲善人·爲忠臣·爲孝子·爲烈婦, 皆自是書中出, 而於變之化, 可馴
致矣. 如或不體, 聖上牖民之至誨, 而沉淪汙下, 馳騖虛遠, 無意於開卷
繹習, 則是又待文王而興者之罪人矣, 可不懼哉!

萬曆十五年丁亥四月上澣, 崇政大夫行吏曹判書兼判義禁府事, 弘文館大提學, 藝文館大提學, 知經筵春秋館, 成均館事, 臣李山海拜手稽首敬跋.

一, 戊寅年本, 欲人易曉, 字義之外, 幷入註語爲解, 故未免有繁冗處. 今則刪去枝解, 一依大文, 逐字作解, 有解不通處, 則分註解之.

一, 凡字義·篇名·人姓名, 已解於前者, 後不復解.

一, 凡字音高低, 皆以傍點爲準: 無點, 平而低; 二點, 厲而擧; 一點, 直而高. 《訓蒙字會》, 平聲無點, 上聲二點, 去聲·入聲, 一點. 而近世時俗之音, 上去, 相混, 難以卒變. 若盡用本音, 有駭俗聽, 故戊寅本, 上去二聲, 從俗爲點. 今依此例以便讀者.

9. 〈小學總論〉 ························ 《小學集註》 및 漢文大系本

(1) 程子言

程子曰: 「古之人, 自能食能言而敎之, 是故《小學》之法, 以豫爲先. 蓋人之幼也, 知思未有所主, 則當以格言至論日陳於前, 使盈耳充腹, 久自安習, 若固有之者, 後雖有讒說搖惑, 不能入也. 若爲之不豫, 及乎稍長, 意慮偏乎生於內, 衆口辯言鑠於外, 欲其純全, 不可得已.」

(2) 朱子言

朱子曰: 「古之敎者有「小學」, 有「大學」. 其道則一而已. 「小學」是事, 如事君事父兄等事; 「大學」是發明此事之理. 就上面講究所以事君事父兄等事是如何?」

又曰: 「古人《小學》, 養得小兒子誠敬, 善端發見了. 然而大學等事, 小兒子不會推將去, 所以又入大學敎之.」

又曰: 「後生初學, 且看《小學》書, 那個是做人底樣子?」

又曰: 「修身大法, 《小學》書備矣. 義理精微《近思錄》詳之.」

又曰: 「如今全失了《小學》工夫, 只得敎人且把敬爲主. 收斂身心, 卻方可下工夫.」

又曰: 「古人《小學》敎之以事, 便自養得他心, 不知不覺自好了. 到得漸長, 更通達事物, 將無所不能. 今人旣無本領, 只去理會許多閒汨董, 百方措置思索, 反以害心.」

(3) 李周翰 評語

李周翰請敎, 屢歎年歲之高, 未免時文之累. 曰: 「這須是自見得, 某所編《小學》, 公宜仔細去看也. 有古人說話, 也有今人說話. 且看是如何? 古人都自少小, 涵養好了.」

又嘗訓子曰:「起居坐立, 務要端莊, 不可傾倚, 恐至昏怠; 出入步趨, 務要凝重, 不可飄轉, 以害其德性, 以謙遜自牧, 以和敬待人. 凡事切須謹飭, 無故不須出入. 少說閒話, 恐廢光陰; 勿觀雜書, 恐分精力. 蚤晚頻自點簡所習之業, 每旬休日, 將一旬內書溫習數過, 勿令心少有放佚, 則自然點近道理, 講習易明矣.」

(4) 北溪陳氏 評語

北溪陳氏曰:「朱子《小學》書, 綱領甚好, 最切於日用, 雖至《大學》之成, 亦不外是.」

(5) 邵武李氏 評語

邵武李氏曰:「先生年五十八, 編次《小學》書成, 以訓蒙士, 使培其根以達其枝, 內篇四: 曰〈立敎〉, 曰〈明倫〉, 曰〈敬身〉, 曰〈稽古〉. 外篇二: 取古今〈嘉言〉以廣之, 〈善行〉以實之. 雖已進乎《大學》者, 亦得以兼補之於後焉.」

(6) 西山眞氏 評語

西山眞氏曰:「《小學》之書, 先載《烈女傳(列女傳)》胎敎之法, 而繼以〈內則〉之文, 合二章觀之, 《小學》之敎略備焉.」

(7) 魯齋許氏 評語

魯齋許氏曰:「自始皇焚書以後, 聖人經籍不傳, 無由考校古人爲學之次第, 班孟堅《漢史》, 雖說「小學」・「大學」規模大略, 然亦不見其閒節目之詳也. 千有餘年, 學者各以己意爲學, 高者入於空虛, 卑者流於功利. 雖苦心竭力, 博識多聞, 要之不背於古人者鮮矣. 近世新安朱文公, 以孔門聖賢爲敎爲學之遺意, 參以〈曲禮〉・〈少儀〉・〈弟子職〉諸篇, 輯爲《小學》之書, 則規模節目, 無所不備矣.」

魯齋先生, 出入經傳, 泛濫諸子百家, 靡不研究, 稱師矣. 得朱子《小學》等書讀之, 默契於中, 聚學者謂之曰:「昔所授業, 殊孟浪也. 今始聞進學之序, 若欲相從, 當悉棄前日所學章句之習, 從事於《小學》灑掃應對, 以爲進學之基. 不然則求他師.」衆皆曰:「唯.」遂悉取向來簡帙焚之, 使無大小皆自《小學》入.

又與子師可書曰:「《小學》·〈史書〉, 吾敬信如神明. 自汝孩提, 便令講習, 望於此有得, 他書雖不治, 無憾也. 我生平長處, 在信此數書, 汝當繼我長處, 篤信而好之也.」

(8) 敬軒薛氏 評語

敬軒薛氏曰:「朱子於〈太極圖〉·《通書》, 則尊周子; 於〈西銘〉·〈正蒙〉, 則述張子; 於《易》, 則主邵子. 作《大學》·《中庸》書, 惟以程子繼孔孟之統, 而不及三子. 何也? 蓋三子各自爲書, 或詳於性命·象數之微, 非後學所能測. 二程則述孔門教法, 循循有序, 人皆得而依據. 朱子集《小學》, 以爲〈大學〉基本; 注〈四書〉, 以發聖賢淵微, 是則繼二程之統者, 朱子也; 許魯齋專以《小學》·〈四書〉, 爲修己教人之法, 不尙文辭, 務敦實行, 是則繼朱子之統者, 魯齋也.」

(9) 敬齋胡氏 評語

敬齋胡氏曰:「今更有聖賢出, 其說不過於《大學》·《論》·《孟》·《中庸》, 此後書, 莫過於《小學》·《近思錄》. 學者能於此處眞知實踐, 他書不讀無憾也.」

又曰:「入頭處, 最怕差, 將來無救處, 亦怕偏. 將來偏到底, 要從《小學》·《近思錄》·《大學》·《論語》入, 則路頭正矣.」

又曰:「《小學》, 是做敬底事, 敬是《大學》骨子, 若無敬, 一部《大學》, 都做不成.」

(10) 克庵陳氏 評語(陳選, 〈小學句讀序〉 참조)

克庵陳氏曰:「聖人之道, 人倫而已矣, 學之必自《小學》始. 子朱子《小學》一書, 其教在於〈明倫〉, 其要在於〈敬身〉, 蓋作聖人之基也. 從事於斯, 豈惟讀其詞而已耶! 讀〈明倫〉, 而知父子之親·君臣之義·夫婦之別·長幼

之序·朋友之交，必踐其事焉；讀〈敬身〉，而知心術之要·威儀之則·衣服
之制·飲食之節，必嚴諸己焉. 及進乎《大學》，格物·致知，則因吾已知者
而究極之也. 誠意·正心·修身，則因吾已行者而敦篤之也. 由是推之於家，
則家可齊；推之以贊道化，則國可治·天下可平. 故學聖人之道，必自《小學》
始，否則雖欲勉焉以進於《大學》，猶作室而無基也，成亦難矣，況騖空文乎!
夫爲學而不嚴諸己·不踐其事，誦讀雖勤·詞章雖工，皆空文也，於吾身
何益哉! 於家國天下何補哉! 於聖人之道何所似哉!」

(11) 楓山張氏　評語

楓山張氏曰：「看書先自《小學》，而後及〈四書〉，以馴至六經. 此正古人爲
學次第. 但當立志堅定，不可以歲月經久而畏難也. 先將《小學》及〈四書〉
熟讀玩味，字字句句，皆究極精微，務使其理貫徹於胸中，一一體之於身，
而力行之，固不必盡讀天下之書，然後爲至. 又不可如習擧業者，但借聖賢
言語，以敷衍爲文字而已也.」

楓山先生年踰八十，有進士，問爲學之方. 楓山曰：「還要讀《小學》起.」
進士初不服，謂：「幼時讀過，今名成宦退，何必復讀乎?」楓山曰：「幼時
所讀，算不得讀也.」進士歸，取讀之，三月，其味無窮，乃復往謁楓山.
楓山曰：「得毋讀《小學》來耶?」曰：「何以知之?」楓山曰：「看汝一動一靜，
一語一默，與前迥別，吾固知讀《小學》有得也.」進士乃大欽服而退.

(12) 景逸高氏　評語

景逸高氏曰：「吾人立身天地之間，只思量做得一箇人. 是第一義，餘事
都沒緊要. 做人的道理，不必多言，只看《小學》便是. 依此做去，豈有差失?
從古聰明睿智，聖賢豪傑，只於此見得透，下手早，所以其人千古萬古不
可磨滅. 聞此言不信，便是凡愚，所宜猛省!」

(13) 念臺劉氏　評語

念臺劉氏曰：「古來聖賢事業，皆從少小立根基. 此《小學》所由設也.
後世《小學》不講，良心已壞於童年. 稍有知覺，卽習擧子文章，博進取，

從此步步皆喪心之地, 何論其他? 聖人戒闕黨童子, 反在欲速成, 速成
豈非美事? 主恐失卻《小學》工夫, 無以爲遠大託始耳.」

⒁ 呂氏 評語

呂氏曰:「今童子六七歲就傅, 便事讀書, 問讀書爲何等事? 則其父兄
茫然, 其師長亦茫然矣. 人材從小便敎壞, 又安望其成人物也? 今日各學
堂中, 肯實一本《小學》, 下老實工夫做去, 世上旋旋出得幾個好人大人?
此豈小小事業耶? 凡爲父兄師長者, 不可不省此意.」

⒂ 稼書陸氏 評語

稼書陸氏曰:「朱子敎人讀書, 如〈四書〉·《詩》·《書》·《易》之注, 〈太極圖〉·
〈通書〉·〈西銘〉之解, 以及〈綱目〉·《儀禮》·《經傳》·《通解》, 文集, 語錄,
廣大精深, 皆學者之準繩. 皆當以次漸讀, 而《小學》一書, 尤爲學者入德
之門. 所以許魯齋, 一生敬之如神明. 自明中葉以來, 聖學失傳, 其書雖存,
皆束之高閣, 視若弁髦. 故風氣日壞. 是宜反覆玩味, 身體力行, 更取朱子
《童蒙須知》·《訓子帖》與之互相參閱, 基址旣定, 然後可以漸次擴充.」

又曰:「《小學》一書, 不但當玩索其文義, 幷當就其所不載者, 想見朱子
去取之意. 大抵其所不取者, 非高深闊大之處學不當躐等, 則已甚之行,
不可爲法者也.」

又曰:「今之敎子弟者, 方其幼也. 未嘗習之於灑掃應對.《小學》一書,
不使寓目, 雖讀孔孟之書, 不過以此爲利祿之階梯. 稍長, 敎之爲文, 則挑
其機心, 獎其浮華. 惟以驚人耳目爲能事. 僥倖一第, 便不復知人間尙有
當讀之書, 當爲之事. 然則風俗之不端, 士習之日壞, 豈非自童子時始哉!
故當今急務, 必自敎小子始, 敎之道, 必以《小學》爲基址, 以濂洛關閩之
書爲根本, 以先正渾厚醇樸之文爲轂率. 使自孩提有識, 卽浸灌於仁義中
正之中, 游衍於規矩準繩之內. 如水之汪洋浩渺, 而不得越乎其防, 則文
章不期正而自正, 風俗不期厚而自厚矣.」

又曰:「朱子文集卷三十六, 王近思文, 霍光小心謹厚, 而許后之事, 不可
以爲不知, 馬援戒諸子, 以口過而裹尸之禍, 乃口過之所致, 二人之編在

《小學》, 無亦取其一節耶? 愚按: 知此, 則隨所見聞, 皆可取益矣.」

又曰:「欲爲聖爲賢, 必讀《小學》; 欲保身保家, 亦必讀《小學》. 人而不知《小學》, 其猶正牆面而立也與! 近來愈覺此書有味也.」

又曰:「《小學》·《近思錄》二書, 最切於學者,《小學》, 不止是敎童子之書. 人生自少至老, 不可須臾離;《近思錄》, 乃朱子聚周程張四先生之要語, 爲學者指南, 一部性理精華, 皆在於此. 時時玩味此二書, 人品學問, 自然不同.」

⒃ 澐川熊氏 評語

澐川熊氏曰:「聖經一章, 是《大學》綱目, 眞西山二十二帙四十三卷, 是《大學》演義.《論語》第六章, 是《小學》綱目. 朱考亭內外二篇三百八十五章, 是《小學》演義.」

又曰:「〈太極圖〉, 是朱子畫出造物化工以示人;《小學》, 是朱子畫出聖賢模樣以示人.」

又曰:「吾儒只是箇'實', 釋氏只是箇'空'. 吾儒只是箇'有', 釋氏只是箇'無'. 看三藏十二部五千四百八十卷佛經, 不如讀一章《小學》.」

⒄ 虹玉施氏 評語

虹玉施氏曰:「《小學》之書, 始於胎敎, 終於咬菜根. 中間綱領正大, 條目詳明, 雖曰爲幼學入門而設, 然是書旣爲做人樣子, 則年至耆艾, 亦當以此著脚也.」

又曰:「是書要領, 在〈明倫〉·〈敬身〉, 而必先之〈立敎〉者何也? 朱子云: 『俾爲師者, 知所以敎耳.』然則爲師者, 不可以不讀《小學》; 爲父者, 亦不可以不讀《小學》. 爲師者而不讀《小學》, 則不知所以敎人; 爲父而不讀《小學》, 則不知所以敎子. 豈可以爲童子之學而忽之?」

⒅ 吳氏 評語

吳氏曰:「朱子嘗謂: 『俗儒記誦辭章之習, 其功倍於《小學》而無用; 異端虛無寂滅之敎, 其高過於《大學》而無實.』嗚呼! 無用無實猶之乎無學矣. 而此有害焉. 風俗之所以日偸, 人才之所以不古若者, 職此之由也.
然則有志於道者, 可不汲汲講明《小學》, 以爲《大學》之基本歟!」

10. 〈小學之書四卷〉··············《郡齋讀書志》(讀書附志) 宋, 晁公武

　　右朱文公先生所編也. 有內篇, 有外篇. 其宏綱有三: 曰立敎, 曰明倫, 曰敬身. 明倫則有父子·君臣·夫婦·長幼·朋友之品, 敬身則有心術·威儀·衣服·飮食之目. 又採撫古今經傳書史之所紀載. 曰稽古, 曰嘉言, 曰善行, 以廣其敎而實其事. 小學之工程, 大學之門戶也.

임동석(苗浦 林東錫)

慶北 榮州 上苗에서 출생. 忠北 丹陽 德尙골에서 성장. 丹陽初中 졸업. 京東高 서울
敎大 國際大 建國大 대학원 졸업. 雨田 辛鎬烈 선생에게 漢學 배움. 臺灣 國立臺灣師範
大學 國文硏究所(大學院) 博士班 졸업. 中華民國 國家文學博士(1983). 建國大學校
敎授. 文科大學長 역임. 成均館大 延世大 高麗大 外國語大 서울대 등 大學院 강의.
韓國中國言語學會 中國語文學硏究會 韓國中語中文學會 會長 역임. 저서에《朝鮮
譯學考》(中文)《中國學術槪論》《中韓對比語文論》. 편역서에《수레를 밀기 위해 내린
사람들》《栗谷先生詩文選》. 역서에《漢語音韻學講義》《廣開土王碑硏究》《東北
民族源流》《龍鳳文化源流》《論語心得》〈漢語雙聲疊韻硏究〉등 학술 논문 50여 편.

임동석중국사상100

소학 小學

朱熹 撰 / 林東錫 譯註
1판 1쇄 발행/2009년 12월 12일
2쇄 발행/2013년 10월 10일
발행인 고정일
발행처 동서문화사
창업 1956. 12. 12. 등록 16-3799
서울강남구신사동563-10 ☎546-0331~6 (FAX)545-0331
www.dongsuhbook.com
잘못 만들어진 책은 바꾸어 드립니다.

*

*

사업자등록번호 211-87-75330
ISBN 978-89-497-0616-0 04080
ISBN 978-89-497-0542-2 (세트)